リスクマネジメント キーワード 170

RISK MANAGEMENT KEYWORDS

東京リスクマネジャー懇談会 編

社団法人 金融財政事情研究会

『リスクマネジメントキーワード170』発刊にあたって

　本書は，金融財政事情研究会の「キーワード」シリーズの一つとして2003年に刊行した「リスク管理キーワード100」を全面改訂したものである。

　金融機関においてリスク管理の重要性がいわれて久しい。当初金融機関の市場業務の管理として始まったリスク管理は，市場リスクから信用リスク，さらにはオペレーショナルリスクや統合リスク，リスク資本配賦といった幅広い分野に広がっていった。本書でも取り上げたG30レポートで，独立したリスク管理部門の設置が「提言」されたのが1993年であったことからすると，過去15年間におけるリスク管理の発展には目をみはるものがある。

　さらに，2007年の米国サブプライム問題を発端として起こった金融危機はリスク管理の重要性と同時にその問題点も浮き彫りにした。リスク管理が機能した金融機関と機能しなかった金融機関の行く末が大きく分かれたのはすでに周知のとおりであるが，一方で，リスク管理の有効性自体も厳しく問われている。その意味では，よくいわれる「リスク管理は経営そのもの」がさらに重要性を増している。そもそもリスク管理の原語である「Risk Management」を言葉どおり「リスクのマネジメント」と読んでしまえば，「リスク管理は経営そのもの」は当然のことといえる。

　こうしたなか，「リスク管理キーワード100」の改訂の機会をいただいた。初版刊行の後，銀行自己資本比率規制であるバーゼルIIの

『リスクマネジメントキーワード170』発刊にあたって

開始や，金融商品取引法の施行，米国における SOX 法の施行等新しい法規制も始まり，米国サブプライム問題以降の金融業界を取り巻く環境自体も大きく変化した。信用リスクや流動性リスク管理も新たな展開をみせ，リスク管理技法の発展も著しい。こうしたことから，改訂をお受けしたうえで，初版の内容を全面的に見直すこととした。

今回の改訂にあたって議論したことが四つある。まず一つは，リスク管理を単なる管理業務ととらえるのではなく，「リスク管理は経営そのもの」との考え方に立って各キーワードの記述を一から見直したことである。改訂を機に，表題を「リスクマネジメントキーワード」としたのには，こうした背景がある。次に見直しに伴うキーワードの増加がある。リスクマネジメントが進展・深化するなかでキーワードが増加することは自然の成り行きではあるが，改訂では各カテゴリーについてキーワードを見直し，結果として大幅なキーワードの増加となった。また，各キーワードの説明においてはリスクマネジメントの実務の視点を重視し，実務の手引きとしての使用にも耐えうる内容とするように心がけた。最後に，サブプライム問題をはじめとした最近のトピックスをできるだけ織り込むことも行った。

用語解説にあたっては，他のキーワードシリーズ同様，読者の要望されるレベルに応じられるステップ方式を採用し，ステップ1からステップ3に進む過程で，基本的な内容からより詳しい内容へと理解が深まるように工夫が凝らされている。特にステップ2やステップ3においては，単なる用語解説にとどまらず，リスクマネジメ

『リスクマネジメントキーワード170』発刊にあたって

ントの実務を行う際の留意点や，法制度や規制の内容などもできる限り取り入れるよう配慮している。

またキーワードそのものについても，より基本的なものをレベル1とし，より高度になるにつれてレベル3に進む構成としている。

本書は，東京リスクマネジャー懇談会の活動をボランティアとして支えるステアリングコミッティメンバーを中心とするリスクマネジメントの実務家が執筆にあたっている。東京リスクマネジャー懇談会は，本邦における金融リスクマネジメントの水準向上や意見交換の促進に資することを目的として2002年に設立された非営利の団体である。金融リスクマネジメントにかかわりをもつ実務家の，個人資格での参加により構成されており，ステアリングコミッティメンバーを中心とするボランティア運営により，金融リスクマネジメントに関するセミナーの開催やディスカッションイベントの開催等を行っている（東京リスクマネジャー懇談会の活動内容については，ウェブサイト（www.trma.jp）を参照されたい）。こうした性格から，本書の執筆内容も執筆者各自の個人としての見解に基づいて書かれたものであり，その所属する組織の見解に基づくものではないことは，誤解のないように申し添えておく。

さらに本書をまとめるにあたっては，それぞれのリスクマネジメント分野の専門家の方々に，いわば「監修」の目線で原稿をみていただき，適宜コメントをいただいた。個別にお名前をあげることは差し控えるが，この場を借りてお礼申し上げたい。

最後に，複数の組織に属する執筆者が，忙しい日中の業務を終えた後で執筆を行うことで，ややもすると遅れがちになる作業を我慢

『リスクマネジメントキーワード170』発刊にあたって

強く見守り，本書の出版を支えていただいた㈳金融財政事情研究会出版部の佐藤友紀氏に厚く御礼を申し上げたい。

2009年3月

東京リスクマネジャー懇談会

代表　**藤井　健司**

●主な執筆者略歴

磯貝　龍太
1964年生まれ。1986年東京理科大学理学部卒。野村證券株式会社勤務。東京リスクマネジャー懇談会ステアリングコミッティメンバー。主に「内部統制・監査」編担当。

荻野　勇司
1973年生まれ。1996年京都大学理学部卒。住友信託銀行株式会社勤務。東京リスクマネジャー懇談会ステアリングコミッティメンバー。「市場リスク」編担当。

川島　尚史
1970年生まれ。1993年名古屋大学経済学部卒。株式会社三菱東京UFJ銀行勤務。東京リスクマネジャー懇談会ステアリングコミッティメンバー。主に「統合リスク」編担当。

栗谷　修輔
1969年生まれ。1993年早稲田大学理工学部卒。データ・フォアビジョン株式会社勤務。東京リスクマネジャー懇談会ステアリングコミッティメンバー。主に「市場リスク」「流動性リスク」編担当。

栗林　洋介
1969年生まれ。1993年京都大学理学部卒。キャピタスコンサルティング株式会社勤務。東京リスクマネジャー懇談会ステアリングコミッティメンバー。「信用リスク」編担当。

中田　太一
1966年生まれ。1990年慶應義塾大学経済学部卒。株式会社三菱東京UFJ銀行勤務。「決済リスク」編担当。

中野　康一
1964年生まれ。1988年大阪大学経済学部卒。明治安田生命保険相互会社勤務。東京リスクマネジャー懇談会ステアリングコミッティメンバー。「信用リスク」「保険リスク」編担当。

成田　悟
1963年生まれ。1987年上智大学外国語学部卒。株式会社三井住友銀行勤務。「信用リスク」編担当。

原　誠一
1958年生まれ。1983年東京大学法学部卒。PwCアドバイザリー株式会社勤務。東京リスクマネジャー懇談会ステアリングコミッティメンバー。「オペレーショナルリスク」「内部統制・監査」編担当。

主な執筆者略歴

藤井　健司
　　1958年生まれ。1981年東京大学経済学部卒。みずほ証券株式会社勤務。東京リスクマネジャー懇談会代表。主に「統合リスク」「金融機関監督・規制」編担当。

古田　英之
　　1962年生まれ。1984年慶應義塾大学経済学部卒。明治安田生命保険相互会社勤務。「保険リスク」編担当。

目　次

- (Ⅰ) **統合リスク** ……………………………………………………………… 1
  - ALM ……………………………………………………………………… 2
  - CAPM（資本資産評価モデル） ………………………………………… 6
  - EVA™（経済付加価値） ………………………………………………… 8
  - RAPM（リスク調整後業績評価） ………………………………………10
  - ROE（リターン・オン・エクイティ） …………………………………13
  - インフレリスク …………………………………………………………15
  - 危機管理 …………………………………………………………………17
  - グループリスク管理 ……………………………………………………19
  - システミックリスク ……………………………………………………22
  - 資本充実度検証 …………………………………………………………24
  - 新商品・新業務管理 ……………………………………………………26
  - 戦略リスク ………………………………………………………………28
  - 統合ストレステスト ……………………………………………………30
  - 統合リスク管理 …………………………………………………………32
  - ビジネスリスク …………………………………………………………35
  - リスク管理委員会 ………………………………………………………36
  - リスク管理ポリシー，リスク管理方針 ………………………………37
  - リスク資本，経済資本，エコノミックキャピタル ……………………39
  - リスク選好度 ……………………………………………………………43
  - リスク文化 ………………………………………………………………45
  - リスク要因，リスクファクター ………………………………………47

- (Ⅱ) **市場リスク** ………………………………………………………………53
  - ISDA マスター契約 ………………………………………………………54

目　次

- アーニング・アット・リスク …………………………57
- アウトライヤー基準 …………………………60
- エクイティリスク …………………………63
- オプションリスク …………………………65
- 為替リスク …………………………67
- 感応度分析 …………………………69
- 期限前返済リスク …………………………72
- 金利リスク …………………………75
- クレジット・サポート・アネックス …………………………78
- コア預金 …………………………82
- 公正価値 …………………………85
- 個別リスク …………………………88
- コモディティリスク …………………………90
- コンベクシティ …………………………92
- 仕組商品 …………………………94
- 市場リスク …………………………96
- シナリオ分析 …………………………98
- 証券化商品 …………………………101
- 職責分離 …………………………104
- ストレステスト …………………………108
- デューデリジェンス …………………………111
- デュレーション …………………………114
- 内部モデル …………………………116
- バックテスティング …………………………118
- バリュー・アット・リスク …………………………121
- ヒストリカルシミュレーション …………………………124
- 物価連動債 …………………………127
- 分散共分散法 …………………………129

目　次

ヘアカット …………………………………………………132

ベーシスリスク …………………………………………134

ヘッジ会計 ………………………………………………136

ヘッジファンド …………………………………………139

ボラティリティリスク …………………………………142

モーゲージ債 ……………………………………………144

モデルリスク ……………………………………………147

モンテカルロシミュレーション ………………………149

有価証券引受リスク ……………………………………151

リスク限度額 ……………………………………………153

ロールオーバーリスク …………………………………155

〔Ⅲ〕流動性リスク …………………………………………159

顧客行動リスク …………………………………………160

資金ギャップ分析 ………………………………………162

資金流動性リスク ………………………………………164

市場流動性リスク ………………………………………167

流動性コンティンジェンシープラン …………………169

流動性シナリオ分析 ……………………………………171

流動性ストレステスト …………………………………173

流動性リスク限度額 ……………………………………175

〔Ⅳ〕信用リスク ………………………………………………179

CDO ………………………………………………………180

アクティブ・クレジット・ポートフォリオ・マネジメント，

　クレジット・ポートフォリオ・マネジメント …………184

カウンターパーティ・リスク …………………………187

カントリーリスク ………………………………………190

目　次

　　クレジット・イベント …………………………………………192
　　クレジットスコアリング ………………………………………194
　　クレジット・デリバティブ ……………………………………197
　　コベナンツ（コビナンツとも表記）……………………………201
　　残価リスク ………………………………………………………203
　　自己査定 …………………………………………………………205
　　集中リスク ………………………………………………………208
　　償却・引当 ………………………………………………………210
　　証券化，セキュリタイゼーション ……………………………212
　　信用 VaR …………………………………………………………215
　　信用コスト，クレジットコスト ………………………………218
　　(信用) 格付 ………………………………………………………221
　　信用スプレッド …………………………………………………224
　　信用リスク ………………………………………………………227
　　信用リスク計量モデル …………………………………………229
　　信用リスク削減手法 ……………………………………………232
　　スロッティング・クライテリア ………………………………236
　　ダブル・デフォルト効果 ………………………………………238
　　デット・エクイティ・スワップ ………………………………240
　　デフォルト時損失率 ……………………………………………243
　　倒産確率 …………………………………………………………245
　　内部格付手法 ……………………………………………………247
　　ネッティング ……………………………………………………249
　　ノンリコースローン ……………………………………………252
　　マートンモデル …………………………………………………254

〔Ⅴ〕決済リスク ………………………………………………………259
　　CLS …………………………………………………………………260

DVP	263
受渡銘柄リスク	265
決済リスク	267
ストレート・スルー・プロセシング	269
ヘルシュタットリスク	271
ランファルシー基準	273

〔Ⅵ〕オペレーショナルリスク … 277

AML	278
EVT（極値理論）	280
オペレーショナル VaR	283
オペレーショナルリスク	286
(オペレーショナルリスク) シナリオ分析	288
外部委託管理	290
外部データ／共有データ	292
キー・リスク・インディケーター	294
業務継続計画，ビジネス・コンティニュイティ・プラン，コンティンジェンシープラン	296
苦情処理（顧客サポート等管理）	298
顧客情報管理	300
顧客保護等管理	302
コントロールセルフアセスメント	304
システムリスク	306
事務リスク	309
先進的計測手法（AMA）	312
粗利益配分手法（TSA）／基礎的手法（BIA）	314
損失事象	316
損失分布手法	318

目　次

　　適合性原則 …………………………………………………… 320
　　ニアミス ……………………………………………………… 322
　　有形資産リスク ……………………………………………… 324
　　リーガルリスク，法務リスク ……………………………… 326
　　リスクマップ ………………………………………………… 329
　　レピュテーショナルリスク，風評リスク ………………… 331

〔Ⅶ〕保険リスク ………………………………………………… 335
　　ART …………………………………………………………… 336
　　エンベディッド・バリュー ………………………………… 338
　　サープラスマネジメント …………………………………… 340
　　再保険 ………………………………………………………… 342
　　資産運用リスク ……………………………………………… 344
　　ソルベンシー・マージン比率 ……………………………… 346
　　不動産投資リスク …………………………………………… 348
　　保険計理人 …………………………………………………… 350
　　(保険の) 経済価値 …………………………………………… 352
　　保険引受リスク ……………………………………………… 354
　　保険負債の時価会計 ………………………………………… 356
　　保険募集管理 ………………………………………………… 358
　　モノライン保険会社 ………………………………………… 360

〔Ⅷ〕内部統制・監査 …………………………………………… 363
　　Code of Conduct，行動規範，行動指針，倫理綱領 ……… 364
　　COSO …………………………………………………………… 365
　　SOX 法（米国企業改革法） ………………………………… 367
　　外部監査 ……………………………………………………… 370
　　コンプライアンス …………………………………………… 371

時価会計 ……………………………………………………373
システム監査 ………………………………………………374
内部監査 ……………………………………………………376
内部通報制度 ………………………………………………378
内部統制 ……………………………………………………381
内部統制システム構築義務 ………………………………383
不正調査 ……………………………………………………385
リスクアプローチ監査 ……………………………………387
リスク・コンバージェンス ………………………………388

(Ⅸ) 金融機関監督・規制 …………………………………391
G30レポート ………………………………………………392
監督指針 ……………………………………………………396
金融検査評定制度 …………………………………………397
金融検査マニュアル ………………………………………399
金融商品取引法 ……………………………………………401
証券監督者国際機構（IOSCO）…………………………403
早期是正措置 ………………………………………………404
第一の柱 ……………………………………………………406
第二の柱 ……………………………………………………408
第三の柱 ……………………………………………………411
バーゼルⅡ …………………………………………………413
バーゼル銀行監督委員会 …………………………………415
保険監督者国際機構（IAIS）……………………………417

50音順索引

＊ゴシック表示は，本文中の見出し項目とそのページを表します。

Ⅰ分類 … 205	BRW 法 … 125
Ⅱ分類 … 205	CAMELS … 398
Ⅲ分類 … 205	**CAPM** … **6**, 64
Ⅳ分類 … 205	Cause … 316
ABCP … 212	CBO … 180
ABL … 101	**CDO** … 101, **180**, 212
ABS … 101	CDS … 101, 224
ACPM … 209	CHIPS システム … 273
AIMA … 111	CLO … 101, 180
ALM … **2**, 61, 72, 75, 76, 83	**CLS** … **260**, 272
ALM 委員会 … 2	CLSBank … 260
AMA … **312**	CMBS … 101, 212
AML … **278**	CMO … 144
ARM … 144	CMS … 92
AR 値 … 196	**Code of conduct** … **364**
ART … **336**	Conditional VaR … 217
AS 5 … 368	**COSO** … **365**, 371, 381
ASRF モデル … 239	COSO/ERM … 366
BCCI … 271	CPI … 16, 127
BCP … 18	CPM … 4
BIA … 312, **314**	CPR … 72, 145
BIS … 187, 272, 274, 413, 415, 417	CSA … 55, 288, 388
BPV … 69	CVaR … 217

DCF	211
DM	229
DSCR	253
DTCC	260
DVP	**263**, 268, 269
EAD	243, 245
EaR	3, 57, 76
Earning at Risk	3
EDF	229
EDF™	255
EEV	338
Effect	316
EL	218
EPE	189
ERM	4, 33
EV	338
Event	316
EVA™	**8**, 10
EVT	**280**, 283
EWMA	130
EXDECTED LOSS	218
Expected Positive Exposure	189
Exposure at Default	243, 245
FATF	278
Financial Stability Forum	416
FIRST	398
FIU	278
Full Two Way Payment	251
G30	392
G30 レポート	**392**
GARCH	130
GPS	69
Group of thirty	392
GSE	144
HW 法	125
IAIS	345, **417**
IASB	356
ICAAP	25
idiosyncratic risk	88, 208
Independent Amount	79
IO	144
IOSCO	**403**, 416
ISDA	54
ISDA マスター契約	**54**, 78, 251
iTraxx	199
KMV クレジット・モニター®	255
Know Your Customer	320
KRI	310, 322
KYC	320
LCDS	199
LGD	221, 236, 245
Loss given Default	245
LTV	253
Mark-to-Market	187
MBS	72, 73, 160, 212

MCEV	338
Minimum Transfer Amount	79
MTM	187, 229
NAV	140
NDF	68, 260
Net Asset Value	140
Net Interest Income	3
NII	3
NOPAT	8
OAS	145
Pay-In スケジュール	261
Payment versus Payment	260, 264, 272
PCAOB	368
PD	221, 236, 238, 243
PE	187
PIT	222
PO	144
Potential Exposure	187
PVP	260, 264, 272
QQ プロット	130
RAPM	**9, 10**
RAROC	10
REIT	101, 349
Risk Metrics™	129
RMBS	144, 212
ROE	**10, 13**
RORAC	10
RTGS	274
RTGS システム	260
SIV	102
SOX 法	**367**
SPC	252
SPV	70, 212
STP	309
S.W.I.F.T.	270
T+1 取引	269
Tail VaR	217
Thresholds	78
TSA	**312, 314**
TTC	222
TVaR	217
Unexpected Loss	218
Valuation Percentage	79
VaR	24, 30, 40, 65, 96, 129, 139, 153, 165, 168

【あ】

アーニング・アット・リスク	**57**, 76
アービトラージ型 CDO	180
アウトソーシング	286, 290
アウトライヤー基準	**60**, 77, 82, 161
アウトライヤー銀行	409
アカウンタビリティー	381

【あ】

アクティブ・アドバイザー型‥184
アクティブ・クレジット・ポートフォリオ・マネジメント ‥‥‥‥‥‥5, **184**, 209
アドオン掛目 ‥‥‥‥‥‥‥187
アドミニストレーター ‥‥‥‥112
アルトマンのZ ‥‥‥‥‥‥245
安全管理措置 ‥‥‥‥‥‥‥300

【い】

イールドカーブ ‥‥‥‥‥69, 75
一括清算 ‥‥‥‥‥‥‥‥‥55
一括清算ネッティング ‥‥‥‥249
一般貸倒引当金 ‥‥‥‥‥‥210
一般市場リスク ‥‥63, 70, 88, 97, 102, 117
一般振替 ‥‥‥‥‥‥‥‥‥263
一般保険リスク ‥‥‥‥‥‥347
イディオシンクラティックリスク ‥‥‥‥‥‥‥‥‥‥88, 208
イベントリスク ‥‥‥‥88, 102
インダイレクト・レポーティング ‥‥‥‥‥‥‥‥‥‥368
インプライドコリレーション‥182
インフレーション ‥‥‥‥‥15
インフレリスク・プレミアム‥127
インフレリスク ‥‥‥‥‥‥**15**

【う】

受再 ‥‥‥‥‥‥‥‥‥‥‥342
受渡決済 ‥‥‥‥‥‥‥‥‥265
受渡最割安銘柄 ‥‥‥‥‥‥265
受渡適格銘柄 ‥‥‥‥‥‥‥265
受渡銘柄リスク ‥‥‥‥‥‥**265**
売上高当期利益率 ‥‥‥‥‥‥13

【え】

エクイティリスク ‥‥‥‥‥‥**63**
エコノミック・プロフィット ‥8
エコノミックキャピタル ‥‥‥**39**
エンドユーザー ‥‥‥‥‥‥392
エンベディッド・バリュー ‥‥**338**

【お】

大口集中リスク ‥‥‥‥‥‥208
オファー・ビッド ‥‥‥‥‥168
オプション ‥‥‥‥‥‥‥‥‥94
オプショングリーク ‥‥65, 71, 153
オプション取引 ‥‥‥‥‥‥‥92
オプションリスク ‥‥‥‥‥‥**65**
オフマーケットチェック ‥‥‥104
オブリゲーション・アクセレレーション ‥‥‥‥‥‥‥192
オブリゲーション・デフォルト ‥‥‥‥‥‥‥‥‥‥‥192

オブリゲーション・ネッティング …………………………249

オペレーショナル VaR ………**283**

オペレーショナルリスク …29, 33, 47, 80, 147, 267, 270, **286**, 294, 306, 309, 314, 318, 322, 324, 326, 329, 371

オペレーティング・リース …..203

オリジネーター ……………102, 212

オルソップレポート ………260, 272

温暖化ガス排出権 ……………103

オンバランスシートネッティング …………………………234, 251

【か】

カーブリスク …………………75

会計士監査 …………………370

回収率 ………………………219, 246

外生的事象 …………………324

外生的要因 …………165, 167, 171

解析的手法 …………………318

外為決済専門銀行 ……………260

外部委託管理 ………………**290**

外部格付 ……………………247

外部格付機関 ………………247

外部監査 ……………………**370**, 376

外部損失データ ……………292, 312

外部データ …………………**292**, 318

カウンターパーティリスク …..55, 78, **187**, 198

価格変動リスク ……………88, 132

格付 …………………………221, 230

格付維持条項 ………………201

格付推移 ……………………215

格付推移行列 ………………230

格付推移マトリックス ………216

格付遷移確率 ………………219, 246

格付付与モデル ……………245

格付モデル …………………219, 245

貸倒実績率 …………………210

貸倒引当金 …………………210

カストディアン ……………112

仮想シナリオ ………………109

仮想ストレス・シナリオ …30, 109, 174

仮想損益 ……………………118

ガバナンスプロセス …………376

カレントエクスポージャー …187, 393

為替リスク …………………**67**

監督指針 ……………………**383**, **396**, 409

監督上の検証プロセス ………408

カントリーランク ……………190

カントリーリスク ……**190**, 199, 221

感応度分析 …………………**69**, 95

ガンベル分析 ………………280

ガンマリスク ……………65, 92

【き】

キー・リスク・インディケー
　ター ………………**294**, 310
キーマン条項 ……………111
期間構造モデル ……………145
期間損益 …………………2, 83
期間損益ベース ……………4
危機管理 ………………**17**
危機管理マニュアル ………17
危機時 ……………………172
危機事象 ……………………17
企業価値 …………4, 32, 39
企業統治 …………………367
期限前返済リスク ………**72**, 160
期限前返済率 ……………72
基礎的手法 ………**287**, **314**, 407
基礎的内部格付手法 ……232, 407
期待インフレ率 ……………127
期待エクスポージャー方式 ……189
期待ショートフォール ………217
期待損失 …………………218
期待リスクプレミアム ………6
機微情報 …………………300
キャッシュ型CDO …………180
キャップレート ……………253
キャプティブ ………………336

キャリーコスト ……………90
キャンセラブル・ローンCDS‥199
強制レベル ………………291
共分散 ……………………129
業務改善命令 ……………404
業務継続計画 ………**18**, **296**
業務停止命令 ……………404
共有データ …………**292**, 318
極値 ………………………280
極値理論 ……………**280**, 283
巨大災害 …………………342
巨大災害リスク ……………347
銀行勘定 …………………60
銀行勘定の金利リスク ……408
銀行法施行規則 ……407, 412
金融安定化フォーラム ……416
金融活動作業部会 …………278
金融監督庁 ………………399
金融検査 ………………397, 399
金融検査評定制度 ………**397**
金融検査マニュアル …**31**, **38**, **310**,
　328, 366, 371, 376, 397, **399**
金融再生プログラム ………211
金融先物 …………………401
金融商品会計実務指針 ……85
金融商品取引業者等検査マニ
　ュアル ………………38, 400
金融商品取引法 …………**401**

金融情報システムセンター …… 374
金融庁告示 …………… 407, 412
金利感応度 ……………… 3, 163
金利満期 ………………… 3, 163
金利リスク …… 2, 60, **75**, 161, 163

【く】

苦情処理 ………………… **298**
グリッド・ポイント ……… 69, 130
グリッド・ポイント・センシティビティ ……………… 69
繰延ヘッジ ………………… 136
グループリスク管理 ……… **19**
クレーム …………………… 298
クレジット・イベント …… **192**
クレジットコスト ………… **218**
クレジット・サポート・アネックス ……………… 55, **78**
クレジットスコアリング …… **194**
クレジット・デフォルト・スワップ ……… 22, 71, 101, 197, 209
クレジット・デリバティブ … **197**, 209, 213, 238, 336
クレジット・トレジャリー型 … 184
クレジット・ポートフォリオ・マネジメント ……… **4, 184**
クレジットメトリスク ……… 229
クレジットリスク・プラス …… 229

クレジット・リンク・ノート … 197
クレジット・リンク・ローン … 197
クローズアウト・ネッティング ……………………… 249
グロス＝グロス型DVP ……… 263
グロス＝ネット型DVP ……… 263
クロスボーダー取引 ………… 190

【け】

経営管理会社 ………………… 19
経営管理リスク ……………… 347
経済価値 …………… 83, 338, 340
経済価値ベース …………… 4, 347
経済資本 ……………………… **39**
決済リスク …… 23, 81, 191, **267**, 271
ゲート条項 …………………… 112
経済付加価値 ………………… **8**
懸念時 ………………………… 172
現金決済 ……………………… 193
現物決済 ……………………… 193

【こ】

コア預金 …………… **4**, 61, **82**, 162
公益通報者保護法 …………… 378
公正価値 ………… **85**, 340, 373
公正価値ヘッジ ……………… 136
行動基準 ……………………… 364
行動規範 …………………… **364**

行動指針 …… 364
コーポレートガバナンス …… 367, 371, 383
顧客行動リスク …… **160**, 163
顧客サポート等管理 …… 298
顧客情報管理 …… 300
顧客保護等管理 …… 302
顧客満足度 …… 302
国際会計基準委員会 …… 352, 356
国際基準行 …… 405
国際決済銀行 …… 413, 415, 417
国内基準行 …… 405
個人情報保護法 …… 300
コビナンツ …… **201**
コピュラ …… 182
個別貸倒引当金 …… 210
個別リスク …… 63, 70, **88**, 97, 102, 231
コベナンツ …… **201**, 241
コミットメント …… 151
コモディティ …… 90
コモディティ・オプション …… 91
コモディティ・スワップ …… 91
コモディティリスク …… **90**
コリレーションリスク …… 80
コルモゴロフ・スミルノフ検定 …… 130
コングロマリット …… 19
コンスタント・マチュリティ・スワップ …… 92, 142
コンタンゴ …… 91
コンティンジェンシープラン …… **296**, 307, 324
コントロールセルフアセスメント …… **304**
コンバージョン・ファクター …… 266
コンプライアンス …… 327, 365, **371**, 378, 388
コンベクシティ …… 71, **92**, 115, 142, 145

【さ】

サービス・マージン …… 357
サープラス …… 340
サープラスマネジメント …… **340**
サープラスリターン …… 340
再構築コスト …… 187, 393
最大予想損失額 …… 215
最低受渡担保額 …… 79
最低所要自己資本 …… 406, 413
最低保証リスク …… 347
再保険 …… **342**
財務維持条項 …… 201
債務者区分 …… 205, 210
財務制限条項 …… 253
最良推定 …… 353
サブプライム問題 …… 73, 87, 89, 102,

133, 145, 167, 361, 416
残価リスク ……………………**203**
産業活力再生特別措置法 ………240
参照債務 …………………………197

【し】

シータリスク ……………………65
時価会計 ……………………**373**
時価算定部署 ……………………85
時価評価 …………………………137
資金ギャップ分析 …………68, **162**
資金繰り ……………………………2
資金繰りリスク …………………164
資金決済 …………………………261
資金コア・プリンシプル ………274
資金洗浄 …………………………278
資金洗浄対策 ……………………278
資金満期 ……………………3, 163
資金流動性リスク …156, **164**, 168, 191, 267
仕組商品 ………………………**94**
自己査定 ……………………**205**, 210
自己資本 …………………………24
自己資本充実度 …………………25
自己資本水準 ……………………25
自己資本比率規制 …89, 116, 120, 404
自己相関 …………………………131

事後テスト ………………………138
資産運用リスク ……………**344**, 347
資産担保証券 ……………………212
資産凍結 …………………………190
市場価格アプローチ ……………352
市場規律 …………………………411
市場リスク ………33, 47, 80, 90, **96**, 111, 165
市場流動性 ………………………64
市場流動性リスク …80, 151, 154, 156, **167**
システマティックリスク ………208
システミックリスク …**22**, 165, 267, 274, 296, 306
システム監査 …………………**374**
システム障害 ……………………307
システムセキュリティ …………307
システムリスク ……………**270**, **306**, 309
自然災害 …………………………324
自然災害リスク …………………342
事前テスト ………………………137
実質金利 …………………………127
実質収益率 ………………………15
実質破綻先 ………………………205
実損益 ……………………………118
私的整理に関するガイドライン ……………………………211
時点ネット決済 …………………274

シナリオデータ	318	証券市場線	6
シナリオ分析	57, 95, **98**, 109, 123, 133, 152, **288**, 313	証券保管振替機構	263
シニア	102	消費者物価指数	16, 127
ジニーメイ	144	商品ファンド	401
自発レベル	291	職業上の不正	385
支払・決済システム委員会	272, 274	**職責分離**	**104**
支払不履行	192, 197, 235	新 BIS 規制	413
資本資産評価モデル	**6**	シンジケート団	151
資本充実度検証	**24**, 41	シンジケートローン	201
事務ガイドライン	396	新商品委員会	26
仕向超過限度額	273	**新商品・新業務管理**	**26**
事務ミス	309	真性売買	213
事務リスク	269, **309**	シンセティック型証券化	213
シャープレシオ	112	シンセティック CDO	101, 213
社内文化	45	信託受益権	212
修正デュレーション	114	（信用）格付	210, **221**, 227
集中リスク	80, 184, **208**	信用格付機関	221
取得原価主義会計	373	信用極度額	78
純資産額維持条項	201	**信用コスト**	**218**
純資産価値	140	信用コスト率	224
償却・引当	206, **210**	信用事由	197
証券化	**212**	信用集中	408
証券化商品	**101**	**信用スプレッド**	**224**
証券勧告	274	**信用 VaR**	**215**, 219, 229, 244, 246
証券監督者国際機構	**403**, 416	**信用リスク**	33, 47, 151, 165, 190, 210, **227**, 267
証券決済制度改革	269	信用リスク計量モデル	215, 228, **229**, 255

信用リスク削減手法 ……… **232**, 251
信用リスク資本 ………………219

【す】

スーパーシニア ………………181
スーパーバイザリー・カレッジ ……………………409
スキュー …………………63, 142
スコア …………………………195
スコアカード手法 ……………312
スコアリング …………………330
スコアリングモデル …………194
スタティク型CDO ……………180
スティープニング ………75, 115
ストレート・スルー・プロセシング ……………**269**, 309
ストレス・シナリオ …………108
ストレス損失 …………………39
ストレステスト …… 30, 65, 95, 100, **108**, 116, 123, 133, 154, 393
スマイル ………………………142
スモールカレンシー …………67
スルー・ザ・サイクル・アプローチ ……………………222
スロープ・ポイント・バリュー ……………………………70
スロッティング・クライテリア …………………………**236**

スワップ …………………94, 135

【せ】

正常先 …………………………205
制度変更リスク ………………190
整理回収機構 …………………211
セカンダリー市場 ……………152
責任準備金 ………………346, 350
セキュリタイゼーション …… **212**
セクター集中リスク …………208
センシティビティ ……………153
センシティビティ・ストレス・シナリオ ……… 30, 108, 173
先進的計測手法 ‥287, 292, **312**, 407
先進的内部格付手法 ……232, 244, 247, 407
戦略リスク ………………28, 35, 287

【そ】

相関関係 …………………96, 246
相関係数 ………………131, 182
相関検定 ………………………131
早期警戒制度 …………… 405, 409
早期是正措置 ……………346, **404**
相互率制態勢 ……………351, 358
総資産回転率 …………………13
相対ネッティング ……………249
即時グロス決済 ………………274

即時ファイナリティ ············274
促進レベル ·················291
ソフトリミット ···············153
粗利益配分手法 ·······287, **314**, 407
ソルベンシーⅡ ·············353
ソルベンシー・マージン比率 ··339, 340, **346**
損失事象 ··············283, **316**
損失分布手法 ···········312, **318**

【た】

タームストラクチャー・モデル ·······························57
第一次BIS規制 ·········394, 413
第一の柱 ··············**413**, 406
第二の柱 ·······24, 42, 82, 161, 287, **408**, 413
第三の柱 ··············**411**, 413
第三分野の保険リスク ·········347
貸借取引 ··················132
代替的リスク移転 ············336
ダイレクト・レポーティング ··368
ダブル・デフォルト効果 ······**238**
ダブル・リカバリー ···········239
担保 ·····················232
担保維持条項 ···············201
担保提供制限 ···············201
担保評価率 ··················79

【ち】

直接償却 ··················210

【て】

ディスカウント・キャッシュフロー ···················211
ディスクロージャー ···········411
データリコンサイル ···········104
適合性原則 ················**320**
適合性の原則 ···············327
出再 ·····················342
デット・エクィティ・スワップ ····················**240**
デット・デット・スワップ ····241
デフォルト ········132, 227, 238
デフォルト時エクスポージャー ···················243, 245, 247
デフォルト時損失率 ······227, 236, **243**, 245, 247
デフォルト事由 ···············55
デフォルト・モード ···········229
デフォルトリスク ···········80, 88
デフォルト率 ···········195, 218
デューデリジェンス ······**111**, 139
デュレーション ···76, 92, **114**, 145, 163, 341
デリバティブ ············94, 134

デルタマップ ……………………122
電子CP……………………………263
店頭デリバティブ ………………392

【と】

当期利益 ……………………………13
投下資本事業利益率 ………………8
統合ストレステスト …………**30**
統合リスク管理 ………………**32**
倒産格付 …………………………245
倒産確率 …210, 215, 218, 221, 227, 236, 243, **245**, 247
投資ビークル ……………………102
統制活動 ……………………365, 369
統制環境 ……………………365, 369
特定貸付債権 ……………………236
特別目的会社 ……………………252
独立担保額 …………………………79
トラックレコード ………………112
トランシェ …………………102, 181
トランスファーリスク …………190
取消不能の支払指図 ……………267
トレーディング勘定 ………………89
トレッドウェイ委員会 …………365
ドローダウン ……………………112

【な】

内生的要因 …………165, 167, 171

内部格付手法 ……………221, **247**
内部監査 ……………370, **376**, 388
内部計測手法 ……………………312
内部損失データ ………292, 312, 318
内部通報制度 …………………**378**
内部統制 …………………376, **381**
内部統制監査 ……………………367
内部統制システム ………………383
内部統制システム構築義務 ……**383**
内部モデル ………………**116**, 120
内部モデル法 ……………………407

【に】

ニアミス ………………………**322**
日本版SOX ………………………368

【ね】

ネッティング …55, 78, 232, **249**, 268, 273, 393
ネット＝ネット型DVP …………264
ネット決済 ………………………272
ネット決済システム ……………273
ネット資金ギャップ ……………175
ネット累積資金流出額 …………175

【の】

ノストロ銀行 ……………………262
ノベーション・ネッティング ‥249

ノンキャンセラブル・ローン
CDS ···199
ノン・デリバラブル・フォワ
ード ··68, 260
ノンパラメトリック推定 ········126
ノンリコースローン ·········202, **252**

【は】

バーゼルⅡ ······24, 60, 77, 89, 117,
161, 203, 238, 244, 287, 292, 312,
314, 317, 332, 406, 408, 411, **413**
バーゼル銀行監督委員会 ··413, **415**
パーセント点 ·····························149
ハードリミット ·························153
バーンアウト効果 ············73, 145
ハイブリッド決済システム ·····274
バイラテラル・ネッティング ··249
ハインリッヒの法則 ·················323
ハザード ·······································388
破産 ···························192, 197, 235
破綻懸念先 ··································205
破綻先 ··206
バックアップサイト ·················297
バックテスティング ······116, **118**,
219, 244
バックワーデーション ···············91
バランスシート型 CDO ·········180
バリュー・アット・リスク ··4, 30,
40, 65, 96, **121**, 283, 309, 393, 414

【ひ】

引受行為 ······································151
非期待損失 ·····························218, 228
**ビジネス・コンティニュイテ
ィ・プラン** ·······························**296**
ビジネスライン ·························314
ビジネスリスク ···················29, **35**
ヒストグラム ·······························130
**ヒストリカルシミュレーショ
ン** ···65, **124**
ヒストリカルシミュレーショ
ン法 ···122
ヒストリカル・ストレス・シ
ナリオ ·····························30, 108, 173
非遡及型融資 ······························252
ヒヤリ・ハット ·························323
標準的手法 ··························247, 407
標準物 ··265

【ふ】

ファイナイト保険 ·····················336
ファイナンス・リース ············203
ファットテール ·····63, 67, 76, 123,
124, 129, 281
ファニーメイ ······························144
風説 ··331

風評 ················331
風評リスク ··········170, **331**
フェイル ··············269
フォワーデーション ········91
フォワードルッキング ······100
不正調査 ················**385**
不正のトライアングル ······385
物価上昇率 ··············15
物価連動債 ············15, **127**
不動産投資信託 ········101, 349
不動産投資リスク ··········**348**
プライムブローカー ········111
フラットニング ········76, 115
振替決済 ··············261
フレシェ分布 ············280
フレディマック ··········144
プロジェクト・ファイナンス ··236
プロテクションの売手 ······197
プロテクションの買手 ······197
分散共分散法 ········122, **129**
分散 ················129
紛争リスク ··············190

【へ】

ヘアカット ············**132**, 233
ヘアカット率 ··········78, 132
米国愛国者法 ············278
米国会計基準 ············373
米国企業改革法 ··········**367**
米国公開企業会計監査委員会 ··368
平常時 ············172, 175
ペイメント・ネッティング ····249
ベーシス・ポイント・バリュー
  ················69, 134
ベーシスリスク ······76, 119, **134**
ベースコリレーション ······182
β値 ··············64, 71
ベータ値 ··············6, 64
ベガリスク ········65, 71, 142
ヘッジ会計 ··············**136**
ヘッジファンド ········111, **139**
ペリル ················388
ヘルシュタット銀行 ········415
ヘルシュタットリスク ······**271**
弁護士意見 ··············251

【ほ】

ポアソン分布 ············283
ポイント・イン・タイム・ア
  プローチ ············222
包括ヘッジ ··············136
法務リスク ··············**326**
法令遵守 ··········327, 371
保険会社に係る検査マニュア
  ル ················400
保険監督者国際機構 ······345, **417**

保険契約 …………………358
保険計理人 …………………**350**
保険検査マニュアル …………38
保険数理 …………………350
(保険の) 経済価値 …………**352**
保険引受リスク …………**342, 354**
保険負債の時価会計 …………**356**
保険募集管理 …………………**358**
保険料積立金 …………………346
保証 ……………………………232
ボックス・カー法 ……………131
ポテンシャル・エクスポージャー ……………187, 393
保振 ……………………………263
保有期間 ………………………215
ボラティリティ …65, 71, 96, 112, 125, 142
ボラティリティリスク ……**65, 142**
本人確認法 ……………………279

【ま】

マーク・トゥ・マーケット・モード …………………229
マーケットインパクト ………167
マートンモデル …………**245, 254**
マチュリティ・ダラー ………2, 162
マッピング ……………130, 237
マネージド型CDO …………180

マネーロンダリング …………278
マルチファクターシミュレーション ……………………209
マルチファクターモデル ……64
マルチライン保険会社 ………360
マルチラテラル・ネッティング ……………………249
マルティプリケーションファクター …………117, 120

【み】

ミスマッチ ……………………164
三つの柱 ……406, 408, 411, 413

【む】

ムービング・ウインドウ法 …131

【め】

名目金利 ………………………127
名目収益率 ……………………15
メザニン ………………102, 181
メニュー方式 ………394, 407, 414

【も】

モーゲージ債 …………………**73, 144**
モデルアプローチ ……………352
モデルテスティング …………147
モデルリスク …………………**86, 147**

元受保険会社 …………………342
モノライン保険会社 …………**360**
モラルハザード ………………241
モンテカルロシミュレーション ……57, 65, 122, 124, **149**, 188, 219, 318
モンテカルロシミュレーション法 ……………………122

【ゆ】

有価証券引受リスク …………**151**
遊休不動産 ……………………349
有形資産リスク ………………**324**
優先・劣後の構造 ……………213
有利子負債残高制限条項 ………201

【よ】

要管理不動産 …………………348
要注意先 ………………………205
預金者行動モデル ………………61
預金等受入金融機関に係る検査マニュアル ……………400
与信ポートフォリオ …………228
予想デフォルト確率 ‥224, 229, 255
予想倒産確率 …………………219
予定死亡率 ……………………356
予定利率 ………………………356
予定利率リスク ………………347

【ら】

乱数 ……………………………149
ランファルシー・プラス ………273
ランファルシー・プラス・ワン ……………………………273
ランファルシー基準 ………262, **273**
ランファルシーレポート ………273

【り】

リアクティブ・コントローラー型 ……………………184
リーガルオピニオン ……………251
リーガルリスク ‥35, 55, 80, 287, **326**
リート ……………………101, 349
履行拒絶・支払猶予 ……………192
リザーブ ………………………148
リスクアセット ………………406
リスクアプローチ監査 …………**387**
リスク・アペタイト ……………44
リスクエクスポージャー ‥33, 411
リスク管理委員会 ……………**36**, 344
リスク管理部門 ……………26, 37, 388
リスク管理方針 ………………**37**
リスク管理ポリシー …………**37**, 393
リスク許容度 ……………………44
リスク限度額 …………………**153**
リスクコントロール ……………33

リスク・コンバージェンス ……388	流動性限度額 ……………164, 168
リスク資本 ………………33, 39	**流動性コンティンジェンシー**
リスク資本の配賦 ……………40	**プラン** ……165, **169**, 172, 174, 176
リスク選好度 …………………**43**	流動性シナリオ分析 ……161, 162,
リスク中立デフォルト確率 ……182	165, 168, **171**
リスク調整後業績評価 …9, **10**, 33	**流動性ストレステスト** ……161, 162,
リスクテイク ……………36, 43	165, 168, 170, 172, **173**, 175
リスク・トレランス …………44	流動性預金 ……………………61
リスクの集中 …………………20	流動性リスク ………47, 73, 156
リスクの伝播 …………………20	**流動性リスク限度額** …………**175**
リスクの偏在 …………………20	リュング・ボックス検定 ……131
リスクファクター ……**47**, 69, 122,	**倫理綱領** ………………………**364**
124, 129	
リスク・プレファランス ……44	【る】
リスクプレミアム ……………224	ルート T 倍法 …………120, 131
リスクプロファイル ……20, 24, 42,	ルックスルー ……………………140
47, 406, 408, 414	
リスク文化 ……………………**45**	【れ】
リスクベースアプローチ ……376	**レピュテーショナルリスク** …287,
リスクホライズン ……………215	298, **331**, 371
リスクマージン ……346, 353, 357	劣加法性 ………………………217
リスクマップ …………………**329**	劣後 ……………………………102
リスクマネジメント ………33, 45	レバレッジ ……………………13
リスク要因 …………………32, **47**	レポ取引 ………………………132
リストラクチャリング …192, 197,	
235	【ろ】
リターン・オン・エクイティ …**13**	ロールオーバー ………………82
流動性危機 ……………………169	**ロールオーバーリスク** ………**155**

ローン・クレジット・デフォルト・スワップ …………199
ローンチ …………………………151
ロジスティック回帰モデル …195
ロスカットルール ………………154
ロスシェアルール ………………273

【わ】

ワークショップ ……………289, 304
ワイブル分布 ………………280, 318

I 統合リスク

統合リスク ALM

ALM　　　　　　　　　　　　　　　レベル2

金融市場環境の変化によって被る各種リスクを把握，コントロールし，保有する資産・負債から得られる損益・価値の安定化，極大化を行うために総合的に資産・負債を管理する手法

Step 1　ALM（Asset Liability Management）は「資産・負債の総合管理」とも呼ばれ，金融機関において伝統的に使用されてきた手法である。一般的に，ALM は以下の3点を目的として行われてきたといえる。

① 資金繰り管理
② 金利リスク管理
③ 期間損益の予算策定・着地見込み

金融機関が破綻に陥るのは，多くの場合，資金が調達できなくなるケースであるため，①は ALM の根幹として扱われてきた。また，②も将来の金利変動による損益・価値のブレを把握するものとして重視されてきた。③は期間損益シミュレーションを行って，期の予算（計画）を策定し期末の着地見込みを行うものであり，収益管理としての側面をもつ。

多くの金融機関で，定期的に（1カ月ごと等）「ALM 委員会」が開催され，ALM 運営についての経営意思決定が行われている。資産・負債の大部分が金融資産，金融負債である金融機関にとって，ALM は重要な経営意思決定ツールとなっている。

Step 2　ALM を行う際，その目的によって以下のような手法が使用される。

(1) マチュリティ・ラダー分析

金融機関が保有する資産・負債の大部分の金融商品（貸出金，預金，債券など）には満期が存在する。資産・負債の間で満期の期間がずれたり，

金額が異なったりすることによって、リスクが発生する。この期間、金額の差異（ギャップ）を把握する手法がマチュリティ・ラダー分析である。上記①「資金繰り管理」には「資金満期」ベース、上記②の「金利リスク管理」には「金利満期」ベースのマチュリティ・ラダーが古くから用いられてきた。バランスシート構造を把握する最も基本的な情報であり、現在でも重要な手法の一つとして活用されている。

⑵ 金利感応度分析

債券取引の分野で発達した感応度分析が、資産・負債全体のポートフォリオにも適用されるようになった。ポートフォリオから発生するすべてのキャッシュフローを対象として、金利の微少変化（10bp上昇等）によるポートフォリオの価値変化を把握するものである。⑴のマチュリティ・ラダー分析と並んで、金利リスクを把握・管理するための管理手法として定着している。

⑶ NII (Net Interest Income　金利収支) シミュレーション分析

NIIは資産・負債から発生する受取・支払利息による一定期間の金利収支を指し、将来の一定期間について金利や資金のシナリオを設定して金利収支のシミュレーションを行うことを、NIIシミュレーション分析と呼ぶ。特に銀行においては預金、貸出金の割合が高いため、「長短金利差」だけではなく、市場金利と各種指標金利（預金金利、プライムレート等）のベーシス・スプレッドは大きな収益源となる。また取引の継続性による資金のロールオーバーもバンキング勘定の特徴である。これらの特性を考慮して、将来一定期間（今期末まで、今後3年間等）のNIIシミュレーションが行われる。複数の金利シナリオと資金シナリオを設定し、その組合せで複数パターンのシミュレーションを実施することが多い。また最近では、顧客属性の考慮や期限前返済モデル、中途解約モデルの導入といった高度化も行われている。

⑷ EaR (Earning at Risk) 分析

将来のNIIのブレ幅を確率統計的に把握する手法である。将来の市場

金利のシナリオを，金利期間構造モデルを使用して多数（例：10,000本）発生させ，一定期間の NII がとりうる分布を作成する。EaR 値はその分布の平均値と最悪状態（99%点等）の差額を指す場合が多い。また分布のテール部分のリスク把握には，ストレス・シナリオを設定した NII シミュレーションの結果も考慮した，総合的な分析も重要となる。

ALM の重要テーマである金利リスクについては，「期間損益ベース」でとらえるか，「経済価値ベース」でとらえるかという点を整理することが重要である。「経済価値ベース」では ALM の分野でも，バリュー・アット・リスク（Value at Risk, VaR）手法が資産・負債全体のポートフォリオについて使用されるようになっている。

Step 3 今後の ALM 高度化の方向性として，統合的なリスク運営（ERM（Enterprisewide Risk Management, エンタープライズワイド・リスクマネジメント））による金融機関の企業価値向上があげられる。その際の資産負債の評価としては「経済価値ベース」が基軸となるであろう。

ERM ベースの ALM 高度化については，以下の課題があげられる。
① 「期間損益ベース」と「経済価値ベース」の相互補完方法
② 預金の経済価値評価
③ 金利リスク以外のリスクも考慮した統合的な ALM 運営

①については，従前の ALM は財務会計を前提とした期間損益ベースを中心に運営されてきたため，経済価値ベースでの運営確立には多くのハードルがある。そのなかでも大きな課題となるのは負債の経済価値評価の問題であろう。銀行の場合，会計上簿価評価されている預金，特に流動性預金をどのように取り扱うかが焦点となる（上記②）。最近では流動性預金のうち長期間滞留する「コア預金」の推定モデルの研究，構築も進められている。

また③については，従前は金利リスク以外のリスクは ALM 運営の枠組みでは考慮されてこなかったケースが多い。ただ，最近では CPM（クレ

ジット・ポートフォリオ・マネジメント,ないしアクティブ・クレジット・ポートフォリオ・マネジメント)と呼ばれる,信用リスクの能動的な運営によってリスクコントロールを行う動きもみられる。今後は,統合的なリスク運営の考え方に基づくALM運営への高度化が進められることになろう。

関連用語 ⇒「金利リスク」「マチュリティ・ラダー」「感応度分析」「ロールオーバーリスク」「アーニング・アット・リスク」「バリュー・アット・リスク」「ストレステスト」「コア預金」「アクティブ・クレジット・ポートフォリオ・マネジメント」「統合リスク管理」「資金ギャップ分析」

CAPM（資本資産評価モデル） レベル3

市場均衡状態におけるリスク資産株式の期待収益率についての理論

Step 1 CAPM（Capital Asset Pricing Model）は，リスク資産である株式の期待収益率に関する理論であり，市場が均衡状態にある場合，個別株式 i の期待収益率 r_i は，マーケット全体の期待収益率 r_m，無リスク金利 r_f，および株式 i のマーケット全体に対する感応度であるベータ値の三つの値によって定まり，下記の式で表されるとするものである。

$r_i = r_f + \beta_i \times (r_m - r_f)$

すなわち，

株式 i の期待リスクプレミアム＝ベータ値×市場全体の期待リスクプレミアム

となる。また，ベータ値は，

$\beta_i = \dfrac{Cov(r_i, r_m)}{\sigma_m}$

で求められる。

Step 2 上記の式に基づくと，市場均衡状態における個別株式 i の期待リスクプレミアムは，市場全体の期待リスクプレミアムに，その株式固有のベータ値をかけたものとなり，すべての投資は，その株式のベータに応じて，図で示された右上がりの直線（証券市場線，Security Market Line）上にプロットされることになる。

CAPM理論に基づくと，市場均衡状態における個別の株式のリスクプレミアムは，その証券が市場とどれだけ連動して動くか（β）のみによって決まることになる。

CAPM（資本資産評価モデル）

この結論の簡潔さから，CAPM 理論は，コーポレートファイナンスや資産ポートフォリオ運用の分野で広く使われている。リスク管理の実務においては，業務のリスクを調整したうえで事業部門の評価を行う RAPM の枠組みのなかで，企業独自の，あるいは各事業部門独自のリスクを調整する際のリスクプレミアムや資本コスト算出に CAPM 理論を採用する例がみられる。

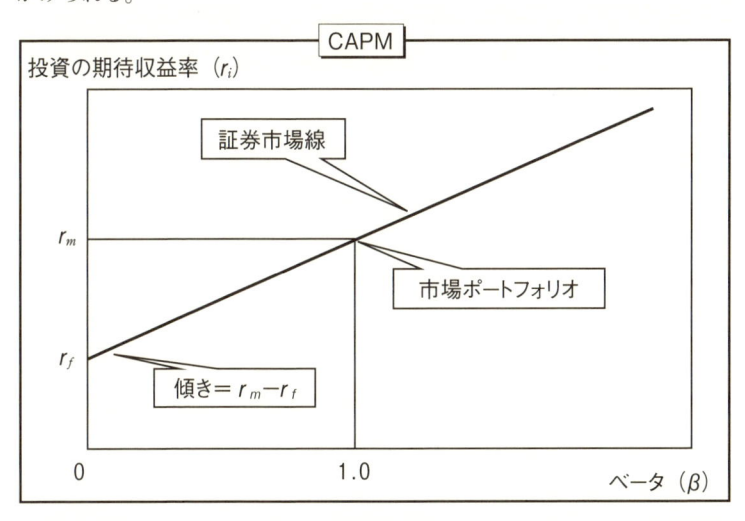

CAPM

投資の期待収益率 (r_i)

証券市場線

r_m

市場ポートフォリオ

r_f

傾き＝$r_m - r_f$

0　　　　　　　　　　1.0　　　　　　ベータ (β)

Step 3　CAPM は，市場が均衡状態にある場合のリスク資産のリスクプレミアムの特性を示す理論であることから，均衡市場についていくつかの前提を置いている。実際のマーケットにおいては，これらの前提は必ずしも成立しないものもあり，CAPM の考え方を採用する場合には，こうした前提をよく理解したうえで使わなければならない。

関連用語 ⇒「ROE」「RAPM」「リスク資本」

統合リスク　EVA™（経済付加価値）

EVA™（経済付加価値）　レベル3

米国のスターン・スチュワート社が開発した経営指標であり，支払利息控除前税引後利益から資本コスト額を差し引いた額。株主に対する収益還元に重点を置いており，事業利益が資本コストを上回ったときに経済的付加価値が創造されるという考え方に基づく指標

Step 1　EVA™（Economic Value Added）は，支払利息控除前税引後利益から資本コスト額を差し引いた「絶対額」で表される。資本コスト額は，株主が期待する収益率である資本コスト率に使用資本額をかけ合わせた額である。

EVA™ の指標がプラスの場合は，株主の期待する以上の経済価値を生み出して企業価値向上に貢献していることを意味し，マイナスの場合は，期待どおりの利益が獲得されず，株主価値を損なっているとされる。部門ごとの EVA™ を計算することで，会社全体の経済付加価値に対する部門の寄与度を評価することができるようになる。

EVA™ はエコノミック・プロフィット（Economic Profit, EP）と呼ばれることもある。

Step 2　EVA™ は以下の式で計算される。

EVA™ ＝ NOPAT（支払利息控除前税引後利益）－資本コスト額
　　　＝（投下資本事業利益率－資本コスト率）×投下資本額

ここで，資本コスト額を計算するためには，資本コスト率を計算または設定する必要がある。この資本コスト率は，会社全体で EVA™ をみる場合は株主が期待する収益率を意味しており，部門評価で EVA™ を用いる場合は経営陣が部門に期待する収益率を意味している。資本コスト率を求

めるには、株主資本に対する自己資本コストと借入金等に対する負債資本コストを加重平均して計算することも一般的に行われる。したがって、EVA™ を有効活用するためには、「資本コスト率」を妥当な水準に設定することが重要である。

EVA™ は RAPM（Risk-Adjusted Performance Measurement：リスク調整後業績評価）の一つの表現方法であると考えられるが、たとえば RAROC が、純利益÷リスク資本で算出され、抱えるリスクに対する「収益率」として表されるのに対して、EVA™ や EP は、純利益－資本コストで計算され、抱えるリスクの大きさを反映した「収益額」として表される点が異なる。

関連用語 ⇒「RAPM」「ROE」「リスク資本」

統合リスク RAPM(リスク調整後業績評価)

RAPM(リスク調整後業績評価) レベル2

投資や事業におけるリスクの大きさを考慮した後の収益の大きさを測ることで異なる部門間の業績評価を行うこと

Step 1　リスク調整後業績評価指標(Risk-Adjusted Performance Measurement, RAPM)は、異なる業務を行う事業部門や投資案件を評価する際に、そのリスクの大きさを定量的に評価して考慮に入れたうえで、収益の大きさを測り、その大小で当該事業部門や投資案件の業績評価を行うものである。基本的なアプローチとしては、下記の式に従う。

　　RAPM=収益(=収入−費用−期待損失)/リスク資本

たとえば、RAROC(Risk-Adjusted Return on Capital)、RORAC(Return on Risk-Adjusted Capital)、EVA™(Economic Value Added)等の概念は、それぞれ RAPM 指標と考えられる。

Step 2　業績評価指標として一般的である ROE は、分子である収益および分母である資本に含まれるリスクを勘案していないことから、異なるリスクプロファイルをもつ異なった事業部門を評価するには適切な指標ではないと考えられる。そこで、それらの事業パフォーマンスのリスクを考慮し、事業のリスクを定量的に調整することで異なる部門をより公平な物差しで評価しようとするのが RAPM である。

リスクの調整の仕方は、ROE の算出式の要素である収益のリスクを調整するか、資本のリスクを調整するか(あるいはその両方か)、ということになる。定義からすると、収益のリスクを調整するのが RAROC、資本のリスクを調整するのが RORAC になる。また、EVA™ は評価を資本に対する比率としてではなく、資本コストを差し引いた額として表すものである。このように RAPM の計算方法にはいろいろなバリエーションがあ

RAPM（リスク調整後業績評価）

るが、リスクを適切に調整すれば、それぞれは一様に正しく実務的にどれが劣っているとはいえない。

上記式でわかるように、収益からは通常の費用に加えて、信用コストなどにみられる期待損失についてもリスク調整上の費用として差し引く必要がある。一方、分母のリスク資本については、別項で示したリスク資本の算出の考え方が適用されることになる。

業績評価プロセスにおけるRAPMの意味合いは、事業部門の評価をそのリスクを調整したうえで行うことから、異なるリスクプロファイルをもつ事業部門をより公平に評価することが可能となることである。具体的には、事業部門ごとに算出したRAPM指標を比較することによって、どの事業部門がリスク資本をより効率的に運営して収益をあげたかが明確になるわけである。これに基づいて翌期以降のリスク資本配分を調整し、企業のリスク運営内容を変化させることができる。

Step 3 リスクを調整した収益指標の例についてその特徴を比較すると以下のようになる。このようにRAPMはそれぞれに長所短所があるため、各金融機関のリスクプロファイルや評価指標の使用目的、データやシステムの整備状況等を勘案したうえで採用する指標を選択すべきである。

RAPM例	算 式	特 徴
期待損失控除後収益	収入－費用－期待損失	・財務上の収益からリスク上の期待損失が控除されているが、リスク資本対比の指標にはなっていない
期待損失控除後収益率 [RAROC]	(収入－費用－期待損失)／リスク資本	・リスク上の期待損失控除後の収益をリスク資本で割ることでリスク資本対比の収益性の評価が可能 ・一方、比率での指標であることから収益の量は示さない
期待損失・資本コスト控除後収益 [EP・EVA™等]	(収入－費用－期待損失)－リスク資本×資本コスト率	・リスク上の期待損失控除後の収益から資本コストを差し引くことでリスク調整後の収益額として、株主に対する付加価値を示すことが可能 ・半面、効率性の指標としては使えない ・資本コスト率の設定が必要

RAPM（リスク調整後業績評価）

関連用語 ⇒「リスク資本」「ROE」「CAPM」「バリュー・アット・リスク」「EVA™」

ROE（リターン・オン・エクイティ）　レベル2

実際に投下された株主資本からどれだけの利益があげられたかを測る企業の収益性指標。自己資本利益率，ないし株主資本利益率と呼ばれる

Step 1　ROE（Return on Equity）は，株主の立場から考えて，貸借対照表上の資本の部に記載された「資本」に対して，どれだけの利益が得られているかを測る経営指標である。株主資本に対する収益率を示すものであることから，ROEが高い企業ほど資本を効率よく運用している，という高い評価を得ることになる。

　ROE＝当期純利益÷自己資本

　なお，ROE算定上の自己資本には，純資産額から新株予約権と少数株主持分を控除した金額を用いる。株主重視の姿勢が求められるなか，ROEはその中心的評価指標と考えられる。

Step 2　ROEの式を書き換えると以下のようになる。

　ROE＝(当期利益÷売上高)×(売上高÷総資産)×(総資産÷自己資本)
　　　＝売上高当期利益率×総資産回転率×財務上のレバレッジ

　したがって，売上高当期利益率（収益性），総資産回転率（効率性），財務上のレバレッジの三つを高めることが，ROEの向上につながることになる。

　しかしながら，金融機関の場合は，貸出資産などの資産勘定が完全には時価評価されておらず，また長期性のある資産における信用リスク等のリスクが上記指標には反映されないことから，単純なROEを単年度のパフォーマンス評価の指標として適用することはむずかしく，リスクを織り込んだ指標で評価する取組みがなされている。

ROE(リターン・オン・エクイティ)

関連用語 ⇒「RAPM」「リスク資本」

インフレリスク　　　　　　　　　　　　　　　　レベル3

インフレーション（物価上昇）によって保有する資産の価値が低下するリスク

Step 1　インフレーション（インフレ）とは、さまざまな要因[1]によって物価が上昇する経済環境を指すものである。物価が上昇するとその対価である貨幣の価値は低下する。自身のポートフォリオに貨幣、あるいは貨幣に近い特性をもつ商品を資産として保有している場合は、インフレーション環境下においてその資産価値が目減りする。これをインフレリスクと呼ぶ。

Step 2　資産の収益率は、一般的に以下のように表される。

実質収益率＝名目収益率－物価上昇率

名目収益率（表面上の収益率ともいえる）と物価上昇率が同一だった場合、名目のお金が増えたとしても、実質的には購買力が増えたとはいえない。つまり実質収益率はゼロとなる。

インフレーションが予想される経済環境下では、名目収益率が固定的な商品（固定利付債券等）を保有していると、インフレーション進行によって物価上昇率が増加した場合は、実質収益率が目減りするリスクを内在していることになる。逆に、株式や不動産のように、インフレーション時に配当やキャピタルゲインの増加が期待できる資産では、名目収益率も上昇する可能性も高く、インフレリスクに対する抵抗力をもっているといえる。

また、英国や米国などでは従前より物価連動債（インフレ債券とも呼ばれる）が発行されており、本邦でも2004年より物価連動国債の発行が開始

---

[1] インフレーションの発生原因は、需要供給バランス、輸出入、産業構造、国家財政などさまざまな要因に分類されることが多い。

インフレリスク

された。これは固定利率債券であるが、物価変動に連動して元本が増減する。物価が上昇すると元本も上昇し、受取利息が増加する商品である（逆に物価が下落すると受取利息は減少する）。さらに、世界の物価連動債を組み込んだ投資信託も組成される動きがあるなど、インフレリスクに対応する商品も徐々に増加している。

Step 3 経済環境の複雑化に伴い、インフレーションの発生形態も多様化、複雑化しているといえよう。たとえば上述の物価連動債が連動しているCPI（消費者物価指数）と、株式や不動産のような資産価格は、同じ動きをするとは限らない。一部の株式や不動産の価格が上昇している状況（資産インフレーションとも呼ばれる）であっても、CPIは上昇していない場合もありうる。その場合は保有する物価連動債券では想定外の損失を被るリスクも存在する。

インフレリスクの管理は、そのインフレーション構造の複雑さから確立された方法は存在しないと思われるが、経済・金融のグローバル化によって、今後はその重要性がますます大きくなってくると思われる。今後の研究進展、管理高度化が望まれる。

関連用語 ⇒「物価連動債」

危機管理 統合リスク

危機管理　　　　　　　　　　　　　　レベル2

企業経営や事業活動，企業イメージに，重大な損失をもたらす，もしくは社会一般に重大な影響を及ぼすと予想される事態を「危機」と考え，万一危機が発生した場合における業務運営の継続や通常機能の回復を円滑に行うために，基本的な考え方や判断基準を明確化し，自社の損失や取引先，市場への影響を極小化するための態勢および活動

Step 1　地震などの自然災害，大規模なシステムトラブル，流動性の枯渇，役職員による不祥事・犯罪などが代表的な「危機」事象であり，これら事象への対応を総称して危機管理という。

　危機管理は，会社自身に与える影響が大きいことに加え，特に金融機関の場合，取引先や市場に対しても影響が波及することがありうるため，経営陣に情報を集約し，迅速な意思決定に基づく対応をとらなければならない。一定規模以上の危機事象に対しては，経営陣のイニシアティブに基づいて対応できる態勢を整備することが必要である。

Step 2　危機管理の態勢整備にあたっては，実際に危機事象が起こった場合の対応につき，「危機管理マニュアル」等の形で事前の態勢整備を行うことが望ましい。危機管理マニュアルの作成にあたっては，あらかじめ対応すべき「危機」事象を可能な限り網羅的に特定したうえで，①危機事象の発生前，②危機事象発生時，③危機事象終結後にとるべき対応を事象ごとに定めるべきである。

　また，危機管理マニュアルを整備する際，たとえば大規模システムトラブルであればシステムリスク管理手続の一部分として，流動性の枯渇への対応であれば流動性リスク管理手続の一部分として，ばらばらに保存されているケースもあるが，実際に危機事象が発生したときは，初動を適切に

行うことが重要であり,危機管理マニュアルは一つの文書として集約して,「危機事象が発生した場合は『危機管理マニュアル』をみればよい」という共通認識を社内に醸成することが望ましい。

Step 3　金融検査マニュアルでは,取締役会等に対して,①当該金融機関にとって何が危機であるかを適切に認識し,危機発生時において経営陣による迅速な対応およびリスク軽減措置等の対策を講じることが求められており,そのため,②平時より当該金融機関の危機管理について適切な態勢を整備することが必要とされている。具体的な対応策の例として,「危機管理マニュアル」等の策定,「業務継続計画」(BCP)の策定,危機発生時の情報収集および発信態勢,風評に関する危機時の対応態勢等の態勢整備等があげられている。

関連用語 ⇒「業務継続計画」

グループリスク管理　統合リスク

グループリスク管理　　　　　　　　レベル3

連結子会社も含めたグループ全体のリスク管理を整合的に行うこと，およびそのための態勢

Step 1　わが国では，銀行，保険，証券について専業主義がとられてきたが，平成5年の金融制度改革による業態別子会社での相互参入の解禁以降の規制緩和により，金融持株会社を利用した金融機関のコングロマリット化が進展している。また，連結決算制度の浸透，バーゼルⅡの実施等の経営環境の変化に伴い，金融機関単体だけでなく，持株会社や親会社の傘下の連結子会社を含めたグループ全体でリスクを管理・運営する必要性が高まっている。グループリスク管理においては，異なるリスクを有する金融機関の経営管理を一体的に行うことにより，グループが抱えるリスクを網羅的に把握し，計測，評価，コントロールできる態勢を構築することが求められる。一方，グループ会社が抱えるリスクの適切な分散が図られる結果，グループ全体としてのリスクが軽減されることもありうる。

Step 2　実効的なグループリスク管理態勢を構築するためには，グループ内の各エンティティにおいて，リスク管理態勢が構築され，適切に遂行されていることが重要である。そのうえで，持株会社や親会社等，グループ全体の経営管理の役割を担う会社（経営管理会社）が，グループ全体としての適切なリスク管理態勢の構築を進めることになる。

そのため，まずは経営管理会社が，グループの戦略目標を踏まえ，想定されるすべての主要なリスクを盛り込んだグループのリスク管理の方針を明確に定め，グループ内の会社および役職員に周知し，これを共有することが重要である。グループ内の会社は，自社の業務内容や規模に応じて，

グループリスク管理

　グループ共通のリスク管理の方針に則ったリスク管理方針を決定し，リスク管理態勢の整備を進めることが望ましい。その際，経営管理会社が，グループ内の会社の業種や規模に応じて，各社が備えるべきリスク管理の水準や指針を設定して，グループとしてみた場合のリスク管理の方向性が整合するような枠組みを設けることが，グループリスク管理の実効性を高めるうえでは有効である。

　さらに，経営管理会社においては，グループの規模，特性およびグループ内会社の業務内容等に応じて，グループが抱える各種リスクを管理するリスク管理部署を設置し，グループ全体の各種リスクを適切に把握できる態勢を整える必要がある。経営管理会社のリスク管理部署が注意すべき点として，グループ内各社がそれぞれ単体で抱えるリスクについて適切に把握することはもちろん，グループ全体としてみた場合の①リスクの伝播，②リスクの偏在，③リスクの集中に留意する必要がある。

① 　リスクの伝播とは，グループ内の特定の会社で顕在化したリスク事象が，グループ内の他の会社に伝播することをいう。典型的には，グループ内の会社で発生した不祥事による評判の悪化が他のグループ会社にも波及するケースがある。事前にリスクの伝播経路をすべて想定し，リスクの伝播が発生しないように押さえ込むことは現実的には困難であるので，リスクが伝播していると認められた場合に適切に対応できる体制を整備することが望ましい。

② 　リスクの偏在とは，グループの特定の企業または領域にリスクが偏ることをいう。リスクの偏在は，グループの中核となる会社とそれ以外のグループ会社の規模に大きな差がある場合，たとえば大きな商業銀行（または証券会社，保険会社）とその他のグループ会社のケース，が典型例である。リスクの偏在が生じている場合，グループ全体のリスクプロファイルがリスク偏在先の会社の状況に大きく影響を受けることになるので，リスク偏在先のモニタリングを適切に行う必要がある。

③ 　リスクの集中とは，特定のリスクカテゴリーや大口取引先（グルー

プ）にリスクが集中することをいう。リスク集中のモニタリングには，リスク資本などの統合的なリスク計測やグループ対グループでみる大口取引先のモニタリングおよび取引限度枠の設定，ストレステスト，シナリオ分析によるグループへの影響分析等の手段を用いることが一般的である。

関連用語 ⇒「統合リスク管理」「集中リスク」「ストレステスト」「シナリオ分析」

統合リスク　システミックリスク

システミックリスク　　　　　　　　　　レベル1

市場のある参加者の債務不履行，マーケットの混乱，決済システムの混乱等が市場の他の参加者の債務不履行や他の市場に波及し，金融システム全体の安定性が損なわれるリスク

Step 1　金融システムのグローバル化やリアルタイム化，業務の情報処理システムへの依存度の高まり等により，今日の巨大金融機関やさらには巨大企業の行動は，広く金融システム全体に即時に影響を与える可能性がある。

たとえば，ある国の巨大銀行で決済業務が中断すると，連鎖的に他の銀行の決済業務も滞ることとなり，その国やさらには全世界の金融・決済システム全体に影響を及ぼす可能性がある。こうした状況が現実のものとなり，金融システム全体が危機に直面するリスクが，システミックリスクである。また金融派生商品の拡大から，ある大手金融機関の破綻が，当該金融機関をカウンターパーティとする派生商品取引や，当該金融機関の債権を参照債権とするクレジット・デフォルト・スワップなどの派生商品取引の即時決済を発生させて，これらに対処しきれない多数の市場参加者が債務不履行となることで金融システム全体が機能しなくなり，システミックリスクが顕在化することも考えられる。

システミックリスクは従来，国の通貨危機や金融機関の債務不履行等[1]，信用リスクを発端とすると考えられることが多かったが，近年では，システム事故，テロ行為[2]等のオペレーショナルリスク事象から生じる可能性も増大しつつある。また，システミックリスクを引き起こすのは，金融機

1　1996年のメキシコのペソ通貨危機や2008年の米リーマンブラザーズの経営破綻等。
2　2001年のNY同時多発テロ等。

関に限られるわけではなく，1998年の巨大ヘッジファンドLTCMの破綻は，金融システム全体のシステミックリスクにつながる可能性を発生させた。

Step 2 システミックリスクは，金融システム全体のリスクであるという点で，直接の利害関係人は各国の当局であり，各国当局は，システミックリスクを想起させないような規制枠組みを構築したうえで，国内の金融機関等を監督することになる。

こうしたことから，個々の金融機関がシステミックリスクの管理を日常業務として行うことは考えにくい。一方で，一金融機関に発生したリスク事象がシステミックリスクに波及する可能性は大いにありうることから，個々の金融機関はこうした可能性を念頭に置いて，自らのリスク管理上の不備が経営不安や経営破綻を通じてシステミックリスクを発生させることのないよう厳格なリスク管理を行う必要がある。

また，金融業界全体としても，たとえば個別の金融機関におけるリスク管理活動を超えた，業界全体としての決済リスクの削減メカニズムの構築や，リスク情報に関するディスクロージャーの規範の制定・推進といったような努力を行うことによって，システミックリスク削減や，それにつながる市場からの予防的な牽制機能を可能とする環境づくりに貢献することが求められよう。

関連用語 ⇒「**危機管理**」「**流動性コンティンジェンシープラン**」「**戦略リスク**」

統合リスク　資本充実度検証

資本充実度検証　　　　レベル2

金融機関の保有する自己資本が，金融機関が抱えるリスクを支えるのに十分であるかどうかを検証する実務プロセス

Step 1　資本充実度検証とは，金融機関が抱えるリスクを計量化する等して総体として評価し，自己資本がリスクをカバーするのに十分な水準にあるかどうかを検証する銀行内部のプロセスをいう。金融機関が抱えるリスクを計量化する方法としては，VaR等のリスク計測モデルを用いて計算する方法，バーゼルⅡ上の所要自己資本を利用する方法，統合ストレステストの結果を利用する方法などが考えられる。どの手法を使って資本充実度を検証するかは，金融機関の業態，規模，リスクプロファイル等に基づいて，金融機関内部で意思決定をしておく必要がある。

Step 2　資本充実度検証は，金融機関の自己資本管理における重要な構成要素の一つである。自己資本管理を行うにあたっては，①自己資本対比でのリスク許容度に関する方針，②自己資本充実度の評価における自己資本およびリスクの定義，③自己資本充実度の評価，モニタリングおよびコントロールに関する方針を定めることが必要である。これらの定義・方針は，取締役会等における機関決定を経て，金融機関の正式な定義・方針として定めるべきである。

　金融機関はこれらの定義・方針に基づいて定期的に資本充実度評価を行い，その状況を取締役会やリスク管理委員会等に報告する必要がある。また検証の結果，資本充実度に問題が認められる場合，抱えるリスクを削減する，新たな自己資本を調達する，等の対応を検討する必要がある。

　資本充実度検証は，バーゼルⅡの第二の柱において，監督当局による検証と対をなす重要な要素となっている。第二の柱における資本充実度検証

資本充実度検証

は,第一の柱で計算されるリスクアセットだけでなく,資金流動性リスク,信用リスクの集中リスクなど,第一の柱によるリスクアセット計算の対象にはなっていないリスクについても評価したうえで,資本充実度を評価することが重要である。

資本充実度検証のための態勢を整備・確立することにより,当該金融機関の直面するリスクに見合った十分な自己資本を確保することは,金融機関の業務の健全性および適切性の観点からきわめて重要である。

Step 3 金融検査マニュアルの「自己資本管理態勢の確認検査用チェックリスト」では,資本充実度検証プロセスにおいて,取締役会は,報告事項および承認事項を適切に設定したうえで,定期的にまたは必要に応じて,取締役会および取締役会等に対し状況を報告,承認を求めさせる態勢を整備することが求められており,報告内容として以下の項目が例示されている。

- 主要なリスクの水準・傾向およびそれらが自己資本へ与える影響
- 自己資本充実度の評価方法(自己資本の定義,管理対象とするリスクの決定およびリスク評価方法を含む)の妥当性
- 業務の規模・特性およびリスクプロファイルに照らした自己資本の充実の状況
- 自己資本水準の目標とリスクプロファイルおよび業務を取り巻く状況についての整合性
- 資本計画等の見直しの必要性

なお,バーゼルIIの第二の柱において具体的な監督上の検証の対象となっているICAAP (Internal Capital Adequacy and Assessment Process) は,資本充実度検証のフォーマルなプロセスを求めているものと考えられる。

関連用語 ⇒「統合ストレステスト」「バーゼルII」「第二の柱」「金融検査マニュアル」「リスク選好度」

統合リスク 新商品・新業務管理

新商品・新業務管理　　レベル3

新商品，新業務を開始する際に必要とされるリスク管理のプロセス

Step 1　新商品・新業務管理は，大きく(1)新商品・新業務の販売・取扱いの可否を判断するプロセスと(2)販売・取扱い開始後のモニタリングのプロセスで構成される。

(1)新商品・新業務の販売・取扱いの可否を判断するプロセスでは，①当該新商品・新業務に含まれるリスクの特定・評価を行い，②それに適切に対応するリスク管理態勢を構築・整備する必要がある。そのうえで，③当該新商品の販売や新業務の開始が可能かどうかを判定・決定することとなる。

(2)販売・取扱い開始後のモニタリングのプロセスでは，①新商品の販売状況や新業務の状況が当初の想定と大きく異なっていないかどうかといった点についての評価，②販売・取扱い開始前に想定していなかったリスクが発生していないかの確認，③それらの結果として当該商品・業務のリスク管理体制変更の必要がないか等を定期的にモニタリングする。

Step 2　新商品・新業務にかかわるリスク管理は，信用リスク，市場リスク，流動性リスク，事務リスク，システムリスク，リーガルリスク，レピュテーショナルリスク（評判リスク）など複数のリスクカテゴリーにまたがるリスク評価が必要となる。リスク評価プロセス構築にあたっては，新商品・新業務に含まれるリスクを網羅的に洗い出し，評価できる体制となるよう留意する必要がある。

このため，リスク管理全般を統括する部署が，新商品・新業務管理のプロセスの全体を所管し，各々のリスク管理部門に対して提案された新商品・新業務に内在するリスクを特定・評価させたうえで新商品委員会等に

報告させるなどして、リスク評価の網羅性確保や経営陣宛の定期報告を行うことが多い。

関連用語 ⇒「リスク要因」「統合リスク管理」「リスク管理委員会」

統合リスク 戦略リスク

戦略リスク　　　　　　　　　　　　　　レベル1

業務戦略上の決定の過ち，あるいは決定事項の実施過程の不備から，組織に損失が生じる，あるいは組織の収益にマイナスの影響を与えるリスク

Step 1　企業活動を行ううえでは，さまざまな戦略上の意思決定がなされることになるが，その戦略自体を誤ったり，決定された戦略が円滑に遂行されないことから生じる損失を戦略リスクと呼ぶ。たとえば銀行において，個人部門における政府主導の住宅取得促進策が打ち出される方向性が明確であるのに，あえて住宅ローン部門を縮小する戦略をとり，収益拡大の機会を逃して他銀行に対して業績が劣後した，といったことが戦略リスクの事例として考えられる。

Step 2　戦略リスクは戦略そのものの誤りをとらえる側面と，決定した戦略の実施過程の不備をとらえる側面とがあり，一般的には前者の意味で用いられることが多いが，時として企業価値全体を左右し回復不可能なダメージを与える点で，きわめて重要なリスクである。金融機関実務としてのリスク管理を考えると，前者の戦略リスクを管理することは経営の意思決定自体をコントロールすることにつながり，管理部門の実務の範疇を超える可能性がある。

経営者は，企業価値に与えるマイナスの影響とプラスの影響の双方を勘案したうえで判断を下すのであって，マイナス面を理解しながら，果敢な戦略的決断を行うケースも十分に考えられ，それが株主および取締役会が経営者に与えた責任の範囲内に収まっているのであれば，その決定自体は「管理」の対象とはならないと考えられるのである。しかしながら，企業価値の不測の損失から企業を守るという広い意味でのリスクマネジメントの観点からすると，こうした戦略リスクに対するコントロールの手立ても

必要であると考えられ，たとえば経営執行に対するガバナンス体制がこうした戦略リスクをコントロールする手段となろう。具体的には，取締役会におけるガバナンス機能の強化や，経営執行を監視する業務監視委員会といった，経営の執行状況をコントロールするメカニズムの整備とその有効な機能が戦略リスクマネジメント上有効である。

ビジネスリスクは戦略リスクと不可分なリスクであるが，両者の間には定義上厳密な区別は行われていないことがあるので注意が必要である。

Step 3 バーゼルⅡにおける最低所要自己資本の枠組み（第一の柱）では，「内部プロセス・人・システムが不適切であることもしくは機能しないことから生じるリスク」として定義されるオペレーショナルリスクには「戦略リスクは含まない」，とされている。

関連用語 ⇒「ビジネスリスク」「オペレーショナルリスク」「バーゼルⅡ」「第一の柱」「第二の柱」

統合リスク　統合ストレステスト

統合ストレステスト　　　　　　　　　レベル3

金融機関のリスクや資本の状況に，例外的ではあるが，蓋然性のある事象が発生した場合に，金融機関の全社的な資本充実度にどのような影響があるかを検証する実務

Step 1　元来ストレステストは，リスクカテゴリーごとに計測されるバリュー・アット・リスク（VaR）を補完する実務として行われ，一般的には「例外的ではあるが，蓋然性のある事象が発生した場合に発生する可能性のある潜在的な損失について検証する方法」とされているが，そうしたなかで，特定のリスクカテゴリーではなく，市場リスクや信用リスク等複数のリスクカテゴリーに，例外的ながら蓋然性のある事象が発生した場合の金融機関全体の資本充実度に係るストレステストとして行われるのが統合ストレステストである。

Step 2　統合ストレステストを行う場合，ストレス・シナリオをどのように設定するかによって結果が決まるといってもよく，シナリオの設定はきわめて重要になる。一般にストレステストのシナリオは大きく以下の3種類に分類されるが，複数のリスク要因にまたがる統合ストレステストの場合には，ヒストリカル・ストレス・シナリオか仮想ストレス・シナリオによるケースが多い。

① センシティビティ・ストレス・シナリオ……特定のリスク要因を大きく変動させて，その際の価値の変動を足し合わせる手法
② ヒストリカル・ストレス・シナリオ……過去極端な事象が実際に起こった際の動きを現状のポートフォリオに当てはめてその影響度を足し合わせる手法
③ 仮想ストレス・シナリオ……自らのリスクプロファイルや内外の金融環境から，現状のポートフォリオに影響の大きいシナリオを人為的に策

定し，その仮想シナリオが実際に発生した場合の影響を足し合わせる手法

実施した統合ストレステストは，テスト結果として計測された潜在的な損失と資本との関係等を対比したうえで，社内のリスク管理委員会や取締役会等に報告される。統合ストレステストは，その損失が複数のリスクカテゴリーにまたがることから，資本に与えるインパクトも大きなものとなる可能性が高く，その影響度の大きさから取締役会等でも議論を呼ぶ可能性が高い。ストレステストはなんらか設定されたシナリオのもとで発生する損失可能性にすぎないため，そのテスト結果だけをもって即座に資本調達や業務縮小を要するものとは考えられないが，かといって蓋然性がないものではなく，統合ストレステストの結果を通じて，自社のポートフォリオに特有な脆弱性を理解し，必要に応じて資本戦略や業務戦略に活用する議論につなげていくべきである。

Step 3 金融検査マニュアルにおける「自己資本管理態勢の確認検査用チェックリスト」では，「適切なストレスシナリオを複数作成し，自己資本及びリスクへの影響度を分析し，自己資本充実度の評価を行っているか。それらのストレスシナリオは自己資本充実度に大きな影響を与える主要なリスクを考慮しているか，という視点を加えているか」というチェック項目があげられている。

関連用語 ⇒「リスク資本」「資本充実度検証」「第二の柱」「金融検査マニュアル」

統合リスク 統合リスク管理

統合リスク管理　　　　　　　　　　レベル1

業務の過程でさらされるさまざまなリスクを認識し，これらを一貫した考え方に基づいて総体的にとらえたうえで，リスクを取締役会等が定める範囲内にとどめ，経営の健全性の確保を目指すとともに企業価値の極大化を目指す行動

Step 1　企業は業務活動を行う過程でさまざまなリスクにさらされるが，リスクが顕在化して損失が発生すると，資本の毀損という形で企業経営の健全性が損なわれることになる。経営を健全かつ効率的に行うためには，こうしたさまざまなリスクを的確に認識・把握し，リスクに見合ったリターンを追求する体制を整える必要がある。

統合リスク管理とはこうした背景から発展した考え方であり，業務上さらされるリスクを，一貫した考え方に基づいて認識し，可能な限り整合性のある手法で測ったうえで，総体としてのリスクを取締役会が定める範囲内に抑えることで，経営の健全性確保を図るとともに企業価値の極大化を目指す活動である。リスクとリターンが裏表の関係にあり，リスクをコントロールすることはリターンにも影響を与えることから，統合リスク管理のプロセスはリスクを考慮したリターンの評価と一体として検討・構築されることが一般的である。

Step 2　一般的に統合リスク管理といった場合，以下のプロセスが踏まれることになる。

① 各事業部門が保有するリスクを，一貫した考え方に基づいて認識し，整合性のあるリスク指標で測る。その際，市場・信用・オペレーショナルリスク，といったリスク要因ごとに，可能な限り定量的な手法で計測を行うことが一般的である。

② 計量化できないリスクや計量化がふさわしくないリスクも含めて，認

統合リスク管理

識されたリスクについて定性的な評価を実施する。
③ 事業部門ごと，リスク要因ごとのリスクエクスポージャーを合算ないし総体的にとらえて，金融機関全体としてのリスクを評価する。
④ 評価されたリスクエクスポージャーの状況を金融機関の保有する資本と対比して自己資本の充実度を評価する。
⑤ 上記の定性的・定量的なリスク評価プロセスにおいて，リスクの状況や自己資本充実度に問題や課題があると認められた場合，リスクをコントロールしたり管理する戦略を策定し，管理態勢全体の適切性の維持改善を実施する。

特に③のプロセスでリスクごとのエクスポージャーを合算する際には，それぞれのリスク計測における信頼区間や保有期間を整合的に扱う必要がある。たとえば，保有期間を1年，信頼区間を99%とした場合の，市場リスク，信用リスク，オペレーショナルリスクの各リスク量を足し合わせる，等である。

こうした統合リスク管理のプロセスは，リスク資本配分や，リスク調整後業績評価と一体として行われることが多く，これらを合わせて「統合リスク管理」とする考え方もより一般的になっている。特に，欧米の金融機関においては，リスクとリターンを一体として「マネージ（＝運営）」するという考え方から，リスク資本配分やリスク調整後業績評価まで含めて「リスクマネジメント」とし，限度枠管理などは「リスクコントロール」として区別する傾向がある。これに対して，本邦の金融機関においては，欧米金融機関における「リスクコントロール」色の強い「リスク管理」にとどまっているケースが多い。

また，ERM（Enterprisewide Risk Management，エンタープライズワイド・リスクマネジメント）といった用語で，会社トータルとしての全社的リスクマネジメント，統合リスク管理を重視する動きもみられる。ERMも単なるリスクコントロールだけではなく，リスクを運営する意味でのリスクマネジメントを含んだ概念として使われることが多い。

統合リスク管理

Step 3

統合リスク管理といった場合，以上のように，さまざまなリスクを整合性のある物差しで認識・測定し，それを合計して全体のリスクをとらえる，といういわば「水平統合」的な内容を指すことが多い。「市場リスク・信用リスク・オペレーショナルリスクの統合」，といったような考え方はこれに基づいたものであると考えられる。

一方で，各々のリスクの管理に際して，リスクに対する姿勢やポリシー，手続，組織体制，さらにはシステムや報告といったリスク管理を取り巻くさまざまな要素を一体のものとしてとらえ，その整合性・統合性を確保する，といういわば「垂直統合」的な内容を「統合リスク管理」としてとらえることも必要である。

関連用語 ⇒「リスク資本」「リスク要因」「リスク管理ポリシー」「リスク選好度」「RAPM」「市場リスク」「信用リスク」「オペレーショナルリスク」

ビジネスリスク **統合リスク**

ビジネスリスク　　　　　　　　　　　レベル1

業務を執行する過程で，当初想定していなかった経済環境の悪化や競争激化等から，収入が予想外に減少し損失を被るリスク

Step 1　ビジネスリスクは，企業活動を行う際に，個別のリスク要因ではないものの業務環境全体に影響を与える要因の想定外の動きにより損失を被るリスクとして定義される。たとえば，業法規制の廃止によって従来の予想を超えた異業種からの参入が相次ぐことで競争が激化して損失が生じるケース等が考えられる。

Step 2　ビジネスリスクを考えるにあたって検討すべき点は，そうした業務環境変化が事前に予想されていたかどうかである。Step 1の例でいえば，経済全体の流れのなかで業務環境や規制環境の変化を予測できるかどうかは，経営者が企業戦略を決定する過程でさまざまなシナリオとして事前に検討されている可能性がある。その意味で，ビジネスリスクは戦略リスクと不可分なリスクであり，実際，両者の間には定義上厳密な区別は必ずしも行われていない。あえていえば，ビジネスリスクは，経済や業界環境の悪化等，全体としての業務環境に影響を与える状況，それも当初の予想を超える動きに着目しているのに対して，戦略リスクはより個別企業や組織の経営戦略上の意思決定の誤りに着目していると考えられる。

一方で，ビジネスリスクにかかわる分野でも，法規制面の変更はリーガルリスクの範疇でとらえられることがあり，こうした用語の定義の整理には注意が必要である。

関連用語 ⇒「戦略リスク」「リーガルリスク」

統合リスク　リスク管理委員会

リスク管理委員会　　　　　　　　　　レベル3

金融機関のリスクの状況を総体的にとらえ，リスクテイクやリスクコントロールの方針等について審議を行う会議機関

Step 1　金融機関のリスク管理を確実に遂行するためには，金融機関がさらされているリスクの状況を適切に認識したうえで，リスクテイクやリスクのコントロールに係る意思決定を適時適切に行う必要がある。リスク管理委員会はそうしたリスク管理に係る審議や意思決定を行う社内審議機関である。

Step 2　リスク管理委員会では，金融機関がさらされている，市場リスクや信用リスク，流動性リスク，オペレーショナルリスクといったさまざまなリスクの状況について報告を受けたうえで，そうしたリスクの状況が資本との対比において十分な健全性を維持しているかといった資本充実度の検証，さらに社内に設定されたさまざまなリスク限度枠の遵守状況のモニタリング，リスクの運営管理に係る意思決定といった内容が審議・決定されることになる。

Step 3　新たな商品を取り扱う場合や新たな業務を開始する場合には，それによって想定しなかったリスクを抱えることがないように事前に十分な検討を加えて，適切な承認プロセスを経る必要がある。この新商品・新業務の検討・審査のプロセスは新商品委員会といった形でリスク管理委員会とは別の会議体で扱うのが一般的であるが，期中に新商品や新規業務があまり発生しない金融機関の場合には，リスク管理委員会で議論することも可能であると考えられる。

関連用語 ⇒「統合リスク管理」「新商品・新業務管理」

リスク管理ポリシー，リスク管理方針　統合リスク

リスク管理ポリシー，リスク管理方針　レベル1

組織内において，リスク管理に関する最も基本的な方針を示した文書

Step 1　リスク管理体制を有効かつ適切に確立するためには，組織内におけるリスク管理に対する基本的な方針を，経営からのトップダウンのメッセージとして組織のすべての構成員に伝える必要がある。リスク管理ポリシーは，こうした社内におけるリスク管理についての最も基本的な方針として，定められるものである。

Step 2　リスク管理のスタイルは各社各様である。たとえば取引限度枠が守られているかのモニタリングのみを担当するリスク管理のあり方もあるし，あるいはその対極として，リスク管理部門が組織全体のリスク状況のポートフォリオを運営する責任を有し，ヘッジ取引等を積極的に行うスタイルも存在する。

リスク管理をどのような方法やスタイルで行うかは，各組織がそのさらされたリスクプロファイルや業務内容に照らして決定するべきものである。そうしたリスク管理に対する基本的な方針を社内文書としたものが，リスク管理ポリシーである。

リスク管理ポリシーでは，組織のリスクテイクに対する考え方やその管理に係る基本的な考え方，取締役会やリスク管理部門，リスク管理に係る組織（委員会など）の役割・責任，リスク管理手法（限度枠など）についての基本的な方針，リスクの認識と測定・評価・モニタリング・報告といったリスク管理活動についての基本的な考え方といった内容が明記されることになる。

リスク管理ポリシーは経営からのリスク管理に関する基本的な方針として，取締役会が承認するべきである。また，定められたリスク管理ポリシ

リスク管理ポリシー，リスク管理方針

ーは，経営者の意思としてすべての組織構成員に伝えられる必要がある。

Step 3 金融検査マニュアルの「統合的リスク管理態勢の確認検査用チェックリスト」では，「取締役会は，統合的リスク管理に関する方針を定め，組織全体に周知させているか」としており，記載内容の例として，取締役会等の役割・責任，統合的リスク管理部門の設置と役割，リスク限度枠の設定に関する方針，などがあげられている。

また，保険検査マニュアルや金融商品取引業者等検査マニュアル等においても同様の内容が示されている。

|関連用語|⇒「内部統制」「リスク文化」「リスク選好度」「金融検査マニュアル」

リスク資本，経済資本，エコノミックキャピタル　レベル2

業務運営上さらされるリスクから生じる予想外の損失をカバーするために必要とされる資本

Step 1　リスク資本は，「業務運営上さらされるリスクから生じる予想外の損失をカバーするために必要とされる資本」と定義され，業務運営上発生するリスクの大きさを考慮に入れて，予想外の損失の影響をコントロールしながら企業価値の極大化を追求する，というリスクを考慮した金融機関経営に不可欠なツールとなっている。

定義にもあるように，リスク資本はリスクから生じる「予想外の損失」をカバーするために配賦されるものであり，事前に予想される期待損失部分は，リスク資本でカバーすべきものではなく，予想される費用として貸出金利等の取引条件を設定する際に織り込まれるべきである。42ページの図でいえば，リスク資本でカバーすべき部分は，グラフの中央部分に当たり，左の部分は費用として扱われ，逆に右の部分のような大規模な損失は，想定した信頼区間を超えた「ストレス損失」として，リスクにさらさない部分として確保するコア資本でカバーする等で対応することになる。

Step 2　リスク資本の枠組みを採用する金融機関は，各事業部門への資源配分，貸出等の投融資の実行を行うかどうかの判断や金額の決定，といった業務の運営における意思決定において，上記で定義されるリスク資本を業務部門に配賦して，リスクの規模をコントロールする。また異なる投融資や部門を評価する際に，配賦されたリスク資本に基づいて，その抱えるリスクの影響を考慮することで，より公平な評価を行うことを目指している。さらにその結果として金融機関がさらされているさまざまなリスクと，損失に対する最終的な備えとなる資本の額とを対比して，資本が十分に確保され健全性に問題がないかどうかについて

リスク資本, 経済資本, エコノミックキャピタル

のモニタリングを行っている。

金融機関で行われているリスク資本の一般的なフレームワークは以下のとおりである。

① 各事業部門へのリスク資本の配賦

各事業部門のリスクに応じてリスク資本を配賦する。

② リスク調整後収益率による収益性の評価

貸出等の個別の投融資の実行,あるいは各事業部門の収益性をリスクを調整した収益率で評価し,個別の案件あるいは事業部門のパフォーマンスを評価する。

③ リスク量に見合った資本の保有

金融機関全体および各事業部門が保有するリスクを,可能な限り整合性のあるリスク指標で評価し,そのリスク量に対して十分な量の資本を維持する。

一般的なリスク資本の算出は,リスク要因ごとにバリュー・アット・リスク(VaR)やそれに類する統計的・定量的な指標で行われることが多い。まず第一にリスク要因ごとに,市場リスクにおける市場VaR,信用リスクにおける信用VaR,オペレーショナルリスクにおけるオペレーショナルVaR等を計測し,次にこれらを合算する等により,事業がさらされるリスク量を評価することになる。この手法に基づけば,リスク資本は一定の統計的な前提の範囲内で算出される値ということになる。

たとえば,信頼区間99%,保有期間1年のバリュー・アット・リスクを合算して合計リスク資本を算出した場合,このリスク資本を上回る実際の資本を確保することで,この金融機関が大規模な損失に見舞われてリスク資本全額を失うのは,統計上100年に一度である,ということになる。

しかしながら,バリュー・アット・リスクがさまざまな前提に基づいて算出される統計値であり,統計上VaRを超える損失が発生しないことを保証するものではないこと,市場VaR,信用VaR,オペレーショナルVaRを計算したとしても,そこに含まれないその他のリスクやあるいは

リスク資本, 経済資本, エコノミックキャピタル

そもそも計量化されていないリスクはとらえられていないこと,等からすると,計算上のリスク資本値を実際の資本の範囲内に抑えるだけで,健全な経営が確保されるということにはならない。また,期中に新たな業務を開始したり,新たに会社を買収することが見込まれるようなケースでは,それらに備えて資本を確保しておくことも必要となる。さらに,金融機関自身のリスク選好度は常に最大限のリスクをとるというものではないことが通常であり,リスク資本として配賦する額は実際の資本総額よりも小さい額に抑えられるのが一般的である。両者の差額は,リスク計測で想定していない損失が生じた場合に対する備えや,リスク選好度に基づくバッファー等として機能するものである。

また,③のリスク量に見合った資本が確保されているかどうかの検証は,資本充実度検証として定義される。資本充実度検証では,統計上想定した前提が保たれているか等についてのバックテスティングや,統計上の信頼区間を超えた極端なケースについてのストレステストを実施することも不可欠である。

Step 3

金融機関全体のリスク資本を計測する際には,信頼区間や保有期間をいくらにするか,リスク要因ごとの数値をどのように合算するか,といったような技術的な課題がある。前者は個別のリスク要因ごとに通常採用している信頼区間や保有期間は異なっている可能性が高く,これらをいかにして単一の物差しに統一するかという問題である。たとえば,トレーディング業務における市場リスク VaR は 2 週間等の短い保有期間で計測されることが一般的だが,貸出等の信用リスク VaR は保有期間を 1 年間で計測することが一般的であり,金融機関全体のリスク資本を計測する際には,これらを統一することが必要となる。また,後者の異なるリスク要因ごとに計測されるリスク資本を合算する方法についても,単純合算による方法や,単純な相関係数を想定する方法,リスク要因間の相関を統計的に計算する手法,さらには,すべてのリスクを単一のモデルで計測して全体量を算出する方法等が考えられ,それぞれに

検討すべき課題が発生する。これらの課題をすべて解決する方法はなく、個別の金融機関のリスクプロファイルや業務内容にふさわしい手法を採用すべきである。

バーゼルⅡでは、「第二の柱」において、金融機関が自らのリスクプロファイルに照らして全体的な自己資本の充実度を自ら評価するプロセスと、自己資本水準維持のための戦略を策定・実行することが求められており、リスク資本の考え方は、第二の柱に適切に対応するためにも根幹をなすものである。

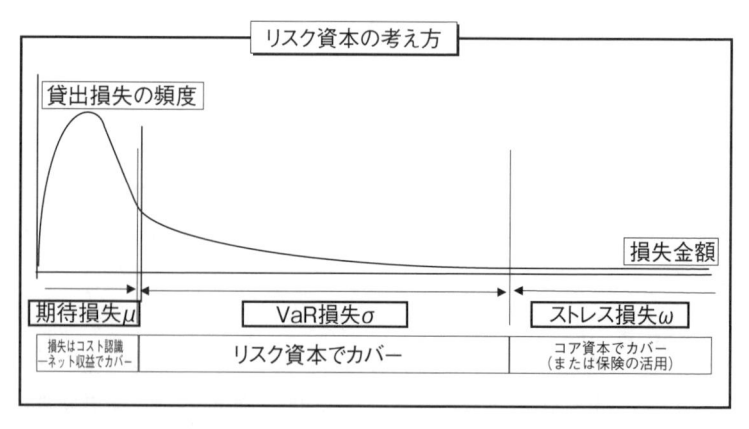

```
┌─────────────── リスク資本の考え方 ───────────────┐
│                                                │
│ 貸出損失の頻度                                  │
│                                                │
│                                   損失金額      │
│ 期待損失μ  │   VaR損失σ   │ ストレス損失ω │
│ 損失はコスト認識│              │ コア資本でカバー │
│ ─ネット収益でカバー│ リスク資本でカバー │ （または保険の活用）│
└────────────────────────────────────────────────┘
```

| 関連用語 |⇒「バリュー・アット・リスク」「信用VaR」「オペレーショナルVaR」「RAPM」「統合リスク管理」「リスク選好度」「バーゼルⅡ」「第二の柱」「資本充実度検証」「ストレステスト」

リスク選好度　統合リスク

リスク選好度　　　　　　　　　　　　　　レベル2

組織として，リスクテイクをどの程度行うか，についての考え方・基準

Step 1　組織において，業務に伴うさまざまなリスクを，(能動的あるいは受動的に) どの程度までとっていくかということは，組織のトップである経営者の判断として決定すべきものである。経営の判断によっては，リスクが大きいものの高いリターンが期待できる分野に注力することもあるであろうし，逆に極力リスクを回避する事業構成を指向することも可能である。一般的に経営者は，取締役会の承認のもと，与えられた資本の範囲内でリスクをとることを任されており，その範囲内で決定したリスクテイクについての姿勢や基準となるリスク量等が，組織としてのリスク選好度として定義される。リスク選好度は企業のリスクテイク活動の水準を決定するものであり，その決定は取締役会が行うべきである。

Step 2　組織を取り巻くリスクの状況は常に変動するものであり，また業務環境や競争環境などの環境自体も変化することから，企業のリスクテイクに対する姿勢であるリスク選好度もそれに応じて変化する。そうしたなかで経営者が策定したリスク選好度は組織全体のリスクテイクに対する姿勢として，組織内に明確に伝えられなければならない。さもないと，組織における各業務部門が行う業務運営が，経営者の求めるリスクに対する姿勢と乖離してしまう可能性があるからである。

リスク選好度をどのように示すかは，それを組織内に明確に認識させるためにも重要である。統合的なリスク資本配賦の枠組みを採用している場合には，各期に業務部門に配賦するリスク資本の量が資本全体に対してどれだけの割合を占めているかを示し，リスクにさらしている資本の量を明

リスク選好度

示的に示すことでリスク選好度を組織内に知らしめることができるであろう。経営者から社内への発言のなかで,「今期はリスクに果敢に挑戦する」とか,「今期はリスクの管理に集中する」といったメッセージで,経営の考えるその時点でのリスクテイクに対する姿勢を明らかにすることも,ある種のリスク選好度を組織内に伝えることになるが,抽象的な表現や主観的な表現は解釈のあいまいさを残すこととなる。リスク選好度はできる限り客観的な目安を使って伝えることが望ましい。

Step 3 リスク管理部門を含む内部管理部門は,組織としてのリスク選好度が,取締役会が設定した水準に収まっているかどうかを検証する必要がある。リスク資本の枠組みを採用している場合であれば,計量化されたリスク資本使用残高が配賦されたリスク資本の枠内に収まっているかどうかをモニタリングすることも一つの方法である。

リスク選考度は,リスクを許容する度合いを示す意味で「リスク許容度」とも呼ばれる。なお,海外の金融機関監督においては,リスク・プレファランス (Risk Preference) やリスク・アペタイト (Risk Appetite),リスク・トレランス (Risk Tolerance) といった用語でリスク選好度を示されることが多い。

関連用語 ⇒「リスク文化」「リスク管理ポリシー」「リスク資本」「資本充実度検証」

リスク文化　統合リスク

リスク文化　　　　　　　　　　　　　レベル1

組織内において，社内文化として浸透している，リスクに対する姿勢，対応パターン，行動様式，考え方等の総称

Step 1　すぐれた内部統制体制を有する組織では，組織内の各人が，自分の役割を果たす際にどのようなリスクが発生するかを認識し，不要なリスクはできるだけ回避しながら，積極的に運営すべきリスクについては果敢に挑む，という行動様式が浸透している。このように社内文化として根づいたリスクについての考え方と行動様式が，その組織におけるリスク文化と呼ばれる。

Step 2　金融機関の業務が複雑化するにつれて，組織がさらされているさまざまなリスクに対する備えをリスク管理部門が行うコントロール活動のみで行うことは不可能となりつつある。こうしたなかでトータルとしてのリスク管理を確実にするためには，業務部門自体においても業務上のリスクがもたらす潜在的脅威の影響の大きさを常に念頭に置きながら業務を行うことが必要となる。こうした考え方が組織のすべての構成員に社内文化の一部として浸透している状況がリスク文化である。

たとえば，リスク文化の浸透している企業においては，新しい取引を開始する際等に，そこから期待される収益だけではなく，そこから発生するリスクも同時に想定し，期待される収益がリスクに見合ったものであるかどうかを予測したうえで，取引の可否を検討することになる。そもそもリスクとリターンが裏表の関係にあり，リターンをあげるためにはそれに対応したリスクを運営することが不可欠であることからすると，業務部門はリスクを運営しながらリスクを管理する，「リスクマネジメント」の第一線になるとも考えられる。リスク文化はそうした考え方の基盤となる社内

リスク文化

文化となる。

　社内文化が各社各様であるのと同様に、各社におけるリスク文化も個々の会社ごとに異なるものであり、こうしたリスク文化の醸成の仕方や方向性の示し方は、トップマネジメントの意思によるべきである。リスク文化が浸透している組織においては、リスクの運営と管理が効率よく行われることとなり、バランスの良い組織運営がなされることとなる。

関連用語 ⇒「内部統制」「統合リスク管理」

リスク要因，リスクファクター　統合リスク

リスク要因，リスクファクター　　レベル1

企業のリスクプロファイル（＝リスクの状況）に影響を与える要因

Step 1　企業活動を行ううえでさらされるさまざまなリスクの状況に影響を与える要因をリスク要因，あるいはリスクファクターと呼ぶ。例としては，市場リスク，信用リスク，流動性リスク，オペレーショナルリスクといった大分類としてのリスク要因や，さらにそれらの小分類と考えられる，金利リスク，為替リスク，事務リスク，システムリスク，といったものがあげられる。

Step 2　企業活動が広がりをみせるにつれて，その抱えるリスクも多様化することになる。金融市場の動きが与える影響（市場リスク），経済環境や企業経営の結果としての信用状態の影響（信用リスク），あるいはシステム障害が発生することの影響（システムリスク），といったさまざまな要因は，それぞれに企業の財務に不測の損失を生じさせるリスクとなりうるものであり，その性格の違いから異なるリスク要因として認識される。

　業態や業務内容が異なることでリスクの影響やリスクが顕在化するパターンに違いはあっても，リスク要因は本来的には共通かつ本源的な要因に整理できると考えられる。市場リスクや信用リスクは本源的なリスク要因の例である。他方たとえば，証券業で重視される顧客資産の分別管理を怠ることのリスクとは，分別管理リスクとして証券業態個別に定義するのではなく，そのリスクの本質的な内容である，リーガルリスク（顧客との（資産管理）契約を怠ることから生じる損失のリスク）や事務リスク（（顧客の資産管理処理）事務を誤ることから損失が生じるリスク）といった，より本源的なリスク要因ないしその組合せとしてとらえるべきである。リ

リスク要因，リスクファクター

スク要因はその異なる性格ごとに整理を行い，明確かつ本源的な定義づけを行うことによって，それらを管理する際の二重化を避け，効率的に管理することが必要である。

　企業がさらされるリスクを管理するためには，リスクの原因にさかのぼって管理するのが効果的である。そのためには，自社のリスクプロファイルに影響を与えるリスク要因を判別し，それぞれのリスク要因に対する，最もふさわしい管理方法を検討することが望ましい。

Step 3　リスク要因について国際的に統一された分類といったものは存在しないが，主要なリスク要因の分類例としては下図のとおりである。

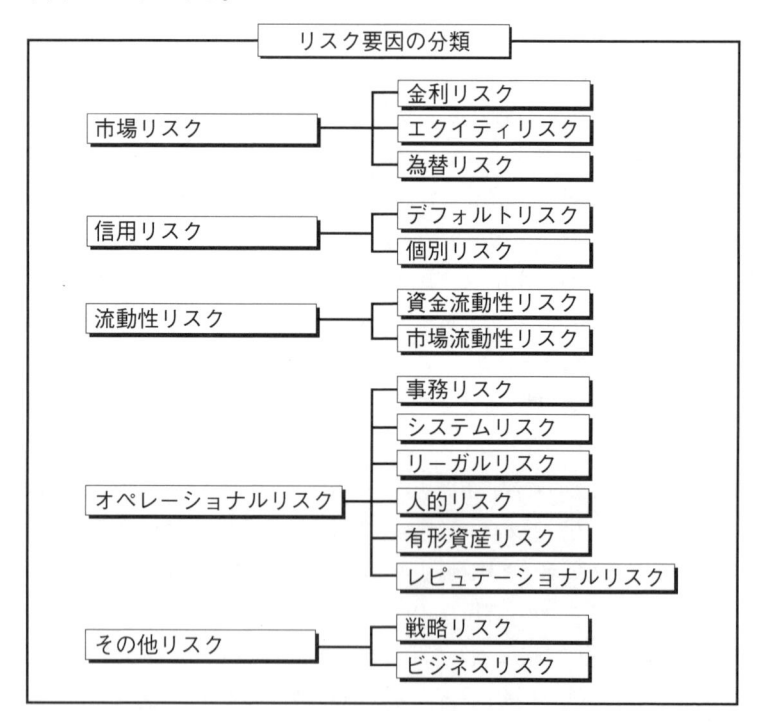

```
リスク要因の分類
├─ 市場リスク
│   ├─ 金利リスク
│   ├─ エクイティリスク
│   └─ 為替リスク
├─ 信用リスク
│   ├─ デフォルトリスク
│   └─ 個別リスク
├─ 流動性リスク
│   ├─ 資金流動性リスク
│   └─ 市場流動性リスク
├─ オペレーショナルリスク
│   ├─ 事務リスク
│   ├─ システムリスク
│   ├─ リーガルリスク
│   ├─ 人的リスク
│   ├─ 有形資産リスク
│   └─ レピュテーショナルリスク
└─ その他リスク
    ├─ 戦略リスク
    └─ ビジネスリスク
```

リスク要因，リスクファクター

関連用語 ⇒「統合リスク管理」「市場リスク」「金利リスク」「エクイティリスク」「為替リスク」「信用リスク」「資金流動性リスク」「市場流動性リスク」「オペレーショナルリスク」「事務リスク」「システムリスク」「リーガルリスク」「レピュテーショナルリスク」「金融検査マニュアル」

参考文献

「金融機関における統合的なリスク管理」，日本銀行考査局，2001年6月

「総解説　金融リスクマネジメント」，ゴールドマンサックス・ウォーバーグ・ディロン・リード，日本経済新聞社，1999年12月

「金融検査マニュアル（預金等受入金融機関に係る検査マニュアル）」，金融庁

「保険検査マニュアル（保険会社に係る検査マニュアル）」，金融庁

「金融商品取引業者等検査マニュアル（金融商品取引業者等に係る検査マニュアル）」，金融庁

「金融持株会社に係る検査マニュアル」，金融庁

「銀行組織における内部管理体制のフレームワーク」，バーゼル銀行監督委員会，1998年9月

「金融機関のリスク資本に関する考察」，日本銀行金融研究所，石川，山井，家田，2002年6月

「21世紀の銀行経営」，マッテン，1998年7月

「現代ファイナンス論」，ボディ，マートン（大前恵一朗訳），ピアソン・エデュケーション，1999年

「コーポレート・ファイナンス」，ブリーリー，マイヤーズ（藤井眞理子・国枝繁樹監訳），日経BP社，2002年

「金融工学・数理キーワード60」，興銀第一フィナンシャルテクノロジー㈱編，金融財政事情研究会，2001年12月

「金融機関の統合的リスク・自己資本管理態勢」，藤井健司，金融財政事情研究会，2008年3月

「金融機関の市場リスク・流動性リスク管理態勢」，栗谷修輔・栗林洋介・松平直之，金融財政事情研究会，2008年3月

"Basel II: International Convergence of Capital Measurement and Capital Standards: A Revised Framework"，バーゼル銀行監督委員会，2006年6月（随時更新）

"Risk Management Guidelines for Derivatives"，バーゼル銀行監督委員会，1994年7月

"Framework for Internal Control Systems in Banking Organisations", バーゼル銀行監督委員会, 1998年9月

"Glossary of Operational Risk Terms", Bundesverband deutscher Banken, 2002年5月

"Range of Practices and Issues in Economic Capital Modelling", バーゼル銀行監督委員会, 2009年

II 市場リスク

市場リスク ISDA マスター契約

ISDA マスター契約 レベル2

相対デリバティブ取引を対象としてISDA (International Swaps and Derivatives Association, Inc) が公表している基本契約書

Step 1
ISDA が公表している基本契約書で，相対で行われるデリバティブ取引に用いられる。頻繁にデリバティブを利用する場合，取引を行うたびに，デフォルト事由等の条件を交渉して契約を結ぶのは大変な手間であるため，これらの基本的な条件を，基本契約書という形で定めたものを事前に締結しておき，個別の取引を行う際には取引の想定元本や価格といった経済的条件だけを記載したコンファメーションを交わす形態をとることが多い。その場合の基本契約書として一般に使用されているのが，ISDA マスター契約である。

Step 2
ISDA は，1985年に設立されたスワップディーラーの国際的な業界団体で，当初は，International Swap Dealers Association と称したが，デリバティブ市場の発展とともに市場参加者が拡大し，1993年に現在の名称に変更された。設立当時より，スワップ取引の市場慣行の確立および標準契約書の作成を目指していたが，当初対象であった金利スワップ・通貨スワップに加えて，キャップ，フロアー，スワップション，コモディティ・デリバティブ，エクイティ・デリバティブ，クレジット・デリバティブ，通貨オプション等，対象とするデリバティブの範囲を広げ，近年，その重要度は増している。

リスク管理の観点からISDA マスター契約を考えると，相対取引の用語の定義や基本的な取引スキームが標準化されることによって，取引執行が早くなると同時に，取引に関するさまざまなルールを明文化することによって訴訟リスクを低減させることができる。また，マスター契約書を締

結することで、取引ごとのコンファメーションを簡素化できるため、契約書の作成ミスといった事務リスクも低減できるメリットがある。

ISDAマスター契約の重要な締結目的として、ネッティング（一括清算）がある。デリバティブは、取引ごとに勝ち負けが発生し、それが日々の市場の動きで変動する。取引を行っている相手方が破綻した場合、デリバティブについては各取引を現在価値で評価した価額に基づいて清算を行うことになるが、取引ごとに勝ち負けを清算することは非常な手間を要する。さらに、マスター契約上のネッティング条項によって、対象となるデリバティブ取引すべての清算を相殺して行えるため、破綻したカウンターパーティが勝っている取引のみの支払を迫られるような管財人のチェリーピッキング（「いいところ取り」）を避けることができ、カウンターパーティ・リスクの軽減が可能となる。また、ISDAマスター契約には、どのような事象がデフォルト事由（期限の利益喪失事由）に当たるかについて、詳細に定められている。

なお、ISDAマスター契約やコンファメーションは、あくまでも二者間の相対契約であり、法域によってその有効性が異なる場合がある。契約相手がどの国の設立法によるものなのか、法的有効性は担保されているかといった点について検討が必要であり、リーガルリスクを内包していることを忘れてはならない。

Step 3 信用リスク管理ニーズの高まりにより、デリバティブ取引のカウンターパーティ・リスク管理の重要性も高まってきた。また、デリバティブ取引量の多い金融機関同士の取引おいては、マスター契約に加えて担保契約も結ばれるようになった。一般的に行われている担保契約は、デリバティブ取引の現在価値が変動し一定の基準を超えた場合、現在価値がマイナスの企業からプラスの企業に担保を差し入れる契約であり、ISDAマスター契約の補完契約であるクレジット・サポート・アネックス（Credit Support Annex, CSA）が利用される場合が多い。

ISDA マスター契約

　なお，ISDA マスター契約には，1992年版と2002年版があり，現在は1992年版が使用されていることが多いが，清算金額の計算方法の修正や不可抗力事由，より柔軟な清算価格の計算方法であるクローズアウト金額等，その後の市場の変化等を取り込んだ2002年版への移行も進んでいる。

関連用語 ⇒「リーガルリスク」「ネッティング」「カウンターパーティ・リスク」「クレジット・サポート・アネックス」

アーニング・アット・リスク　　市場リスク

アーニング・アット・リスク　　レベル 2

将来のある一定期間の期間損益がとりうる分布を作成し、期間損益の期待値からどの程度ぶれる可能性があるのか計測する手法

Step 1　アーニング・アット・リスク（Earning at Risk, EaR）は主にバンキング部門の金利変動リスク量の計測に使用される手法である。バンキング部門の資産・負債の中心である預貸金について、将来のある一定期間（たとえば今後1年間）の資金シナリオと多数の金利シナリオを想定し、当該期間の期間損益累計の分布を測定し、最大損失可能性額を把握するものである。

Step 2　EaR計測のプロセスは、シナリオ分析における期間損益のシミュレーションと同じように、将来の資金シナリオと金利シナリオを想定することによって行われる。シナリオ分析と異なる点は、金利シナリオを確率的な金利モデルによって多数発生させて将来の金利分布を作成し、その1本1本に対して期間損益を計測して期間損益の分布を得ることである。金利モデルには、金融工学の分野で研究が進んでいる金利期間構造モデル（タームストラクチャー・モデル）を使い、モンテカルロシミュレーションが行われる場合が一般的である。分布を作成するためのシナリオ数は1千～1万本程度であり、数が多いほど分布形状は安定する傾向があるが、実務上は計測の処理速度との関係でシナリオ数が決められる。

次ページの図表は、期間損益の分布を表したEaR分布の例である。この場合、リスク値のパーセンタイル点を99％とすると、平均値（648億円）と99％点（603億円）の差額の45億円がEaR値と定義される。この数値から、「1年間で648億円の期間損益が見込まれるが、金利状況によっては期

アーニング・アット・リスク

EaR 分布

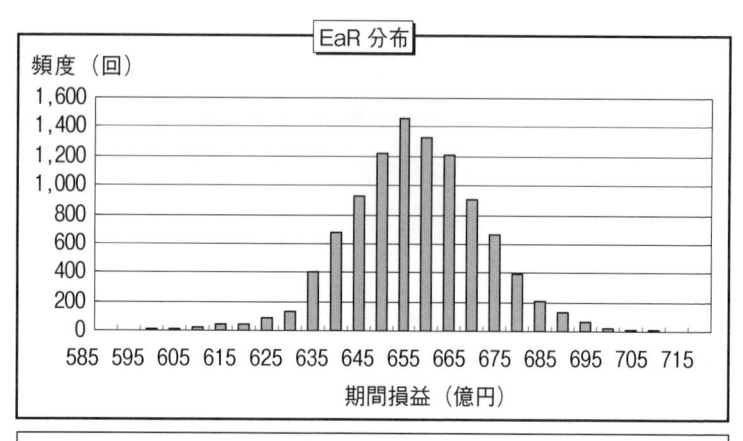

頻度（回）のヒストグラム：横軸 期間損益（億円）585〜715

1年間の期間損益分布（資金収支ベース）
平均値：648億円　99％点：603億円　EaR値：45億円

間損益がぶれる可能性があり，99％点でみると45億円の下ブレもありうる」ととらえることができる。

Step 3　EaRは，その数値のみではリスクコントロールや経営意思決定には直接的につながりにくい。近年では，シナリオ分析で行った損益シミュレーション結果と相互補完的に使用されることが多くなっている。

たとえば，シナリオ分析の結果が，EaR分布の中心あたり（上図例の場合は平均の648億円付近）であれば，そのシナリオで想定した資金シナリオ，金利シナリオは平均的なものと考えることができよう。一方，EaR分布から大きく外れた結果になった場合（たとえば585億円のようなシミュレーション結果になった場合）は，「想定した資金シナリオ，金利シナリオが極端すぎて，非現実的ではないか？」「シナリオの想定は現実的だが，金融機関が把握していない大きなリスクが存在するのではないか？」という検討が可能となる。このように，シナリオとEaRとを相互比較することによって，より精度の高いシナリオ分析，EaR分析が可能

となる。

関連用語 ⇒「シナリオ分析」「モンテカルロシミュレーション」

市場リスク　アウトライヤー基準

アウトライヤー基準　　　レベル2

バーゼルII「第二の柱」のなかで，銀行勘定の金利リスクのモニタリングを行う基準を定めたもの

Step 1　バーゼルIIの自己資本比率の計算（「第一の柱」）では，市場リスクはトレーディング勘定のみが対象となっている。一方，銀行勘定に関する金利リスクについては，「第二の柱」においてモニタリングすることが求められている。本邦では「早期警戒制度」の枠組みに，この銀行勘定の金利リスクにかかわる基準を導入し，これをアウトライヤー基準と呼んでいる。

銀行勘定の金利リスク量（＝金利の±200bp平行移動または1％99％方式[1]よる金利変化による経済価値の低下額）が，自己資本（TierI＋Tier

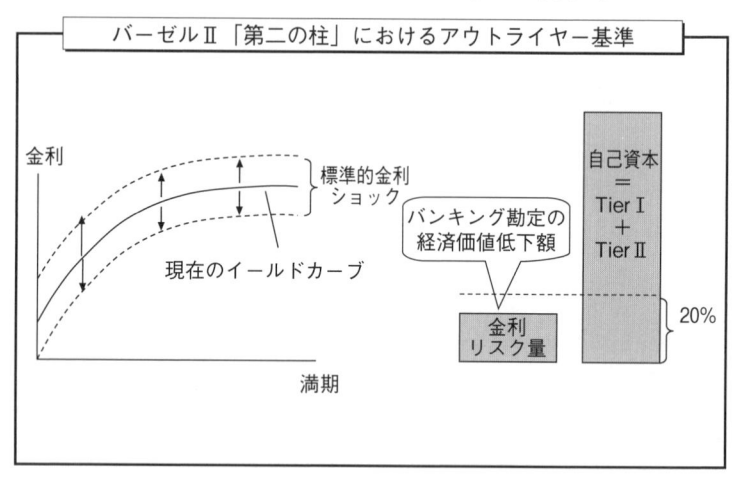

バーゼルII「第二の柱」におけるアウトライヤー基準

（金利／満期／標準的金利ショック／現在のイールドカーブ／バンキング勘定の経済価値低下額／金利リスク量／自己資本＝TierI＋TierII／20%）

1　最低過去5年の観測期間で計測される金利変動の1パーセンタイル値と99パーセンタイル値の変動幅を求める方式。

II)の20%を超えると「アウトライヤー銀行」と判定される。ただ,アウトライヤー基準に抵触したからといって,即時に自己資本増強が求められたり業務改善命令が出されるものではない。

Step 2 金利リスク量の計測の際にポイントとなるのは,コア預金の取扱いである。コア預金とはいわゆる流動性預金(普通預金など)のように満期の定めがなく,金融機関に長期間滞留している預金のことである。コア預金の額・期日・金利の設定によって金利リスク量が変化する。

金融庁の監督方針のうち標準方式では,コア預金は
① 過去5年の最低残高
② 過去5年の最大年間流出量を現残高から差し引いた残高
③ 現残高の50%相当額

のうち最小の額とし,金利満期は5年以内(平均2.5年)として金融機関が独自に定めるものとしている。あるいは,金融機関の内部管理で使用している預金者行動モデルがあり,それが合理的で適切なものであれば,その内部モデルを使用することもできる。

Step 3 従来,預金額の約半分を占める流動性預金については,その複雑なリスク特性(いつでも引出し可能なオプション性や取引機会コスト等)をモデル化することが困難だったため,大胆な割切りをもって,実務において運用していた。金利リスク計測上も,金利満期を便宜上,ごく短期(翌日等)に設定することが多かった。しかしアウトライヤー基準の導入によって,流動性預金の金利リスク評価が一般化したことからコア預金の議論は大きく進展し,多くの金融機関で計測されている。流動性預金の価値をあらためて認識し,ALM,リスク管理の高度化が期待できるという点で,アウトライヤー基準の導入は意義深いものであったといえよう。

アウトライヤー基準

関連用語 ⇒「バーゼルⅡ」「第一の柱」「第二の柱」「市場リスク」「金利リスク」「コア預金」「ALM」「早期是正措置」

エクイティリスク　**市場リスク**

エクイティリスク　　　　　レベル1

株式価格の動きにより，保有する資産負債ポジションの価値が変動し，損失を被るリスク

Step 1　エクイティリスクとは，さまざまな株式市場における株式価格の変動によって，保有する株式や株式関連社債の価値やオフバランス商品であるエクイティ・デリバティブ価値が低下することで損失が発生するリスクであり，市場リスクの一要素である。株式価格は，当該国の経済指標など一般的な要因と当該企業の業況・株式の需給等の個別的な要因によって変化する。

本邦金融機関は株式を大量に保有している場合が多く，主要なリスクカテゴリーの一つである。

Step 2　エクイティリスクに関しては，金利リスクや為替リスクと異なり，株式相場全体の動きを示す株式指数と実際に資産負債価値の変動要因となる個別株式の連動性が，相対的に低い場合が多い。このため，保有している株式に合わせたリスク管理が重要となる。株式指数の動きを一般市場リスクととらえ，株式指数と個別株式の連動性の違いによるリスクを個別リスクととらえている場合，この個別リスクの程度が他のリスクカテゴリーよりも大きいことに注意が必要となる。また，株式価格の変動分布は，価格が低下するときは早く，上昇するときはゆっくり，という実態を反映して，株価低下方向へ裾野が厚い分布をするといわれている。このため，ファットテールやスキュー構造に気をつける必要がある。

保有している株式ポートフォリオをヘッジする場合，株式指数先物の利用が一般的である。ただし，これは上記の一般市場リスク分のヘッジであり，保有する株式の個別リスクをヘッジするための手段は少ないのが現状

エクイティリスク

である。個別リスクをヘッジする手段として個別銘柄ごとのオプションが存在するが、その市場流動性は低く、それゆえコストも割高になる場合が多い。また、業種別の先物が上場されている場合もあるが、業種別先物自体の市場流動性も低く、個別銘柄と業種別指数の乖離も大きいのが実態である。

Step 3 株式ポートフォリオの分析・管理には、資本資産評価モデル（CAPM）やマルチファクターモデルが使われる場合が多い。CAPMは、安全資産に比べた個別銘柄の超過収益率の期待値が、株式指数のような市場ポートフォリオの期待値にその銘柄特有の反応係数（いわゆるベータ値（β値））を乗じたものに等しいと仮定するモデルである。一方、マルチファクターモデルは、財務諸表や景況指数といった複数の特定ファクターの変化と個別銘柄特有の動きによって個別銘柄および株式ポートフォリオの収益率が説明されるとするモデルである。

いずれのモデルも株式ポートフォリオの分析には必須とされるものの、金利リスク・為替リスク・コモディティリスクを含めたポートフォリオ分析には適さないため、その利用はファンドマネジャー等にとどまるケースが多い。

関連用語 ⇒「CAPM」「市場リスク」「金利リスク」「為替リスク」「コモディティリスク」

オプションリスク　　市場リスク

オプションリスク　　　　　　　　　　レベル1

オプション資産負債を保有することによって発生するリスク

Step 1　オプション価格は，原資産の価格変動，原資産価格の変動率（ボラティリティ）の変化，時間経過，金利等の影響により変化する。このうち原資産価格の変化に対してオプション価格が線形に変化しないリスク（ガンマリスク），ボラティリティの変化に対するリスク（ボラティリティリスクあるいはベガリスク），時間経過に対するリスク（シータリスク）などがオプション特有のリスクである。

Step 2　オプションは，ギアリングを効かせた投資を可能とする半面，原資産や先物・先渡契約と異なった非線形な損益曲線をもつことから，原資産・先物・先渡契約の管理法に加えて，こうした特徴に配慮したリスク管理を行う必要がある。特にオプションの売りポジションには注意が必要で，原資産の市場価格が一定以上動いた場合，急激に損失がふくらむ可能性がある。1995年のベアリングスの破綻においては，日経平均プットオプションの売却ポジションが損失を急拡大させたといわれている。

　オプションリスクの管理には，ガンマ・ベガ・シータといったオプショングリークを管理するだけでは十分とはいえない。オプショングリークは，原資産価格やボラティリティの変動によって大きく変化する可能性があり，これらのオプショングリークがどのように変化するかも理解しておく必要がある。このため，一定以上の原資産価格やボラティリティの変化が発生することも想定してストレステストやモンテカルロシミュレーション，ヒストリカルシミュレーションなどを用いて分析を行う必要がある。

　多くの金融機関で，オプションリスクを含めたバリュー・アット・リスク（VaR）を計算しているが，オプションリスクの特性がVaR計測のな

オプションリスク

かでどのように反映されているのか，十分理解しておく必要がある。

関連用語 ⇒「ボラティリティリスク」「ヒストリカルシミュレーション」「モンテカルロシミュレーション」「ストレステスト」「バリュー・アット・リスク」

為替リスク　**市場リスク**

為替リスク　　　　　　　　　　　　　　　レベル 1

為替レートの動きにより，保有する資産負債ポジションの価値が変動し，損失を被るリスク

Step 1　為替リスクとは，円／ドル相場といった，為替レートが変動することにより，保有する外貨建資産の価値や為替予約のようなオフバランス資産負債の価値が変動することで，損失が発生するリスクであり，市場リスクの一要素である。為替レートは，互いの国の通貨価値の変動を表すもので，当該国・地域の経済指標・債券市場・株式市場・コモディティ市場・企業などの資金ニーズ・要人発言・テロ・戦争といったさまざまの要因で変化する。

為替リスクは，企業が単一の通貨だけを扱っている場合には発生しないが，輸入・輸出を行っていたり，外国への投融資を行っている場合などに発生する。金融機関は，通常，自身の外債投資や企業の海外における資金ニーズを満たすため外貨建資産負債を保有しており，為替リスクは主要なリスクカテゴリーの一つである。

Step 2　ドル・ユーロ・円などの主要通貨同士の為替取引市場は，流動性が高く為替レートの変動も正規分布に近い形状をもつ場合が多い。このため，これら主要通貨では為替デリバティブ取引も活発で，なかでも円／ドル為替指標ではエキゾティック・デリバティブも一般的に取引されている。一方，アジア・中南米通貨など，いわゆるスモールカレンシーは，通貨政策が頻繁に変更になるなどの政策リスクを抱えていたり，当該国の外貨保有量が少ないなどの要因が大きいことからストレス状況に置かれることが多く，結果として，ファットテールな変動を示す場合が多く，注意が必要である。

為替リスクの管理は，取り扱う通貨によって大きく異なる。上記のよう

為替リスク

に，ドル・ユーロ・円などの主要通貨は，流動性が高くまたデリバティブ市場も発達しているために，資金の運用調達を行う場合も，保有ポジションを先物・フォワード・オプションなどでヘッジする場合も，比較的容易に行うことができる。このため，主要通貨のリスク管理においては，デルタやガンマといったセンシティビティに注目して管理する場合も多い。これに対し，スモールカレンシーの場合には，規制やオフショア市場の未発達などの要因により，資金の確保や保有ポジションのヘッジに苦労する場合が多い。このため，特にアジアのスモール通貨では，ノン・デリバラブル・フォワード（Non-Deliverable Forward，NDF）と呼ばれる元本の受渡しを行わないフォワード取引が盛んである。ただし，そうしたヘッジにも限界があり，資金ギャップ分析などに重きを置いた管理が必要となる。

Step 3 　為替指標を使ったデリバティブには，為替フォワードやオプションなどをあげることができるが，通常3カ月以内の短期取引が多く，1年を超える取引の割合は低い。為替デリバティブは，為替と当該国の金利の要因（ボラティリティを含む）で説明される場合が多いが，短期間であれば，金利を一定として扱うことも多い。しかし，長期の為替オプションでは，金利の変動要因，特に金利のボラティリティの影響が無視しえなくなってくるので，注意が必要である。

関連用語⇒「市場リスク」

感応度分析　**市場リスク**

感応度分析　　　　　　　　　　　　　　　レベル2

**リスクファクターの瞬間的な変化に対する，個別の金融商品や
ポートフォリオの価値変動を把握する分析手法**

Step 1　感応度分析は，個別の金融商品や債券や為替など特定のカテゴリーのポートフォリオをポジション管理する際の基本的な手法である。感応度とはそれぞれのリスクファクターの変化が個別の金融商品やポートフォリオに与える影響度合いのことで，感応度を把握することによって，金融商品やポートフォリオがどのファクターに対してリスクをとっているのか分析が可能となり，リスクテイクやヘッジのボリュームを計算することができる。

また，感応度分析によって得られた各リスクファクターの感応度を用いて，分散共分散法の VaR が計算される。

Step 2　市場リスクにおける代表的なリスクファクターである，金利，為替，株価のリスクファクターの感応度分析は，一般的に以下の手法が使用される。

① 金利感応度分析

金利はイールドカーブという期間構造をもっているため，それぞれの期間に対しいろいろなやり方で感応度分析を行う必要がある。

BPV（ベーシス・ポイント・バリュー）手法とは，全期間一律に金利を平行移動（パラレルシフト）させたときの，個別の金融商品やポートフォリオの価値変化を表すものである。金利変化に対する指標として感覚的にわかりやすく，国債先物取引のように単一の金利商品を扱う場合には使いやすいため，よく用いられる手法である。

GPS（グリッド・ポイント・センシティビティ）手法とは，期間（グリッド・ポイント）ごとの金利をリスクファクターとするものであり，

感応度分析

それぞれのグリッドを独立に変化させたときのポートフォリオの価値変化をとらえるものである。図表は各グリッドをそれぞれ10bp上昇させたときのポートフォリオの価値変化を表したものである。この例の場合，中期ゾーン（48M～60M）に調達が集中していることがわかる。

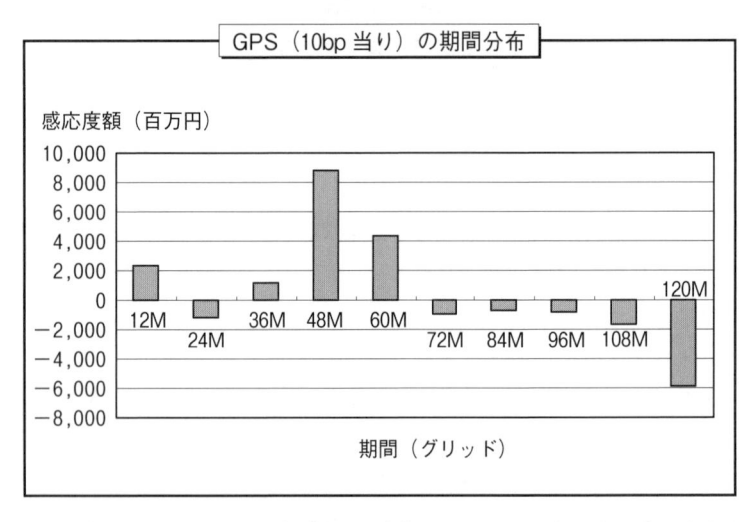

GPS（10bp当り）の期間分布

感応度額（百万円）

期間（グリッド）

また，イールドカーブの傾きを変化させるSPV（スロープ・ポイント・バリュー）手法もよく使用される方法である。特にシナリオ分析やストレステストの一環として，イールドカーブの形状変化に対するリスクを把握するために用いられている。

② 為替感応度分析

外貨建資産・負債や為替のポジションを保有している場合，為替レートもリスクファクターとなる。為替の感応度は，たとえばドル／円相場が1円円高に動いた場合や為替レートが1％円高に変化した場合のポートフォリオ価値の変化額等として計算される。

③ 株価感応度分析

株式については，社債等と同様に「一般市場リスク」と「個別リス

ク」の2種類の要因に分けて考えることが多い。ここで,「一般市場リスク」が市場全体の動きから生じる価格の変動であり,感応度分析の対象となる。代表的な株価インデックス（TOPIX など）が用いられ,株価インデックスの単位当りの変化に対して,固有銘柄の価格がどれだけ変化するかを, β 値等を使用して計測することが多い。

Step 3 感応度分析は,金融商品やポートフォリオの価値変化に影響するあらゆるリスクファクターに対し実行可能であり,市場取引を行うフロント部署では,すべてのリスクファクターを網羅的に分析する場合が多い。

たとえばドル／円先物為替の場合は,為替レートのほかに円金利,ドル金利もリスクファクターとなる。またオプション取引におけるボラティリティのベガリスクといったオプショングリークや,ローンの期限前償還率等も感応度分析の対象である。

最近では,クレジット・デフォルト・スワップのような商品のスプレッド変化,すなわち参照体の信用度もリスクファクターと考え感応度分析を行っている。ただし,債券におけるコンベクシティの存在のように,リスクファクターの変化が大きくなると,感応度分析の結果と実際の金融商品やポートフォリオの価値変化のずれが大きくなる場合もある。感応度分析は瞬間的なリスクファクターの変化に着目した分析手法であることに注意する必要がある。

関連用語 ⇒「個別リスク」「分散共分散法」「バリュー・アット・リスク」「コンベクシティ」

市場リスク　期限前返済リスク

期限前返済リスク　　　　　　　　　　レベル 2

貸出金が約定返済スケジュールより早く返済され，想定している将来のキャッシュフローが得られずに損失が発生するリスク

Step 1　金融機関が保有する貸出金の期限前返済は，銀行全体の市場リスク管理，ALM を適切に行ううえで重要なテーマである。特に住宅ローンでは，債務者がローンの全部あるいは一部を自由に期限前返済できることが一般的であるため，住宅ローンから生じる将来のキャッシュフローが変動し，資産価値が低下する可能性がある。このため，債務者の期限前返済を適切に想定することがリスク管理上必要であり，さまざまなモデルの研究が進められている。

Step 2　住宅ローンの期限前返済の金利感応度が高いといわれている米国では，従前より期限前返済リスクは重要な問題であり，期限前返済率（CPR，Constant Prepayment Rate）の推計やモデル化が進んでいる。

一方，日本においても MBS（Mortgage Backed Securities）市場の拡大に伴い，モデル化の研究が進められている。モデル構築にあたって，期限前返済に影響を与えるといわれる要因には以下のようなものがある。

① 金利変動

金利の変動によって期限前返済の状況も変わってくる。たとえば金利上昇が予想される局面では，変動金利物から固定金利物へ乗り換える傾向が強まり，期限前返済が積極的に行われる。また特に近年は住宅ローンの販売競争激化によって，金利変動に敏感な債務者も多くなったため，期限前返済が発生しやすい状況であるといえよう。

② 季節要因

たとえば，ボーナス時期は期限前返済が増加するなど，1 年のなかで

も季節によって期限前返済の状況が異なる。ただ最近では雇用形態の多様化も進んでいるため、一般的な傾向としては認められるものの、それほど大きな要因ではなくなってきているという指摘もある。

③ 経年効果

融資実行からどれだけ年数が経ったかによって、期限前返済の状況が異なるといわれており、これを経年効果という。たとえば融資実行直後は、債務者の返済意欲も高く期限前返済率は高めに推移するが、ある一定年数が経つと一定か、あるいは下落していくという傾向が観察されている。

このほか、バーンアウト効果（燃え尽き効果：金利感応的な債務者が期限前返済を積極的に行った結果、残った金利非感応的な債務者の返済率はあがらないという傾向がある）や、融資実行金利と市場金利との金利差などがモデルの説明変数として検討されることが多い。

最近では、住宅金融支援機構の MBS の期限前償還率をモデル化した PSJ（Prepayment Standard Japan）モデルが定着してきており、自身のモデル構築やリスク管理の参考とする金融機関も増えてきている。

Step 3　一般的に、期限前返済リスクは将来キャッシュフローが変化することによる価値変化という「市場リスク」の枠組みでとらえていることが多いが、将来の資金ギャップが変化するという「流動性リスク」も包含することに注意する必要がある。住宅ローンは比較的長期の資金が多く、また小口分散されているため、短期的な資金繰りに大きな影響を与えることは考えにくいが、中長期的な流動性リスク戦略の策定には考慮すべきである。

また、住宅ローンを裏付資産とした証券化商品にモーゲージ債（MBS）があるが、近年の米国のサブプライム問題によって米国の MBS 価格は大きく低下した。これは直接的には信用力の低い層（サブプライム層）に対する信用リスクの問題であるといえるが、債務者の信用力も期限前償還と密接に関連していることに注意する必要があろう。

期限前返済リスク

関連用語 ⇒「ALM」「感応度分析」「流動性リスク」「モーゲージ債」「信用リスク」

金利リスク　**市場リスク**

金利リスク　　　　　　　　　　　レベル1

金利指標の動きにより，保有する資産負債ポジションの価値が変動し，損失を被るリスク

Step 1　金利リスクとは，債券市場・スワップ市場・コール市場といった，金利に関連する市場が変動することにより，保有する債券の価値が低下したり，支払う金利が上昇したりすることで，損失が発生するリスクを指し，市場リスクの一要素である。金利に関連する市場は，短期のコール・コマーシャルペーパー・金利先物市場，中長期の国債・社債・スワップ市場など，通貨別に多数存在し，各々の金利が資金需給・債券発行償却・景況感変化といったさまざまな要因で変化する。

金利リスクに対しては，企業自身の資金繰り・投資方針に合わせて，最適な資産負債構造を適宜コントロールする必要がある（ALMと呼ばれる）。

Step 2　金融機関，特に銀行は，日々変化する資産負債状況と各種金利市場の動向に注意する必要がある。金利市場の動向を表す金利指標は，短期の資金調達運用にかかわるもの，中長期の債券投資にかかわるもの，債券発行による資金調達によるもの，等多数存在し，それぞれが関連しあいながら変化する。リスク管理上は，通常金利リスクの変動要因をいくつかに分けて表現している。

① 変動リスク……金利指標全体が一律に変化（パラレルシフト）するリスク。

② カーブリスク……金利の期間構造（イールドカーブ）の形状変化のリスク。たとえば，10年スワップ（固定受け）を3年スワップ（固定払い）でヘッジしているような場合，金利指標全体の動きに対してはポジションの価値に変化がなくても，イールドカーブの傾きが大きく（ステ

金利リスク

ィープニング）なったり，逆に傾きが平坦化（フラットニング）することで，意図したヘッジ効果を得られなくなることがある。

③ ベーシスリスク……似たような金利指標が一律に変化しないリスク。たとえば，6カ月Liborを金利指標とするスワップを，6カ月Tiborを金利指標とするスワップでヘッジしていた場合，LiborとTiborが異なる動きをするとヘッジ効果が得られなくなる。

金利指標の変動は，正規分布を仮定される場合が多いが，実際には，平常時は小動きながらイベント発生時には大きく動くファットテールな分布をしていると指摘する実務家は多い。また，長期的にみれば一定の値に収斂する性質をもっているともいわれており，さらに，長期金利は短期金利の将来的な動きの結果を表すものであり，両者の関係が分散共分散法でいわれる相関関係とは異なることを理解する必要がある。こうした関係を取り入れた金利分析のモデルに期間構造モデルがある。

Step 3 金利リスクは，為替リスク・エクイティリスク・コモディティリスクと異なる側面をもつ。金利は，一定期間の資金の貸借によって発生する利息であり，他の資産と異なって，時間の経過によってキャッシュフローが発生するのである[1]。このような，時間経過の概念を取り入れた金利の分析方法にアーニング・アット・リスク（EaR）がある。

一方，金利指標の変化によって資産負債ポジションの現在価値が変化することに着目した分析方法には，現在価値・デュレーション分析，金利感応度分析等があげられ，あわせてALMにおけるアプローチを構成している。

期間損益分析の歴史は古く，特に，バンキング勘定の金利リスク分析に期間損益分析が多く用いられ，一方でトレーディング勘定の金利リスク分

---

1 エクイティの配当，コモディティの保管コストも時間経過で発生するキャッシュフローである。

析には現在価値分析が用いられてきた。これら分析方法は，本邦において2007年に施行されたバーゼルIIの「第一の柱」(トレーディング勘定の金利リスク把握)「第二の柱」(バンキング勘定の金利リスク把握・アウトライヤー基準)によって体系化され，バーゼルIIの適用を受ける金融機関においては，現在価値分析・期間損益分析両者をあわせもつことが欠かせなくなっている。

関連用語 ⇒「ALM」「ベーシスリスク」「分散共分散法」「アーニング・アット・リスク」「デュレーション」「感応度分析」「バーゼルII」「第一の柱」「第二の柱」「アウトライヤー基準」

市場リスク クレジット・サポート・アネックス

クレジット・サポート・アネックス　　レベル3

ISDA マスター契約に付随する包括担保契約書の雛型で，デリバティブ取引の相手方に対する信用リスクの軽減を行うことを目的として締結する

Step 1　デリバティブはマーケットリスクのヘッジを目的として利用されるが，結果として取引相手先に対する信用リスク，いわゆるカウンターパーティ・リスクをとることになる。クレジット・サポート・アネックス（Credit Support Annex, CSA）はこのリスクを担保等の信用補完手段によって軽減し，デリバティブの利用を本来の目的に近いものにするために用いられるもので，ISDA マスター契約に基づいて行ったデリバティブ取引から発生するネッティング後のエクスポージャーである被担保債権に対して，国債や現金等を担保物として充当し，その後に残った債権について優先的な回収を行うものである。

Step 2　CSA はエクスポージャーの発生するサイドに従って，二当事者双方が担保のやりとりを行う双務契約となっており，契約当事者間の信用力の違いや担保の受渡しに伴うオペレーション上の問題を反映して必要担保額の算出は以下のように行われる。

必要担保額＝

（担保権者のエクスポージャー＋担保権設定者の独立担保額
－担保権者の独立担保額－担保権設定者の信用極度額）／担保評価率（1－ヘアカット率）

① 信用極度額（Thresholds）……デリバティブ取引から発生する受信金額（ネガティブ MTM（Mark to Market＝値洗い））のうち担保差入れを不要とする金額のことで，金融機関同士の取引であってもその信用力に格差がある場合，信用力の高低によって（たとえば格付機関による格

付別に）金額に差を設けることが多い。

② 独立担保額（Independent Amount）……デリバティブ取引から発生する受信金額にかかわらず差し入れるべき担保額で，一般的に，当事者間の信用度に格差がある場合に設定される。

③ 最低受渡担保額（Minimum Transfer Amount）……担保受渡事務の煩雑さを回避するために設定する担保物の受渡義務が発生する最低限度額。

④ 担保評価率（Valuation Percentage）……発生したエクスポージャーに対し何割の担保を差し入れるかを定めるもの。「1－ヘアカット率（割引率）」で表され，担保物のボラティリティに応じて設定される。一般的に現金の担保評価率は100％であるが，ボラティリティが高いため，高いヘアカット率が適用される株式等の担保評価率はより低く設定される。

（例） (単位：百万ドル)

		A 銀行	B 銀行
格付		A	AA
契約担保条件	信用極度額	30	50
	独立担保額	5	0
	最低担保受渡額	1	1
エクスポージャー		－50	50

A銀行がB銀行に差し入れるべき必要担保額は（50＋5－0－30）＝25（百万ドル）となり，担保物の種類に応じてヘアカット率が適用され，差し入れる額面は調整される。

担保契約の法的有効性は担保物がどの国に存在するかに左右されることとなるため，CSAは以下の5種類が存在する。

① 1994 ISDA Credit Support Annex（ニューヨーク州法版）
② 1995 ISDA Credit Support Annex（英国法版）

クレジット・サポート・アネックス

③ 1995 ISDA Credit Support Deed（英国法版）
④ 1995/2008 ISDA Credit Support Annex（日本法版）
⑤ 2001 Margin Provisions

　CSA を契約する場合には，取引相手，担保物の種類に応じてこれらを組み合わせて作成することになる。本邦においては，一般的に①，②に日本の担保物用の修正条項を追加したものや，④が利用されている。なお，④の日本法版は1995年版と2008年版があるが，2008年版は1995年以降に施行された一括清算法，破産法改正，社債等振替法による間接保有有価証券の利用の一般化等を反映したものである。

Step 3　CSA は取引相手方に対する信用リスクを削減することを可能とし，また双務契約であることから取引の流動性が確保され，長期の取引や想定元本の大きい取引が可能となる。また必要自己資本の軽減やクレジットコストの削減も可能となる。しかしながら，担保契約は信用リスクを完全に回避することができるものではなく，付随的に以下のようなリスクが生じていることに留意する必要がある。

① リーガルリスク（ネッティングの法的有効性，担保権行使に伴う法的有効性が否定されるリスク）
② オペレーショナルリスク（追加担保の請求を怠る等の事務上のリスク）
③ デフォルトリスク（担保として受け入れた証券がデフォルトするリスク）
④ コリレーションリスク（担保物と取引相手方の相関関係が高いことのリスク）
⑤ 集中リスク（特定の発行体や特定の市場を対象とした担保を集中して保有するリスク）
⑥ 市場リスク（時価を計測した時点から実際に追加担保を受領するまでの担保価値の変動リスク）
⑦ 市場流動性リスク（担保を処分する際の流動性のリスク）

クレジット・サポート・アネックス

⑧ 超過担保差入リスク（追加担保を差し入れ後，受信額が減少し，その直後に取引相手方が倒産してしまうことで，倒産時の受信額以上に損失を被るリスク）

⑨ 決済リスク（最終期日にはデリバティブのキャッシュフローの交換が行われ，その後に担保を解放することになるが，解放されるべき担保を受領する前に，相手方が倒産し担保が返還されないリスク）

関連用語 ⇒「ISDAマスター契約」「カウンターパーティ・リスク」「オペレーショナルリスク」「市場リスク」「市場流動性リスク」「リーガルリスク」「決済リスク」「集中リスク」「ヘアカット」

市場リスク　コア預金

コア預金　　　　　　　　　　　　　　　　　　　　レベル2

金融機関に長期間・一定量滞留している預金であり、金融機関において長期調達手段と認識する預金

Step 1　銀行の負債の大部分は預金で占められている。預金は銀行収益の源泉であり、その商品特性の把握は銀行経営、またリスク管理の観点からも重要である。預金のうち満期の定めのない流動性預金の割合は高く、そのうち、金融機関に長期間・一定量滞留し、金融機関において長期調達手段と認識するものをコア預金と呼ぶ。

定期性預金についても、満期が来てもそのまま継続するロールオーバー特性があるため、コア預金の一部として扱う考え方もあるが、アウトライヤー基準の導入に伴い、最近では普通預金を中心とする流動性預金を対象とする場合が多いようである[1]。

Step 2　バーゼルⅡ「第二の柱」におけるアウトライヤー基準では、金利リスク量計測の際のコア預金の設定を「標準方式」(監督方針で示された方法)と「内部モデル方式」(銀行が内部管理で行っている方法)のどちらかを使用することとされている。金融庁報告用には、「標準方式」を採用している金融機関が多いようだが、自身の預金特性を正確に把握したいというニーズが高まっており、内部モデルの構築を進める金融機関が増加している。

内部モデルにはさまざまなモデルが提案されているが、コア預金残高に関するモデルと預金金利に関するモデルに分類される。コア預金残高につ

---

[1] 金融庁の監督指針では、アウトライヤー基準の計測において利用可能なコア預金を「明確な金利改定間隔がなく、預金者の要求によって随時払い出される預金のうち、引き出されることなく長期間金融機関に滞留する預金」と定義している。

コア預金

流動性預金残高

平均的に滞留すると推定された残高

ストレスシナリオ：自行にとって危機的な状況

コア残高

現時点 — 将来

いては基本的には預金残高に影響を与える要因（預金金利，季節性，自行経営環境，預金者属性等）を説明変数としてモデルが構築されている。上図のように平均的に滞留すると推定された残高に，なんらかのストレスを与えて，コア預金残高を推定するというのも一つの方法である。また，預金残高の増加局面，減少局面といったレジームを表現するモデルも多く使用されている。預金金利については短期金利の変動に基づいてモデル化するのが一般的であるが，利用可能な金利データが本邦の長期景気後退による金利低下傾向が色濃く反映されたものであるため，不確実な要素が多いとの指摘もある。

コア預金残高の推定は，市場リスクだけではなく流動性リスクの観点からも重要である。将来の資金の流出入をモデルによって理論的に把握することによって，流動性リスク管理の高度化が期待できる。

Step 3 コア預金のモデル構築，管理高度化は，金融機関におけるALM・リスク管理に大きな影響を与える。金融機関のALM・リスク管理は期間損益ベースのみならず，経済価値ベースでの把握が重要視されているなかで，負債，特に流動性預金の時価評価が大きなネックとなっていた。今後この分野の研究が進み，負債側の時価評価，開示が行われるようになれば，金融機関のバランスシートそのものの大き

な構造変化が起きることも十分考えられる。

関連用語 ⇒「アウトライヤー基準」「流動性リスク」「ALM」「公正価値」「バーゼルⅡ」「第二の柱」

公正価値　市場リスク

公正価値　　　　　　　　　　　　　　　　レベル2

公正な評価に基づく価格

Step 1　金融資産に付すべき時価には，当該金融資産が市場で取引され，そこで成立している価格がある場合の「市場価格に基づく価額」と，当該金融資産に市場価格がない場合の「合理的に算定された価額」とがある（金融商品会計実務指針♯47）。この金融資産の時価のことを公正価値と呼ぶ。

なお，時価算定部署は取引を行う組織から独立しかつ複雑な金融商品の評価ロジックに精通している必要があることから，後者の「合理的に算定された価額」についてはリスク管理部署が担当することが多い。

Step 2　合理的な時価を算定する際の主要な論点として，評価に使用する市場レートの取得方法と評価ロジックの選定がある。

評価に使用する市場レートは主にブローカーの提示するものを使用するが，時価算定部署はこれらのブローカーのレート変更の頻度・時間帯・特性を理解したうえで評価対象のポートフォリオにとって最も適切なブローカーを選択する。

ブローカーから取得したレートには異常値が含まれることがあることから，一定のルールを設け，異常値をチェックする。また，異常値とまではいえなくとも市場価格から外れることもあるので，時価に大きな影響を与える主要なレートについては他のブローカーやニュースとの比較や，前日比のグラフを作成するなど，二重三重のチェック態勢を設けることが重要である。イールドカーブやフォワード・ボラティリティ・カーブについては一部のレートの影響を受けやすいため，カーブ生成後の形状についても確認する。

公正価値

　評価ロジックについては市場で一般的に使用されているものを採用していれば大きな問題は生じないが、複雑な商品については複数のモデルが存在するものもある。モデルの採用にあたっては、使用するモデルによる差異を理解したうえで対象商品に最も適したモデルを選択する。

　対象商品に類似の市場性商品がある場合には、その市場価格を使用することでモデルによる差は小さくなる。たとえばマルチコーラブル・スワップであれば、複数のコール日のうち、償還確率の高いコール日を期日とするヨーロピアン・スワップションの価格にフィットするようにモデルやモデルに使うパラメータを調整する必要があろう。なおオプションのモデルやパラメータの調整では、行使価格による違いも考慮する場合がある、アットザマネー（ATM）のオプションを使って調整を行う場合、ATMから外れるとモデル（主に分布形）の差による影響が大きくなる場合があることには注意が必要である。

　類似の市場性商品がない場合はヒストリカルデータ等からパラメータを推計することになるが、推計値の妥当性検証はむずかしく、モデルリスクを抱えることとなる。モデルリスクが大きい場合、複数のモデルによる試算を定期的に行い、モデルによる時価の違いをモニタリングすることも必要であろう。試算対象となるモデルの選定や試算結果の評価には高度な金融工学の技術が必要になるうえにモデルリスクを完全に排除することはできないことから、リスクの程度に応じて分類を行い、リスクが高いと考えられる取引については、その残高を経営層へ報告するなどの対応が望ましい。

Step 3　公正価値は、評価モデルやパラメータの選択、推計方法によって、大きく変化する場合があり、決算に影響を及ぼす可能性もある。このため、これらの評価ルール（レート取得先を含む）については内部規定で明確に定める必要があり、継続的に使用しなければならない。ルールを変更する場合についても権限や必要となる検証を内部規定上に定め、厳格に運営しなければならない。

第三者の評価機関に時価算定業務そのものを委託する場合でも，時価算定部署は時価算定手法について十分に理解したうえで内部規定上に記載し，提示される評価価格について定期的に検証を実施する必要がある。

なお，2007年の米国サブプライム問題を発端とした金融危機において，混乱し市場流動性が枯渇した市場において形成された価格に基づく公正価値は，実態を表していないとの議論が盛んに行われている。特に評価モデルを利用した公正価値は，計算のもととなるデータが市場流動性の低い証券化商品である場合もあり，証券化商品の金利や配当から計算される理論価格（継続価値ベース）と乖離しているとの指摘も多い。国際会計では時価会計方針を明確に打ち出しているが，近年の市場混乱のなかで市場の時価そのものが不安定であるため，特定の商品については時価会計の一時凍結も検討されている。しかし，あくまでも時限的な措置であると考えられ，今後の議論の方向にも注意が必要である。

関連用語 ⇒「モデルリスク」

市場リスク 個別リスク

個別リスク　　　　　　　　　　レベル3

証券の価格や利回りの変化から生じる損失のうち,個々の債務者・発行者固有の要因や当該証券の需給等,一般市場リスク以外の要因から損失を被るリスク

Step 1　債券や株式の価格変動には,市場全体の動きでは説明できない,個々の発行者固有の理由に基づく変動が含まれる。たとえば,ある債務者(発行体)の発行する社債の価格(あるいは社債の利回り)が,その発行者固有の信用事象等をきっかけに下落(利回りが上昇)し,それに伴って損失が発生することがある。こうした損失が発生するリスクを,個別リスクという(逆に,市場全体の動きで説明できるリスクを一般市場リスクと呼ぶ)。

債券・株式の価格変動リスク＝一般市場リスク＋個別リスク

近年,証券化商品など商品性が複雑な商品が急速に増えてきており,「個別リスク」の管理高度化が急務となっている。

Step 2　一般的に,個別リスクは以下の2種類に分けて考えられている。

① イディオシンクラティックリスク (idiosyncratic risk)
　季節要因など個別の債券・株式がもつ特徴や個別銘柄に対する需給等による,日常的な価格変動リスク。

② イベントリスクやデフォルトリスク
　例外的な事態が生じるリスク。特に倒産を含む信用度の大幅な低下が生じるリスクを指す場合が多い。

イディオシンクラティックリスクは,個別の債券や株式の価格変動から

個別リスク

一般市場リスクを除いた変動部分を観測することで求められることが多い。したがって、イディオシンクラティックリスクは、通常の市場リスク管理で一般的に使われる統計手法によるモデル化が可能である。

これに対してイベントリスク、デフォルトリスクは、信用リスク管理のようなリスク計測手法で対応する場合も多く、利用するデータの範囲等も注意する必要がある。こうした状況から、自己資本比率規制や金融検査マニュアルにおいても、個別リスクの計測において、イベントリスクやデフォルトリスクを把握することを条件としている。

Step 3 　自己資本比率規制では、トレーディング勘定においてマーケットリスク相当額を計測する場合、個別リスクの計測にも内部モデルの適用が可能である。実際に内部モデルを適用している金融機関も見受けられるが、観測期間が1年程度、保有期間10営業日、信頼区間99%ではイベントリスクやデフォルトリスクが過小評価されているとの声は多い。

2007年のサブプライム問題を発端とした世界的な市場混乱のなかで、特に証券化商品における市場リスク管理の脆弱性が露呈した。その反省から、トレーディング勘定における個別リスクに対して、バーゼルIIの信用リスクと同様に、保有期間1年、信頼区間99.9%の自己資本賦課を求める動きが出てきている。

関連用語 ⇒「証券化商品」「市場リスク」「信用リスク」「バーゼルII」

市場リスク　コモディティリスク

コモディティリスク　　　　　　　　　　レベル1

コモディティ価格の動きにより，保有する資産負債ポジションの価値が変動し，損失を被るリスク

Step 1　一般にコモディティとは，貴金属，鉱産物，農産物等のうち，取引のための標準化が行われて取引所等での取引が行われる商品を指す。たとえば，銅，プラチナ，原油，天然ガス，とうもろこし，大豆等が例としてあげられる。これらは取引銘柄や単位が標準化されて，商品先物取引の対象として取引所に上場されている。

コモディティリスクとは，コモディティ関連のポジションを保有している際に，さまざまなコモディティの現物や先物価格の変動によって，保有するポジションの価値が低下することで損失が発生するリスクであり，市場リスクの一要素である。

Step 2　コモディティリスク，特に先物取引の対象となっている商品のリスクに関しては，金利リスクやエクイティリスク等のその他の市場リスクと同様の管理方法が基本となる。

ただし，コモディティの場合，原資産に対する需給状況の影響を大きく受けることが，金利や為替等の他の市場リスクに比べて顕著である。当該商品の天候や災害を含めた生産状況や季節要因，生産国の当該商品に対する政策や治安情勢，および当該商品に対する需給等の要因によって，時として投機的な激しい値動きをすることがあるので，管理上注意が必要である。

また，コモディティの場合，対象となる商品が，金融商品ではなく現物商品であることから，現物での受渡しを行う際に輸送コストや保管コストを考慮することが不可欠となる。

たとえば，一般に先物価格はキャリーコストを反映して現物価格よりも

高く決まるものであるが，商品先物においては，農産物の収穫時期と先物決済日の関係や，冬季における燃料市場などのように，主に季節要因に基づく需給環境から先物価格が現物価格よりも低くなる，バックワーデーション（Backwardation）という現象が発生することもある[1]。

Step 3　コモディティについても先物だけでなく，コモディティを原資産としたスワップ取引（コモディティ・スワップ）やオプション取引（コモディティ・オプション）が行われており，これらについても他の市場リスクと同様の市場リスク管理手法に従うことになる。バーゼルIIにおける所要自己資本規制上では，コモディティの値動きの激しさを反映して，スワップ取引等派生商品の取引先に対する信用リスクの計算方法である，カレント・エクスポージャー方式におけるアドオン掛目は，他の市場リスク資産よりも高い値が設定されている。

関連用語 ⇒「市場リスク」「金利リスク」「エクイティリスク」「バーゼルII」

---

[1] 反対に，先物価格が現物価格よりも高い状態を，フォワーデーション（Forwardation）あるいはコンタンゴ（Contango）と呼ぶ。

市場リスク コンベクシティ

コンベクシティ　　　　　　　　　　　レベル3

金利変化に対する債券価格の変化の非線形性を表す指標

Step 1　金利（IRR）と債券価格は1対1の関係にあり，金利が決まると債券価格は一意に決定される。デュレーションは，その金利変化に対する債券価格の変化を表したものである（たとえば，デュレーションが5年の債券の場合，金利が1％上昇すると債券価格は5％下落する）。ただし，デュレーションは金利が瞬間的に変化したときの債券価格の変化を近似的に表す線形的な指標であり，金利が大きく変化した場合の債券価格変化のすべてを説明できない。コンベクシティは，このデュレーションそのものが変化する割合であり，債券価格の変化を曲線的にとらえるための指標である。

Step 2　一般的に，金利と債券価格の関係は次ページの図のように表される。

債券価格は，金利変化に伴って下に凸の形状で変化する。デュレーションは，現在の金利（図の例では約2.1％）付近における接線を表すものであり，金利が大きく変化した場合には差が大きくなることがわかる。コンベクシティは債券価格の式を金利について二階微分したものとして定義される（デュレーションは一階微分したものである）。

Step 3　債券以外にも，価格が非線形的に変化する商品は多い。特にオプション取引（債券先物オプション，金利先物オプション，CAP，通貨オプション等）は，価格の非線形性が顕著に現れる。オプション取引の世界では，この非線形のリスクを「ガンマリスク」と呼ぶことが多いが，コンベクシティは金利におけるガンマリスクと考えることができよう。また，CMS（コンスタント・マチュリティ・スワップ）のような，金利更改サイクルと参照金利の期間が合致していないこと

金利変化と債券価格の関係

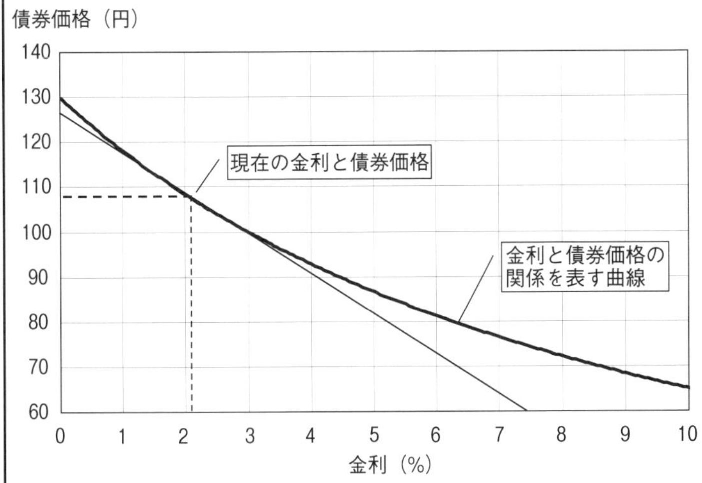

によるコンベクシティも存在する。

このように，非線形な挙動を伴う金融商品を保有している場合，コンベクシティによる影響を把握していないと思わぬ損失が発生する可能性があり，この非線形性によるリスクの管理は非常に重要となる。

関連用語 ⇒「金利リスク」「デュレーション」「オプションリスク」

市場リスク 仕組商品

仕組商品　　　　　　　　　　　　　　　レベル3

伝統的な金融商品である債券，貸出，預金にデリバティブ取引を組み込んだ複合商品

Step 1　仕組商品とは，伝統的な金融商品である債券や貸出，預金などにスワップやオプションなどのデリバティブ取引を組み込んで，顧客や投資家のニーズに対応するべく組成された複合商品である。一般的には，債券のクーポンや預金金利を高く設定する場合や，借入金利を低く設定するような商品が多い。

Step 2　仕組商品は，そのもととなる金融商品に合わせて仕組債，仕組貸出，仕組預金に分類されることが多い。代表的な商品の例としては以下のようなものがある。

① 仕組債……コーラブル債，パワーリバースデュアル債，株価リンク債，クレジットリンク債，為替リンク債など

② 仕組貸出……コーラブルローン，リバースフローターローン，クレジットリンクローン，CMSローンなど

③ 仕組預金……コーラブル預金，エクステンダブル預金など

これらの仕組商品は，金利，株価，為替，および信用など，さまざまなリスク要因が内包されている。たとえばコーラブル債は，金利変動によって満期より以前に期限前償還が行われる債券であり，金利オプションのリスクを包含している。またパワーリバースデュアル債は，元本は円だがクーポンが外貨金利にレバレッジをかけており，さらにコーラブル条項がついている場合もある。このため円金利だけでなく，外貨金利，為替，さらにオプションリスクも包含した商品である。

このように，仕組商品のリスク管理を行う際には，まずその商品がどのようなリスクの組合せでできているのか，商品特性を十分に理解し，その

リスクファクターごとの感応度を計測,モニタリングすることが重要である。またオプション性を包含し,市場変動に対して非線形の価値変化をする商品も多いため,通常の感応度分析,VaR計測だけではなく,シナリオ分析やストレステストなども有効に活用することが大切になる。

Step 3 仕組商品は,高クーポンなど表面上は魅力的な商品が多い。ただし,そのリスク特性を十分把握せずに保有すると,市場が大きく変動した場合や,信用度が悪化した場合に思わぬ損失を被ることがある。

仕組商品を保有する場合には,事前チェックを厳格に行う必要がある。Step 2 で代表的な仕組商品の例をあげたが,同じ名称でも商品性・リスク特性が異なる場合もあるので,そのつど注意して検証することが重要である。リスク管理委員会などで仕組みを詳細に検討し,仕組商品がもつリスクを経営層まで十分理解しリスク管理が可能であると判断された場合のみ,その仕組商品を保有するという態勢を整えることが望ましい。

関連用語 ⇒「感応度分析」「バリュー・アット・リスク」「シナリオ分析」「ストレステスト」

市場リスク レベル1

マーケットの動きにより，保有する資産負債ポジションの価値が変動し，損失を被るリスク

Step 1 市場リスクとは，金利・為替・株式などの市場要因が変動することで，保有する資産負債ポジションの価値が変動し，損失が発生するリスクを指す。この場合の「市場要因」とは，さまざまな市場で取引の対象となっている要因であり，株式や債券，外国為替だけでなく，株価指数や，金利や為替のボラティリティや相関関係なども市場リスクの要因である。また，金融市場以外にも，原油や貴金属などのコモディティ，さらには天候や気温の先物，オプションなども市場が形成され，それに対する資産負債ポジションがとられた場合には，それら原資産（対象となっている資産や商品）の市場リスクにさらされることになる。

Step 2 市場リスクの管理は，保有するポジションがどのような市場リスク要因にさらされているかを認識したうえで，こうした市場リスク要因の動きが，保有するポジションにどのような損益的影響を与えるかを分析・判断し，影響の範囲を限定するというプロセスを踏むことで行われる。

市場リスク要因の動きは，対象となる市場リスク要因の特性を分析することで求められる。分析の前提として，市場リスク要因の動きは，少なくとも短期的にはランダムであると考えられることから，動きの大きさと頻度につき，正規分布が仮定される場合が多い。次に，その市場リスク要因の動きの分布が，保有するポジションに，どのような損益的影響を与えるかを計測する。この計測を，確率的に一定の信頼区間と，想定する保有期間に基づいて行った結果が，バリュー・アット・リスク（VaR）である。

管理上は、こうした損益分析の結果として想定される損失のリスクを、財務上一定の許容範囲内に収まるように、エクスポージャーに限度枠を設定する。

市場リスク管理は、一義的には、金利・為替といった個別のリスク要因ごとに行われるが、これら市場リスク要因は相互に相関していると考えられ、VaR等の手法においては、こうした相関関係も考慮に入れて、市場リスク全体としてのリスク量が算出される。

Step 3 近年の金融技術の発展に伴い、従来であれば市場要因に含まれなかった他のリスク要因(信用リスク等)を包含した市場性商品も増えてきている(証券化商品、仕組商品等)。市場リスク管理上は、市場全体の動きで説明できるリスク(一般市場リスク)と発行体ごとの信用度などを把握するリスク(個別リスク)に分類して管理するのが一般的となっている。

関連用語 ⇒「金利リスク」「為替リスク」「エクイティリスク」「ボラティリティリスク」「コモディティリスク」「バリュー・アット・リスク」「分散共分散法」「リスク限度額」

市場リスク シナリオ分析

シナリオ分析　　　　　　　　　　　　　　　　レベル2

複数の市場シナリオ・資金シナリオを想定し，将来の期間損益・経済価値の変動を分析・評価する手法

Step 1　シナリオ分析は，将来起こりうる市場シナリオ（金利，為替，株価等）と資金シナリオ（資産・負債の将来残高の推移）を想定し，一定期間の期間損益および一定期間後の経済価値の変動を分析・評価する手法として使用される。特に資産・負債の大部分を貸出金・預金が占める銀行においては，財務会計に直結する資金収支のシミュレーションを行い，業務計画や ALM 計画を策定するために，伝統的に使われてきた。

一般的には，蓋然性の高い「メインシナリオ」のほかに，蓋然性は高くないが起こらないとも限らない「サブシナリオ」が複数想定されることが多い。

Step 2　シナリオ分析は，以下の3段階のプロセスで行われることが一般的である。

① 市場シナリオの想定

金利，為替，株価等の市場リスクファクターのシナリオを想定する。オプション取引等がある場合はボラティリティも対象となる。メインシナリオのほか，サブシナリオとして3～5種類程度想定することが多い。金利の場合はメインシナリオとしてインプライド・フォワード・レートを使用することが一般的である。また市場金利だけではなく指標金利（短期プライムレート，預金金利等）の想定も行う。この場合，市場金利との関係を連関式でモデル化する場合もある。

② 資金シナリオの想定

資産・負債の将来残高を想定する。資金シナリオの想定でポイントと

なるのは，市場シナリオとの関連性である。市場金利が変動すれば，預金の中途解約や住宅ローンの期限前償還も起こりうる。そのほかにも，金融機関自身の信用力や本邦・諸外国の経済状況や規制等の経営環境の変化も資金シナリオに影響を与える。こうした要因を網羅的に検討し，さらに金融機関の取引運営方針を勘案し，メインシナリオのほか，サブシナリオを想定することが重要である。

③ 期間損益・経済価値の分析・評価とアクションプラン策定

上記①，②で想定されたシナリオの組合せによって，将来の期間損益と経済価値の分析・評価を行う。シナリオ分析で重要なことは「起こる可能性は低いが，絶対に起こらないとも限らない」シナリオが実際に起こったときの影響度を経営者が理解し，どのような対応をとればよいかアクションプランを策定しておくことである。そのために，メインシナリオを最も蓋然性の高い基準シナリオとし，その他のサブシナリオとの差異分析をあらかじめ行っておくことが必要となる。

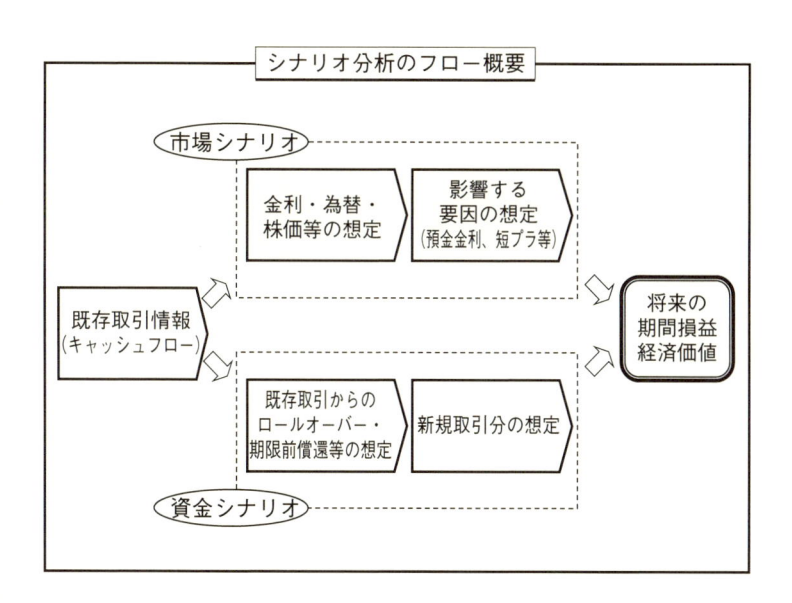

シナリオ分析のフロー概要

市場シナリオ
- 金利・為替・株価等の想定
- 影響する要因の想定（預金金利、短プラ等）

既存取引情報（キャッシュフロー）

資金シナリオ
- 既存取引からのロールオーバー・期限前償還等の想定
- 新規取引分の想定

将来の期間損益経済価値

シナリオ分析

Step 3 シナリオ分析は，上述のように多くの作業量が発生し，業務負担は軽くはない。しかし近年では一時点だけのリスク計測（VaR等）だけではなく，フォワードルッキング（先読み的）な管理態勢が要求されてきている。ストレステストと同様に，今後はますますリスク管理のなかでも重要な役割を担う手法として精緻化，高度化が必要となろう。

関連用語 ⇒「バリュー・アット・リスク」「ストレステスト」

証券化商品　**市場リスク**

証券化商品　　　　　　　　　　　レベル3

不動産や金銭債権など，収益が見込める資産等を裏付として発行される有価証券

Step 1　現在流通している証券化商品は，大きく「不動産の証券化」と「金銭債権の証券化」の2種類に分類することができる。

① 不動産の証券化

賃料収入など，当該不動産から得られるキャッシュフローを裏付として証券化されたもの。CMBS などが代表例。

② 金銭債権の証券化

貸出，債券などの債権を裏付として証券化されたもの。一般的には複数の債権を束ねてプール化したものが裏付資産となる。これらの商品は広義でCDOと呼ばれる場合もあるが，裏付資産によって，CLO，ABS，MBS などと呼ぶこともある[1]。

また，実在する債権ではなく，クレジット・デフォルト・スワップ（CDS）を複数束ねてCDOを構成する場合も多い（シンセティックCDO と呼ばれている）。

そのほか，有価証券の形態ではなくローン（ABL）や匿名組合，任意組合などの形態をとるもの，不動産投資信託（リート，REIT）なども証券化商品と呼ばれることがある。このように証券化商品とは一般的な呼称であり，その種類についても既述のようにさまざまな呼び名が使用されて

---

[1] それぞれ以下の略語
CDO: Collateralized Debt Obligation, CLO: Collateralized Loan Obligation, ABS: Asset-Backed Security, MBS: Mortgage-Backed Security, ABL: Asset-Backed Loan, REIT: Real Estate Investment Trust

Step 2 金融機関など，証券化の対象となる裏付資産を有するオリジネーターにとっては保有資産の譲渡による資金調達が可能であり，投資家にとっては運用対象の多様化というメリットがある。

証券化商品は，一般的に優先劣後構造をもち，シニア部分，メザニン部分，劣後部分などのトランシェごとに区分された債券や受益証券が発行される。裏付資産にデフォルトやイベントリスクなどが起こった場合には劣後部分から順番に元本が毀損される仕組みとなっており，シニア部分が毀損するリスクは少なくなっている。このような構造のためシニア部分には高い格付が付与される一方，利回りが低い場合が多く，逆に劣後部分の利回りは高くなっている。

証券化商品を保有する投資家が抱えるリスクは，一般市場リスクと個別リスクに分けて管理する必要がある。一般市場リスクとは市場変動で説明が可能なリスク（金銭債権の証券化の場合は金利変動リスク）であり，個別リスクはその裏付資産固有のリスク（金銭債権の証券化の場合は，裏付資産の債務不履行および期限前償還）である。このように，証券化商品は市場リスク，信用リスク，流動性リスクが複合的に混在している商品であり，そのリスク要因それぞれについてリスクモニタリングを行う態勢を整備することが重要となる。

Step 3 2007年のサブプライム問題を発端とした世界的な市場混乱の主役はこの証券化商品であった。サブプライム住宅ローンを裏付とした証券化商品は，裏付資産への懸念や仕組みの複雑さのため，高格付であったシニア部分の取引も敬遠された。流通市場で取引がほとんど成立せず，投売りが出たことで理論価格ときわめて乖離した価格での少量の取引が成立した結果，時価が暴落した。こうした証券化商品を中心に投資していた投資ビークル（SIV, Strategic Investment Vehicle）の経営不安が，そのSIVの親会社の金融機関への信用不安へとつな

がり，連鎖的に全世界の市場で信用不安が発生した。さらに，証券化スキームが複雑化し，証券化商品そのものの特性がわかりにくくなっていたことも，リスク管理が機能しなかった要因であろう。

証券化商品は，裏付資産となるキャッシュフローが計算できれば，何でも証券化の対象になりうるものである。将来的には保険，知的財産，温暖化ガス排出権なども証券化の対象として検討が進むことが予想される。一方で，今般の市場の混乱による損失を教訓とし，商品特性を十分考慮したリスク管理態勢の構築，整備が重要であるといえよう。

関連用語 ⇒「CDO」「個別リスク」「市場リスク」「信用リスク」「流動性リスク」

市場リスク 職責分離

職責分離　　　　　　　　　　　　　　　　　　　　レベル2

各人の業務や責任の範囲を明確化し，1人で取引を完結させない仕組みを設けることで，不正を防止する態勢

Step 1　ベアリングズの破綻（1995年2月）や旧大和銀行ニューヨーク支店巨額損失事件（1995年9月）などトレーダーの不正行為による巨額損失事件は過去のものと思われてきたが，2008年1月ソシエテ・ジェネラルにおいて49億ユーロ（約7,600億円）もの巨額損失が発生し世間を驚愕させた。これらの事件はいずれもトレーダーが取引執行以外に事務管理を行うバック部門，または，リスク管理を行うミドル部門の業務を行えるなど，業務や責任が明確に分離されていなかったり，業務や責任が明確に分離されていても，実務上トレーダーのいうことを鵜呑みにしてバック担当者やミドル担当者が行動したり，トレーダーが勝手にバック部門やミドル部門のデータを書き換えられるなど，牽制機能が有効に働いていなかったことによるものである。

Step 2　一義的な職責分離は，フロント部門とバック部門を分離することである。フロント部門は取引の約定や自らのポジションの管理を行い，コンファメーションの確認や資産・資金の授受等の実態面の行為をバック部門が行うことで不正を防止する。しかしこれだけでは十分とはいえず，通常はミドル部門が複数の観点から牽制を行うことになる。

ミドル部門による牽制はシステム化されたデータを生かし，網羅的なリスクの洗い出しや集中的な分析を行うことである。網羅的な洗い出しとしては，システム間のデータリコンサイルやオフマーケットチェックが代表的なものである。集中的な分析としては，日次損益やポジション変化の確認，内部取引のチェック，ディーラーフォン録音内容の確認等がある。

① システム間のデータリコンサイル

　マーケットで使用するシステムは統合が困難であることが多く，必要なデータを一定のルールでシステム連動させているが，連動ルールの脆弱性をついた操作や手動対応などによりシステム間のデータに不一致が生じることがある。ミドルシステムのデータの正確性を確保するために，定期的にシステム間のデータの一致を確認することをデータリコンサイルという。

② オフマーケットチェック

　オフマーケットチェックとは，約定された取引が市場実勢に比べ異常に割安あるいは割高な価格で取引されていないか確認することである。一般的なオフマーケットチェックでは，チェック対象となるすべての取引から，一定の条件抽出，たとえば取引当日の市場の高値・安値の範囲に入っていない取引などの抽出ルールを用い，抽出された取引を集中的に分析することで不正がないか確認する方法がある。約定日の市場環境や取引の特性などから約定価格が妥当であるか調査し，十分な確信が得られない場合にはフロント担当者にも説明を求め，フロント担当者の主張が合理的なものか厳格に判定する。オフマーケットチェックにおける牽制機能は，市場価格についてフロント担当者と対等な議論が求められるため，ミドル担当者は時価評価の実務に精通していることが必要となる。

③ 日次損益やポジション変化の確認

　基本的なミドル業務である日次損益やポジション変化の要因分析は，重要な牽制機能でもある。前日ポジションと市場の変化あるいはオフマーケットチェックの明細から損益の発生を詳細に確認することや，ポジションの変化に対してストラテジー変更の有無をトレーダーへ確認することは，トレーダーに対して監視下へ置かれていることを意識させることにつながり，十分な牽制効果が期待できる。

④ 内部取引チェック

職責分離

　内部取引は社内のトレーダー同士で行う取引であるため，コンファメーション等による取引の確認を行わないことや，資金や証券の受渡しを伴わないこともある。特にバンキング勘定とトレーディング勘定間の取引では勘定間をまたぐ取引であるため，通常，取引の妥当性や不正な価格で取引が行われていないかチェックが行われる。オフマーケットチェックとの違いは，取引を行うにあたり正当な目的が必要なことと，事前に定められた算定方法に従って価格が決定されなければならないことである。双方が満たされない場合，取引は承認されずさかのぼって取り消される。

⑤　ディーラーフォン録音内容の確認

　一般的にディーラーフォンによる会話はすべて録音されており，約定内容と会話の内容に齟齬がないか第三者によって定期的な確認が行われる。確認は任意の約定明細からその約定に関する録音内容を突合させる方法と，任意の録音内容から約定明細を突合させる方法の，双方の視点で行うことが望ましい。すべての録音をチェックすることは困難であることから，日常の取引状況を勘案しリスクが高いと考えられるトレーダーを重点的に調査することも効果的であろう。また，自宅等のディーリングルーム外から行われる取引についてはすべての取引について確認することが必要かもしれない。ルーム外ではトレーダーを管理する者がいないことから，取引目的やポジションの変化状況など詳細に確認することも必要となってくる。

Step 3　職責分離や分離に伴う牽制機能の目的は，不正を発見することよりも，不正が発生しない環境づくりにある。実際に最初から不正に手を染めるトレーダーはまずいない。不正の大半は，無理なポジションをとった結果発生した損失の隠蔽から始まることが多い。そのため，トレーダーに必要以上の無理をさせないということや損失も必ず明らかにする体制をつくることもリスク管理上重要なポイントとなる。

　トレーダーに対して過度なインセンティブを与えることは，収益獲得の

ために無謀なポジションテイクを行うことにつながる。また、市場環境やリスク限度額から考えて無理な収益計画を立てさせないことは、間接的に不正防止効果がある。

　職責分離の重要性は市場業務に限ったことではなく、互いの業務を理解したうえで担当業務を分離し責任範囲を明確化することは、不正防止やオペレーショナル事故防止の観点から他の業務にも広範に必要となる。

| 関連用語 | ⇒「オペレーショナルリスク」「保険募集管理」

市場リスク ストレステスト

ストレステスト レベル2

例外的ではあるが蓋然性のある金融市場の大きな変化が、保有する資産・負債の損益に与える影響を把握するリスク管理手法

Step 1 ストレステストは、例外的ではあるが蓋然性のある、大きな損失が発生するようなストレス状態が起こったときに、自身の資産・負債がどれだけ影響を受けるか把握する手法である。一般的にはVaRを補完する方法として使用されることが多い。VaRはあくまでもある前提条件（正規分布の仮定や信頼区間が99％等）のもとで損失額を計算するものであって、その前提が異なった場合（正規分布の過程が崩れた場合や信頼区間99％を大幅に超えて損失が発生する場合）の損失額を把握することはできない。このように、VaRでとらえきれない損失額を把握する手法として、ストレステストは有効である。

Step 2 ストレステストを行う場合、ストレス・シナリオをどのように設定するかが重要なポイントとなる。ストレス・シナリオの設定方法は、一般に以下の3種類に分類されることが多い。

① センシティビティ・ストレス・シナリオ

ある特定のリスクファクターを大きく変動させたときの、ポートフォリオの価値変化を計測する方法。金利を一律1％上昇させるなど、単純なストレス状態を想定する場合が多い。同じストレスで継続的に計測し、ポートフォリオのストレス耐性を時系列で把握、分析する際に使用される。

② ヒストリカル・ストレス・シナリオ

過去に実際に起こった市場の動き（ブラックマンデー時やサブプライムショック時など）をもとにシナリオを設定し、ポートフォリオの価値変化を計測する方法。

③ 仮想ストレス・シナリオ

　過去には起こっていないが、現在の市場・経済環境を考慮して、蓋然性は低いが起こりうるシナリオとして人為的に作成した「仮想シナリオ」によって、ポートフォリオの価値変化を計測する方法。シナリオの作成は、別途行うシナリオ分析におけるシナリオと整合的であることが望まれる。ただ、現実的には経営や現場の感覚に合った仮想シナリオの想定はむずかしく、多くの金融機関で試行錯誤を繰り返しているもようである。

　ストレステストの結果は経営層に報告される。銀行の預金貸金を中心としたバンキング勘定においては日々のポートフォリオの変化は大きくないため、月次程度の報告で十分であると考えられる。一方、頻繁に有価証券やデリバティブなどの取引が行われるトレーディング勘定などでは、日次での報告が求められる場合もある。

　ストレステストは、損失額の把握だけではなく、アクションプランの策定が必要となる。想定するストレス状態に陥ったときに、すぐに行動がとれる権限、体制も含めて整備しておくことが重要である。

Step 3　ストレステストはエマージング市場や新しい市場（不動産市場等）など、ヒストリカルデータが不足しているために、統計的手法によるリスク計量（VaR）が困難であるポジションに対して、特に有効であるといえる。今後、金融機関がこれらの市場に対して積極的にリスクテイクしていく場合は、ストレステストを効果的に使用することが大切である。

　また、ストレステストは単なるリスク管理手法の一つという以上に、経営層とのコミュニケーションツールという役割も担っている。ストレステストは、もともと「例外的」に起こりうるシナリオを想定するものであるが、そのシナリオを正確に予測することは不可能である。ストレステストの目的の一つは、「ストレスシナリオを設定した根拠」や「アクションプランの策定」などについて、経営層とのコミュニケーションを活性化させ

ることであり，それを通じて金融機関のリスク管理意識のさらなる向上を期待することができる。

関連用語 ⇒「バリュー・アット・リスク」「シナリオ分析」「統合ストレステスト」

デューデリジェンス　**市場リスク**

デューデリジェンス　　　　　　　　　　レベル3

投資対象案件につき投資の適正性や問題点の有無，あるいは投資対象の価値などにつき詳細かつ多角的に調査分析する手続

Step 1　デューデリジェンスは多くの場面で用いられ，投資対象案件はヘッジファンド，不動産，M&A，プロジェクト・ファイナンスなどさまざまであるが，市場リスクと関連深いヘッジファンドに対するデューデリジェンスを例に説明する。

ヘッジファンドはファンドマネジャーを中心とした少人数で運営されており組織の基盤もファンドによって差があることから，巨額な運用資金を委託するに十分信用できるファンドであるか定性と定量のさまざまな角度から調査を行う必要がある。

定性面としては運用者やファンドの情報，投資戦略，管理体制などが該当し，定量面としては過去の投資成績やリスク許容度などが該当する。項目の詳細については業界団体 AIMA（Alternative Investment Management Association）が雛型を提供している。

Step 2　ヘッジファンドの成績はファンドマネジャーの運用力にかかっているため，運用者の経歴などの情報は投資戦略とともに最も重要な情報の一つである。主要なファンドマネジャーの関係やシードマネーの状況，過去の運用経験などから合理的でないと感じる点には説明を求める必要がある。デューデリジェンスは，契約内容の確認も含まれており，契約書に，主要なファンドマネジャーが辞めた場合にヘッジファンドを解約する権利が発生するキーマン条項が網羅されているかどうかの確認も重要である。

ヘッジファンドは多彩な金融商品を扱うが，特にインターバンク市場の金融商品を取引する場合，一般的にプライムブローカーと呼ばれる金融機

デューデリジェンス

関を通して取引を執行する。ヘッジファンドに対し、レバレッジを効かせるための資金の貸付を行ったり、ショートポジションに必要な有価証券の貸付を行うのもプライムブローカーである。資産の管理を行う会社をカストディアンと呼ぶが、ヘッジファンドの場合はファンド内の資産を分離する必要がないのでプライムブローカーがカストディアンを兼ねている場合が多い。そのほか、取引の管理や保有資産の時価算定を行うアドミニストレーターや監査を行う監査法人などがあり、これらの機関はファンドと独立していることが前提となる。デューデリジェンスに際してはこれら機関の信頼性を提供されている資料等を使って確認するほか、プライムブローカー自身もファンドに対する審査を行うので、一流のプライムブローカーを使用しているかどうかも、ファンドのデューデリジェンスの一つの基準となる。

ファンド自身の内部管理体制としては、ファンドは少数精鋭で運営しているので、金融機関のような厳格な管理体制を求めるものではなく合理的な範囲であればよいとされる。定量面ではファンドの時価総額推移（トラックレコード）やリスク（ボラティリティ）、シャープレシオ、ドローダウンなどを確認するが、低リスク高収益という定量面の数字のみから判断してしまうと大事な点を見落とすことになる。チェックのポイントは、投資戦略に対し、レバレッジやトラックレコードの動きが整合的かという点があげられる。流動性の低い商品を中心に扱うファンドで時価評価が行われているかは、トラックレコードの動きをみればすぐにわかることが多い。

そのほかにも、契約条件としてロックアップ期間、解約頻度、事前通知期間、ゲート条項、各種フィー条件などがある。基本的には投資戦略に対して合理的な条件かという観点でみていけばよいが、ゲート条項すなわち一定以上の解約が集中した場合にファンド側の判断で解約を制限できる条項については注意が必要となる。ゲート条項が発動された場合は他の投資家からも解約が殺到するため、ファンドは解散に追い込まれる可能性が高まる。ゲート条項に抵触しそうな気配があるときは早期の資金引上げを検

討しなければならない。

Step 3 他の金融取引と同様，ヘッジファンドと投資家は信頼関係で成り立っている。デューデリジェンスは信頼関係を構築するためのツールであって，デューデリジェンスの資料を完成すること自体が目的ではない。資料の作成を通じて対話を行い，ヘッジファンドの対応状況をみることや投資方針について生の声を聞くことがファンドの実態を理解し，投資家のニーズを理解してもらうために大切な作業であり，デューデリジェンスの主な目的でもある。

関連用語 ⇒「市場リスク」

市場リスク デュレーション

デュレーション　　　　　　　　　　レベル1

債券の加重平均回収期間，もしくは，債券価格の金利変化に関する感応度

Step 1　デュレーションおよびその類型である修正デュレーションとは，1938年にフレデリック・マコーレーが提唱した概念で，債券投資に欠かせない重要な指標である。

$$\text{デュレーション} = \sum_{i=1}^{n} \frac{t_i CF_i (1+r)^{-i}}{P}$$

$$\text{修正デュレーション} = \frac{\text{デュレーション}}{1+r}$$

ここで，t_i は利払いまでの期間，CF_i は利払いや元本返済のキャッシュフロー，r は期間に相当する複利金利（IRR），P は債券価格である。

上式からわかるように，デュレーションは，債券のキャッシュフローの現在価値に期間を乗ずることで，債券の加重平均回収期間を定義したものである。また，修正デュレーション（実務的には単にデュレーションと呼ぶ場合も多い）は，債券の時価評価式を金利 r で微分した結果と一致することでもわかるとおり，金利の変化に対する債券価格の感応度になる。

Step 2　デュレーションは，その概念が平易であり，計算も容易であることから，債券投資の基本的な指標として利用される。債券ポートフォリオを債券先物でヘッジする場合，債券ポートフォリオと債券先物のデュレーションを合わせることで，金利のパラレルシフト変化に対するリスクを一時的にヘッジをすることができる。また，修正デュレーションは，金利の変化に対する債券価格の感応度に相当することから，債券をスワップでヘッジするような場合，修正デュレーションと金利デルタを合わせることでヘッジが可能となる。

ただし，実際には，債券価格は金利に対し線形に変化するのではなく，金利の変化に対して修正デュレーションが変化する非線形のリスクをもつ（修正デュレーションの変化率のことをコンベクシティという）。また，Step 1 の式からわかるように，デュレーション計算では，金利の期間構造を勘案しない期間一定の利回りとしての IRR が使われているが，実際の金利変化は期間別に異なる動きとなる場合もあるので，金利がスティープニングやフラットニングといわれる期間構造にかかわる変化をした場合，デュレーションをもとにしたヘッジがうまく機能しないケースもあり，注意が必要である。

関連用語 ⇒「金利リスク」「コンベクシティ」

市場リスク 内部モデル

内部モデル　　　　　　　　　　　　　　　　レベル2

金融機関自らが開発したリスク量計測モデルで，特に自己資本比率規制における市場リスク所要資本算出のために用いられるリスク量計測モデルを指す

Step 1　自己資本比率規制では，1998年に，トレーディング業務のマーケットリスクに対する自己資本比率規制を導入している。所要自己資本の計測については，「標準的手法」と「内部モデル法」の2通りの方法が示されている。標準的手法については監督当局の定める計算式に基づく計算を行うが，高度なリスク管理能力，体制の整備が進んでいる銀行では，自ら開発した「内部モデル」による所要自己資本の計測を申請できる。

Step 2　自己資本比率規制では，金融庁は，一定の定性的基準・定量的基準を満たした体制を整備している銀行の申請に対して，市場リスクに係る所要自己資本の計測を行うことを承認する。

定性的基準については，「リスク管理部門の独立と組織の整備」「バックテスティングの実施」「ストレステストの実施」「リスク管理上の手続の文書化と遵守」などからなる，リスク管理態勢の整備を求めている。

定量的基準としては，以下のような条件を求めている。

- VaR計算の際の保有期間は10営業日以上とすること。
- 信頼区間は99%とすること。
- 最低1年間の観測期間をとること。
- ヒストリカルデータは3ヵ月に1回以上更新すること。
- 非線形リスクを含むこと。

以上の基準を満たしていると認められた銀行は，内部管理上自らが計測するVaR値に，バックテスティングのパフォーマンスから定まる，3

〜4の間の値（「マルティプリケーションファクター」と呼ばれる）を直近60日の VaR 値の移動平均に乗じた値，あるいは算出基準日の VaR 値のいずれか大きい額を，一般市場リスクに係る所要自己資本とすることができる。

Step 3 　自己資本比率規制における内部モデルの採用は，銀行の保有する資産負債内容の複雑化や経営環境の変化，リスク管理技術の進展等をもとに，銀行自身の内部管理手法や，内部管理態勢を重要視する流れの表れと評価することができる。2007年より適用されたバーゼルIIでも，信用リスクにおける内部格付手法やオペレーショナルリスクにおける先進的手法など，銀行における内部管理態勢の整備を前提に自らの内部管理手法をより重視する流れは顕著となっている。

関連用語 ⇒「バリュー・アット・リスク」「バックテスティング」「ストレステスト」「バーゼルII」

市場リスク　バックテスティング

バックテスティング　　　　　　　　　　レベル2

計測されたVaR値と損益を比較することで、VaR計測モデルの妥当性を確かめる検証手法

Step 1　VaR値を計測して市場リスクの管理を行っている場合、そのVaR計測モデルが、本当にリスク計測モデルとして妥当性のあるものなのか、一定の頻度で検証を行う必要がある。たとえば信頼区間99%のVaRモデルを採用している場合は、「100回のうち、1回はVaR値を超える現在価値変動が起こりうる」という前提のもとに市場リスク管理を行っていることになる。バックテスティングは、実際に計測したVaR値と、当該評価期間（保有期間）における資産負債の現在価値変化を突き合わせることで、VaRモデルが市場リスクの変動を正しくとらえているかどうかの妥当性について検証を行う手法である。たとえば検証期間において、VaR値を超える損失が発生している場合、その超過頻度と、モデルにおける信頼区間とを照らし合わせて検証することにより、モデルが妥当であるかどうかを検証することになる。

Step 2　バックテスティングに使用する損益には仮想損益と実損益がある。仮想損益ではバックテスティング超過はモデルの前提が崩れた場合に限定されるので、VaRモデルの理論的検証に適している。実損益は実際に管理会計や財務会計で使われている損益なので、VaRが時価変動リスクをとらえるツールとして機能しているかを確認できる。

　バックテスティングの実務には超過発生時に行う要因分析と定期的に行うモデル検証がある。超過発生時の要因分析では、市場変動による超過であるかが重要となる。VaRは市場の変動により一定の確率で発生するリスク量であることから、市場変動以外の原因で超過が発生することは望ま

しくなく，計測上になんらかの不具合が起こっていることが想定される。たとえば，VaRモデルでベーシスリスクを対象としなかったことにより実損益の超過が発生した場合には，ベーシスリスクが無視できないほど大きくなっていることを示しており，VaRモデルにベーシスリスクを加えるための修正が必要となる。

定期的に行うモデル検証では，VaRに対する損益の分布状況や超過回数からモデルに問題が生じていないか調査を行う。

損益／VaR散布図

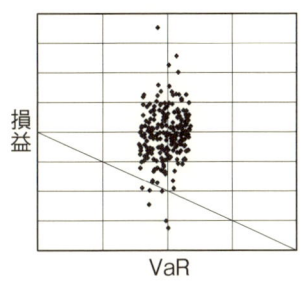

損益・VaRの推移

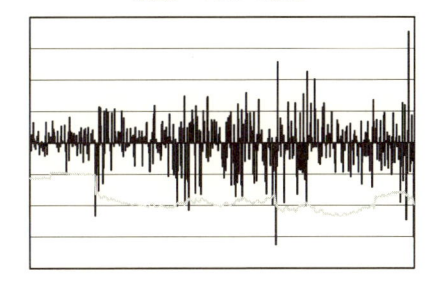

損益／VaRの分布は各リスクファクターをリスク量でウェイトづけした合成分布となり，特定のリスクに偏っていない限りおおむね正規分布に近いものとなる。たとえば損益が一方向へ偏っている場合は対顧客収益などの余計な収益が混入していると考えられるので，影響が大きい場合には仮想損益を利用する。超過が想定以上に発生した場合には要因分析を行う。発生原因としてはモデルがリスク量変化を推定できていないこととモデルが想定する分布が相違していることが考えられ，多くの場合前者が原因である。VaRモデルでは過去のデータを使用して将来の市場変動を予測するが，変動の分布は一定ではなく，ボラティリティの急上昇によりVaRを超過する事例はよくみられる。

このような超過に対しては直近のデータにウェイトづけを行い最新の変動を強く反映させる方法と，大きな変動時期を含めた長期間の過去データを採用する方法が考えられる。前者では最新の変動がVaRに反映するま

でタイムラグを発生させない（日次更新する）こと，後者ではバックテスト期間も長期化させることに注意が必要である。

Step 3 モデルの総合的な検証手法として有名なバックテスティングであるが，超過回数という切り口でモデル全体の有効性の検証を行っているため，モデルのなかの個々の仮定が満たされているかについては個別に検証を行うことも必要である。

たとえばバックテスティングが比較する損益は1日のものを使用することが多い。1日以上の保有期間に対応するために，特に分散共分散法においては一般的にルートT倍法を利用しており，このルートT倍法等の有効性についてはバックテスティングでの確認はむずかしい。ルートT倍法は自己相関がゼロという仮定を置いた手法であり，自己相関がプラスの場合はVaRが過小となりマイナスの場合は過大となる。イベント発生時の自己相関はプラスになることが多く，VaRへの影響は大きい。

なお，自己資本比率規制のマーケットリスクに関する所要自己資本算定に，内部モデルとして自社のVaRモデルを採用している場合は，金融庁告示にバックテスティングの方法が指定されている，VaR値の超過頻度が多く，バックテスティングのパフォーマンスが悪い場合には，VaR値を所要自己資本に換算するための，マルティプリケーションファクターが増加することとされている。

|関連用語| ⇒「バーゼルⅡ」「内部モデル」「バリュー・アット・リスク」「ベーシスリスク」「モデルリスク」

バリュー・アット・リスク **市場リスク**

バリュー・アット・リスク　　　レベル2

市場の変動によって、一定の確率のもとで、保有する資産負債に起こりうる最大の損失額を、リスク量として把握しようとする指標

Step 1　バリュー・アット・リスク（Value at Risk, VaR）は、「現在保有している資産負債の価値が、どれだけ損失を被る可能性があるのか」という損失額を、金額そのもので表そうとするものである。

欧米で発達したこの手法は、日本においても1990年代前半から導入が相次ぎ、現在では市場リスク管理の標準的な手法として定着している。

Step 2　VaRは、たとえば「信頼区間99％で保有期間10日のVaR値は50億円」という形で表される。この意味は、「現在の資産負債ポジションを10日間保有し続けたと仮定した場合に、100回に99回の確率で、この10日間で被る損失が50億円以内に収まる」という

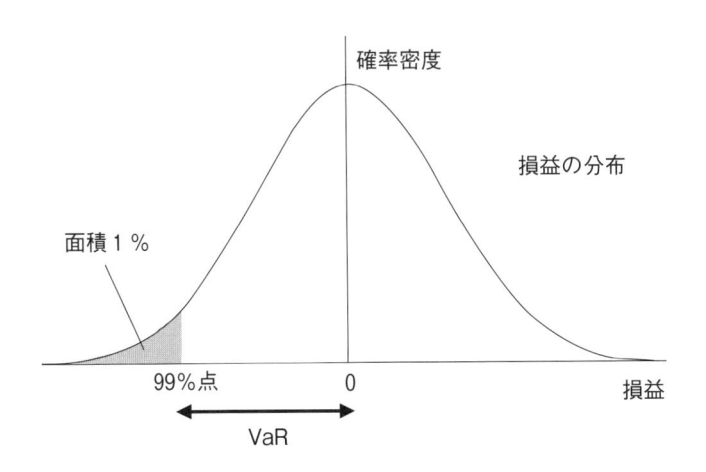

確率密度

損益の分布

面積1％

99％点　　0　　　　　損益

VaR

121

ことである。すなわち VaR は、一定の確率のもとで発生しうる市場の動きを推測し、それを自身のポジションに当てはめることで、その確率のもとで被りうる損失を計算しようとするものである。

VaR 計測には大きく分けて、分散共分散法、ヒストリカルシミュレーション法、モンテカルロシミュレーション法の三つの計測手法がある。

① 分散共分散法では、デルタマップと呼ばれる各リスクファクターにおける資産負債の感応度をもとにして VaR を計算するため、価値変化が線形であることを前提としている。よってオプション性の取引等で、価値変化が非線形であるポジションについては正確な VaR が計測できない場合がある。そのような資産負債に対しても有効とされる手法が、ヒストリカルシミュレーション法およびモンテカルロシミュレーション法である。

② ヒストリカルシミュレーション法は、過去に実際に起こった市場の変化を、現在のポジションに適用することで、資産負債ポジションの損益を計算し、それを損失額の大きさの順に並べ、目的の信頼確率に対応するパーセント点の損失を VaR として求めるものである。

③ モンテカルロシミュレーション法は、多数の乱数を発生させるモデルを使ったモンテカルロシミュレーションによって将来のリスクファクターの変化具合を生成する方法である。損失額の大きさの順に並べ、与えられた損失額の VaR を求める方法はヒストリカルシミュレーション法と同じである。

Step 3 VaR は1990年代から急速に市場リスク計測の標準的な手法として定着した。これは、VaR の枠組みを中核に据えた内部モデル手法の一般化を背景に、銀行の自己資本比率規制である BIS 規制において VaR の採用が認められたことも大きな要因になったと考えられる。これは監督当局側にとっても、自己資本比率規制の枠組みのなかで市場リスク量を一つの数字で表さなければならなかったという事情もあったためと考えられる。

しかし VaR を計測して経営に報告をしているからといって安心はできない。たとえば，VaR は，極端な市場の変化に対して，実際にいくら損失が発生するかについては，何も示さない（99%の信頼区間ということは，100回のうち1回は VaR 値を超える損失が発生する可能性が高いことを意味するが，損失の程度についての情報は含んでいない）。また，極端な市場の変化は，正規分布で想定される確率よりもはるかに頻繁に発生することが経験的に知られている（ファットテール）。このように VaR はリスク管理指標としては万能といえるものではなく，ストレステストやシナリオ分析といった手法を併用することにより，より高度で効果的なリスク管理体制を実現することが重要である。

関連用語 ⇒「ヒストリカルシミュレーション」「モンテカルロシミュレーション」「分散共分散法」「ストレステスト」「シナリオ分析」「G30レポート」

市場リスク ヒストリカルシミュレーション

ヒストリカルシミュレーション　　レベル3

過去の相場変動分布をそのまま用いて事象の発生頻度を予測し，目的の解を得る計算方法

Step 1　ヒストリカルシミュレーションは，過去の市場変動の履歴を一定期間分蓄積し，求めたいポジションに対して一定期間分の変動すべての損益を計算することで求められる。たとえば，ポジションのVaRを計算したい場合，過去の市場変動を現在のポジションに適用して得られる損失額を大きなものから並べ，目的とするパーセント点の対する損失額が，ヒストリカルシミュレーションに基づくVaRとなる。

Step 2　ヒストリカルシミュレーションは非常に有用な計算方法である。過去の市場変動をそのまま利用するため，市場変動が正規分布するといった仮定を置く必要がなく，分布の裾野が厚いといったファットテール問題にも対応ができる。また，多数のリスクファクターを用いる場合でも，一定期間のリスクファクターの変動を用意することで，自然にリスクファクター間の相関関係を勘案した計算を実施できる。さらに，モンテカルロシミュレーションが多数の試行計算を行う必要があるのに対し，ヒストリカルシミュレーションは一定期間分の試行計算だけですむ。このような特徴を生かし，ヒストリカルシミュレーションは，特にリスク管理の世界で多用されている。

一方，ヒストリカルシミュレーションの欠点としては，試行回数が少ないと99.9%等の高い信頼区間での計算は困難となる点（過去に十分なデータがない場合やデータがあったとしても観測期間を広げると直近のリスクファクターの影響が相対的に小さくなり相場感覚と乖離したリスク量が計算される），変動の大きなデータが観測期間から外れてしまうと突然リス

ヒストリカルシミュレーション

ク量が小さくなる場合や目的とするパーセント点前後の損失額の変動が大きい場合などの安定性に課題がある点，などがあげられる。

Step 3 課題に対する対応策はいくつか考案されており，観測データにウェイトづけを行う手法としては，Boudoukh, Richardson and Whitelaw [1998]（以下，BRW 法）や Hull and White [1998]（以下，HW 法）がある。

BRW 法はシミュレーション結果に対して，一定の減衰因子 λ を使用して指数的に減少していくウェイトづけを行うものである。シミュレーション結果を並び替えるときにウェイトについても並び替えを行い，損失の大きなシナリオからのウェイトの和が（信頼水準99％の場合）1％に達したシミュレーション結果を VaR の推定値とする。BRW 法は分散共分散法の EWMA と同様，過去になればなるほど VaR 推計のデータとして利用されなくなるという性質がある。そのため λ が小さくなれば実質的な観測データ数も少なくなり，分位点の推計が困難になるという欠点がある。

HW 法はボラティリティが一定でないことを前提に，現在のボラティリティを推計し VaR 算出に利用する手法である。ボラティリティは EWMA により算出し，その推計値でヒストリカル・シナリオを除し現在のボラティリティ推計値を乗ずることにより，現在のボラティリティ水準のシナリオへと変換する。

$$\Delta P'_i = \frac{\sigma_{n+1}}{\sigma_i} \Delta P_i$$

この後は通常のヒストリカルシミュレーション法と同様に計算する。

HW 法の特徴は損失シナリオだけでなく利益シナリオに対しても影響を受けるという点と，すべての観測データをウェイトづけせずに使用するため実質的な観測データ数は少なくならないという点である。

また，目的とするパーセント点の安定性の課題への対応として，分位点推定手法を利用する場合があるが，周囲の点から線形補完する手法以外にカーネル関数やスプライン関数を用いて確率密度を推定する手法がある。

これらはノンパラメトリック推定といわれる手法で，観測データに基づいて滑らかな分布を推定する。データ数が多ければどのような手法を用いても結果はほとんど変わらないが，少なければ手法特有の傾向が現れるので分位点推定の手法の重要度は増すことになる。

関連用語 ⇒「モンテカルロシミュレーション」「分散共分散法」「バリュー・アット・リスク」

物価連動債　市場リスク

物価連動債　　レベル3

元本金額が物価の動向に連動して増減する債券

Step 1　通常の債券は元本金額が変動することはないが，物価連動債は消費者物価指数（CPI）の増減に連動して元本金額が変動する。固定利付債ではインフレにより実質的な資産価格が目減りするが，物価連動債は元本が増加するため，インフレに強い債券である。その半面，クーポンは固定利付債に比べ小さく，デフレになれば元本割れが生じることもある（米国財務省物価連動債では100のフロアーがある）。

日本では2004年3月より発行されているが，会計処理の複雑さ（2006年4月に改善ずみ）やシステム対応が遅れていることから取引は少なく流動性の観点で懸念がある。

Step 2　名目金利と実質金利と期待インフレ率とインフレリスク・プレミアムの関係は次のようになることから，物価連動債の評価には期待インフレ率やインフレリスク・プレミアム（期待インフレ率に含めることが多い）を求めることが必要となる。

［名目金利］＝［実質金利］＋［期待インフレ率］＋［インフレリスク・プレミアム］

期待インフレ率の推計をマクロ経済指標から行う研究は行われているが，実務で使用することはむずかしく大きなモデルリスクを伴う。物価連動債の市場流動性が増加し市場価格から期待インフレ率を求めることが容易にできるようになれば，時価はもちろんVaRの算出も困難ではなくなる。

なお，物価連動債は，その市場流動性が極端に低いため，市場価格と理論価格の乖離が大きいといわれている。また元本金額が変動するため担保として取扱いやヘッジ会計の適用がむずかしいなど，数々の課題をもった債券であり，今後の制度改正等で使い勝手のよい金融商品となることが望

まれている。

関連用語 ⇒「インフレリスク」

分散共分散法　レベル3

VaRを計算する手法で、確率変数の変動の大きさ（分散）・二つの確率変数の共変動の大きさ（共分散）に基づくもの

Step 1 確率変数 X に対して分散 $V(X)$ は、$E(\ )$ を期待値として、以下の式で与えられる。

$$V(X) = E((X - E(X))^2)$$

また、確率変数 X, Y に対して共分散 $Cov(X, Y)$ は、以下の式で与えられる。

$$Cov(X, Y) = E((X - E(X))(Y - E(Y)))$$

これらの計算式から求められる数値は、確率変数の動きやすさの目安となる。

金利・為替・エクイティ・コモディティ等のリスクファクターの変化幅（もしくは変化率）を正規分布確率変数とみなし、リスクファクターごとおよびリスクファクター同士の分散共分散を計算、さらに拡張して資産負債ポートフォリオ全体の動きやすさの目安を計算し、保有期間と信頼区間を定義するとVaRが計算できる。

Step 2 分散共分散法を用いたVaR計算方法は、JPモルガン（当時）がRiskMetrics™での利用を開示したこと等を契機として広まった。特徴として、計算時間が短い、要因分析が容易、出てきた数値を定数倍することで保有期間・信頼区間の拡張が可能、等の長所に対して、非線形リスクに対応できない、正規分布を仮定しているためファットテールな分布をもつリスクファクターに適用できない、等の短所がある。

なお、リスクファクターには市場データの変化幅を使用する方法と対数変化率を使用する方法がある。スプレッドで表現される市場データは変化

幅として利用され,株価や為替レートは対数変化率として利用されるケースが多い。金利は水準により適用する分布が異なるので選択はむずかしい。対数変化率を使用する場合はVaRを算出するときに1次の線形成分に着目した近似式 $\left(\dfrac{\partial V}{\partial (\ln R)} = R\dfrac{\partial V}{\partial R}\right)$ を利用するが,対数正規分布の非対称性が考慮されないため保有期間が長期の場合には誤差が大きくなるという特徴がある。

Step 3 リスクファクターに期間構造がある場合には,期間構造をもつ各リスクファクターのグリッド・ポイントにリスク量を振り分ける作業(マッピングという)が発生する。マッピングには感応度を保存する方法とリスク量を保存する方法があり,前者ではグリッド間の補間式,後者ではリスク量の計算式(分散共分散法)に基づいて計算を行う。両者の差は小さく,計算の容易さから前者が利用されることが多い。

観測データにウェイトづけを行う方法としてはEWMA(Exponential Weighted Moving Average)やGARCH(Generalized Auto Regressive Conditional Heteroskedasticity)モデルがある。EWMAは過去の変動データに対して,一定の減衰因子を使用して指数的に減少していくウェイトづけを行うもの,GARCHはさらに長期的なボラティリティへの平均回帰特性を織りまぜたものである。

分散共分散法の検証としては,正規性の検証,相関係数の安定性検証,自己相関の検証などがある。各々に数値検定と視覚的な検証があり,双方を補完的に併用することが多い。正規性の検証としては歪度突度検定やコルモゴロフ・スミルノフ検定,あるいはQQプロットやヒストグラムを作成して確認する方法などがある。歪度突度検定はテール部分の異常値の影響を受けやすいこと,コルモゴロフ・スミルノフ検定は分布中央部の差を測るためVaRとの関連が薄いことから結果をそのまま利用できるわけではないが,網羅的な検証を行うツールとしては活用できる。視覚的な検証

であるQQプロットでは特にテール部分の外れが想定の範囲内（信頼区間99%であれば1％以内）であることを確認する。

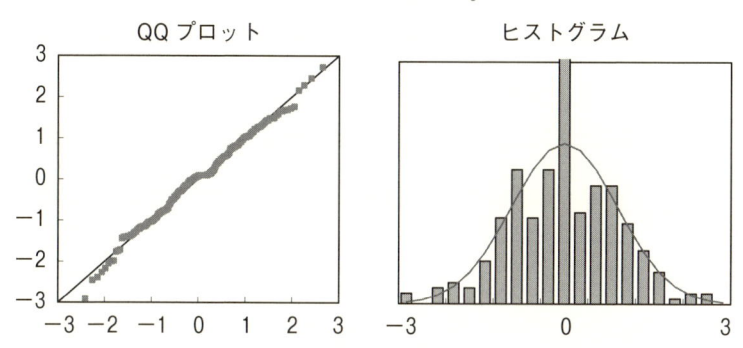

QQプロット　　　　ヒストグラム

相関の安定性は相関検定や相関係数の推移をグラフ化することで確認する方法などがある。相関検定は観測期間を複数に分割し相関係数の同一性を検定する。相関が高い場合に同一性を否認しやすく低い場合に否認しにくいという性質をもつが，VaRに与える影響からは相関の低いものが重要となることが多いので検定結果の活用はむずかしい。保有するポートフォリオのなかで主要なリスクファクター間の相関係数の推移を確認するほうが実務上は効果がある。ルートT倍法を使用している場合には異なる保有期間同士の比較についても行う。長期の保有期間は短い観測期間では相関係数が不安定になりやすいので，比較時は十分長期の観測期間を使用する。

自己相関の検証はルートT倍法の検証で，リュング・ボックス検定や異なる手法（ムービング・ウィンドウ法，ボックス・カー法）とのボラティリティの推移を確認する方法などがある。リュング・ボックス検定で自己相関ありと判定されても大きな影響はないこともあるので，異なる手法との比較でルートT倍法の有効性を検証していく。

関連用語 ⇒「リスク要因」「モンテカルロシミュレーション」「ヒストリカルシミュレーション」「バリュー・アット・リスク」

市場リスク ヘアカット

ヘアカット　　レベル2

貸借取引における担保において，担保資産の額面に一定の掛目をかけることによって担保資産価値を割り引いて評価すること

Step 1　レポ取引等の貸借取引では，資金運用者は資金調達者がデフォルトしたときに被る損失を回避するために債券等の担保の受入れを行う。ただし，受け入れた担保債券は，その信用度や流動性によって価格が変動する。特に，国債等と比べて信用力および流動性の低い債券を担保とした場合には，その価格変動リスクは大きくなる。そこで，資金運用者はあらかじめ担保債券に一定の掛目をかけて割り引いた価値で担保の受入れを行い，割引後の受入債券の価値と等価の資金を資金調達者に放出する。この掛目をヘアカット率と呼ぶ。

```
            レポ取引の例
                資金放出
  資金調達者 ←――――――――― 資金運用者
             ―――――――――→
                債券受渡し
```

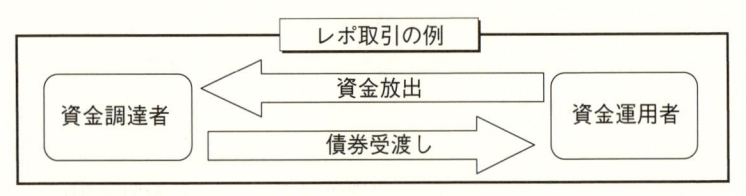

担保債券明細：シングルAの事業債　10億円
ヘアカット：10%
資金放出額：10億円÷110％＝909,090,909円

Step 2　ヘアカット率は，資金の調達者の信用度と担保資産の価格変動の大きさによって，取引双方の相対での契約で個別取引ごとに決定される。担保処分までに必要となる期間（日数）およびその期間の対象債券の価格変動の蓋然性が高いほどリスクは高まるため，対象債券の格付および市場での流動性を十分に勘案したうえで，設定する必要がある。

また，レポ取引以外でも通常の担保付貸金，デリバティブ取引の担保契

約等，担保資産の受入れ・差入れを伴う金融取引において，その価格変動リスクを考慮して国債や不動産等の担保物の価値にヘアカットを行ったうえで受入れ・差入れを行うことが一般的となっている。

Step 3 ヘアカット率の設定は，主に取引相手の信用度と担保価格の変動性によって設定されることが多く，流動性リスクなど，計量化がむずかしいとされる他のリスクは考慮されない場合が多かった。また，取引当初にいったんヘアカット率が設定されると，市場環境が悪化しても見直しが行われないケースも多いようである。

しかし，2007年のサブプライム問題を発端とする市場混乱のなかでは，特に信用度の低い証券化商品などのヘアカット率が急上昇する場面もあった。今後は市場流動性も考慮したヘアカット率設定の精緻化が求められる。また，ヘアカットに対するシナリオ分析やストレステストも，リスク管理上重要といえよう。

関連用語 ⇒「流動性リスク」「シナリオ分析」「ストレステスト」「クレジット・サポート・アネックス」

市場リスク ベーシスリスク

ベーシスリスク レベル2

関連しているが,同一ではない2種類の市場価格の動きが異なることにより損失を被るリスク

Step 1 まったく同一の商品を買いサイド,売りサイド同額ずつ保有している場合は,その商品の価格がいかに変動しても売り買い両サイドの損益合計は変化しない。一方,同一の商品ではなく「関連しているが異なる商品」を売り買い両サイドで保有している場合は,それぞれの商品の価格変動が一致しないために,損益が変動して損失を被る可能性がある。これを一般的にベーシスリスクという。たとえば「市場金利」と「短期プライムレート」,「債券現物」と「債券先物」,あるいは「円Libor」と「ドルLibor」のように金利関連,為替,債券,株式,デリバティブ,コモディティ商品まで含めて,ベーシスリスクは幅広く存在している。

Step 2 ベーシスリスクの要因は,「関連しているが異なる市場価格の差」によるものと,「現物価格と先物価格の差」によるものの2種類に大別することができる。

① 関連しているが異なる市場価格の差による要因

たとえば,市場金利(Libor,Swap金利等)と金融機関の指標金利(短期プライムレート,預金金利等)があげられる。保有する資産・負債の価値変化をリスクとしてとらえる場合,市場金利の変化に対する価値感応度を計測する手法(ベーシス・ポイント・バリュー法等)が一般的であるが,市場金利と関連した金利である短期プライムレートや預金金利等は市場金利とまったく同じ変化はしないため,貸出金・預金が内包する指標金利と市場金利のベーシスリスクを,別途とらえる必要がある。単純にリスク計測時点での市場金利とのスプレッドを管理する方法

から、市場金利と各種指標金利との連関（過去の市場データを使用した回帰分析等）を考慮した掛目を置くことによるベーシスリスクの計測を行うことも可能である。

また、国債現物の買いとスワップの固定払いを組み合わせたポジションでも、国債金利とスワップ金利の市場価格の差によるベーシスリスクを保有していることになる。

② 現物価格と先物価格の差による要因

たとえば国債現物を国債先物でヘッジしている場合、現物と先物の価格変化[1]が同一でないことからベーシスリスクが発生する。これは国債現物の価格変動リスクを、先物のヘッジによってベーシスリスクに変換したものと考えることができる。債券だけではなく、為替、株式、コモディティ等についても同様である。

Step 3 最近ではデリバティブを組み込んだ仕組商品の多様化が進み、そのリスク特性は複雑化し、商品のなかにはベーシスリスクが内在している場合もある。このような商品を保有する場合は、そのリスク特性を十分に検証してリスクモニタリングを行う態勢が重要となる。

関連用語 ⇒「感応度分析」「仕組商品」

---

[1] 先物価格から算出される先渡価格と現物価格の差を、特にグロスベーシスと呼ぶ場合もある。

市場リスク ヘッジ会計

ヘッジ会計　　　　　　　　　　レベル2

ヘッジ対象とヘッジ手段の損益認識時点を合わせることによって，ヘッジ取引の経済的効果を財務諸表に反映させる会計処理

Step 1　保有する資産・負債が抱える市場リスクをヘッジするために，デリバティブ取引が使用されることが多い。ヘッジ手段としてのデリバティブ取引は，原則として時価評価によって損益が認識される。一方，ヘッジ対象は時価評価されず簿価で評価される科目（預金，貸金等）や時価評価されても通常損益計算書に損益が反映されない有価証券等がある。このため，ヘッジ対象とヘッジ手段の損益認識時点が異なり，ヘッジの効果が把握しづらくなる。ヘッジ会計はこのような問題を解決し，ヘッジ取引の経済的な効果を明確に財務諸表に反映させる特別な会計処理といえる。

Step 2　ヘッジ会計の概要は以下のとおりである。

① ヘッジ取引の形態

ヘッジ取引には，本邦で一般的な「繰延ヘッジ」と，海外で一般的な「公正価値ヘッジ」がある。前者はヘッジ対象とヘッジ手段の決算期の価値変動を当該決算時点で認識せずに繰り延べる方法であり，後者はヘッジ対象とヘッジ手段の決算期の価値変動の差額を当該決算時点で損益計算書（P/L）に計上する方法である。

② ヘッジ対象の指定

ヘッジ取引を行う際には，ヘッジ対象を指定しなければならない。原則として，ヘッジ対象は銘柄単位，個別取引ごとに指定されるが，一定の要件[1]を満たせば複数の取引をグループ化してヘッジ対象として指定する「包括ヘッジ」も認められる。

③ 経理処理

ヘッジ会計

繰延ヘッジにおいて，ヘッジ手段であるデリバティブ取引は，原則として損益の繰延処理が行われる。これは時価評価されたヘッジ手段の評価損益を，ヘッジ対象にかかわる損益が認識されるまで資産または負債として繰り延べる方法である。時価評価額は貸借対照表（B/S）上認識され，ヘッジ会計適用中P/L上は認識されないことになる。

なお，一定の要件[2]を満たす金利スワップについては，時価評価を行わず，その金利スワップの利息をヘッジ対象資産または負債の利息に加減することが認められる（金利スワップ等の特例処理）。

一方，公正価値ヘッジでは，B/S上認識されるヘッジ対象の時価評価額の前決算期との差額（損益）をヘッジ手段と同様にP/L上認識することになる。

なお，公正価値ヘッジのヘッジ対象が貸出等の場合，その貸出等を時価評価する必要がある。欧米ではシンジケートローン等の時価計測を行っている場合もあり，こうした場合でも公正価値ヘッジを使い経理処理される場合が多い。

Step 3 ヘッジ会計は，財務会計に直結する会計処理にかかわるものであるため，その適用には厳格な態勢整備が求められている。ヘッジ会計の方法，リスク管理方針等については，有価証券報告書での開示が義務づけられている。

また，ヘッジ取引については，そのヘッジの有効性検証のための「事前

---

1 「個々の資産・負債が共通の相場変動等による損失の可能性にさらされており，かつ，その相場変動等に対して同様に反応することが予想されるもの」，「リスク要因（金利，為替等）が共通しており，かつリスクに対する反応がほぼ一様のこと」などが定められている（「金融商品会計に関する実務指針」日本公認会計士協会）。
2 「金利スワップの想定元本と，ヘッジ対象の資産・負債の元本金額がほぼ一致していること」，「金利スワップとヘッジ対象の資産・負債の満期がほぼ一致していること」などの要件が定められている（「金融商品会計に関する実務指針」日本公認会計士協会）。

テスト」と「事後テスト」が求められている。「事前テスト」とは,ヘッジ取引前に,過去金利などを使用した統計手法や将来のシナリオ分析などによって,ヘッジが有効に機能することを示さなければならない。また「事後テスト」においても同様に,ヘッジ取引が継続して有効性を保っていることを示す必要があり,少なくとも6カ月に1回は実施する必要がある。

関連用語 ⇒「時価会計」「公正価値」

ヘッジファンド　**市場リスク**

ヘッジファンド　　　　　　　　　　　　レベル2

多様な金融商品を駆使して，相場のトレンドとは異なる絶対的な収益を追求するファンドの総称

Step 1　ヘッジファンドとは，さまざまな使われ方をする用語だが，デリバティブなどの多様な金融商品を駆使して積極的な投資を私募形式で行う投資会社・パートナーシップの総称として使われていることが多い，代替投資の一形態である。一般的な公募形式の投資信託が株価指数等のベンチマークを基準として運用されることが多いのに対し，ヘッジファンドは，場合によっては借入れ等によりレバレッジをかけることで収益性を高めるなどして，絶対的な収益を追求し，株式や債券といった従来の金融商品との相関が小さいことで知られている。

Step 2　ヘッジファンドの具体的な投資戦略はファンドによりさまざまであるが，主なものとして株式の市場全体のリスクを抑制しながら個別銘柄への投資を行う「株式ロング・ショート」，債券関連商品の価格形成のゆがみに着目して裁定取引を行う「債券アービトラージ」，各種先物市場で短期的なトレーディングを行う「マネージド・フューチャーズ」，企業の合併・破産などのイベントによって生じる価格変動を収益機会とする「イベント・ドリブン」，広範囲な金融商品のなかから価格形成のゆがみやトレンドをみつけ投資を行う「グローバル・マクロ」などがある。

ヘッジファンド投資においてはデューデリジェンスを行うことが最も重要となるが，金融機関においては定量的な管理も求められる。定量化といえばVaRによる管理が考えられるが，ヘッジファンドは個別性が強く保有する資産の詳細がリアルタイムに開示されない場合や，資産の入替えが激しい場合があるため，分散共分散法やヒストリカルシミュレーション法

などの通常のVaRでの計測は困難である。またファンドのNAV (Net Asset Value, 純資産価値) 自体をリスクファクターに利用してVaRを計測するには以下のような問題がある。

- NAVを得られる頻度が少ないこと（多くは月次）
- 運用者やストラテジーが変化する場合があるため古いNAVでは連続性に欠けること
- 公表されて間もないNAVには埋め戻しバイアスがかかること
- 従来の金融商品に比べて生存者バイアスが大きいこと
- 市場流動性の低い商品を含むファンドではNAVが実勢を反映していないこと

対策としては、事後的でも良いので定期的な資産内容の把握を行いNAVと資産価格の変化について分析することや、NAVとファンドのインデックスや各種マーケットの指標との関連性を調べることで、NAVの過去データの信頼性を検証することが考えられる。また、データ数が不足することから、テール部分のリスク特性についてなんらかのモデルを仮定して保守的にVaRを算出することも必要であろう。

Step 3 NAVからのVaR算出には、ファンドのリスク変化をみることができないという問題点もある。ポジションやレバレッジが変化しても、ファンドのNAVからVaRを算出している場合、VaRが大きくなるのは大きな損失が発生した後で、そこから対応を行っても手遅れであることが多い。

シングルファンドの場合には個別資産内容を把握すること（ルックスルー）もリスク管理の手法として有効である。ファンドにより開示レベルは異なるが、投資比率が高い場合は詳細な情報を得られることが多い。取得した情報をもとに日次のNAVデータを計算し、精度の高いVaRを算出することも可能である。

ファンドのリスクを機動的にモニタリングしているファンド自身は、どのような管理手法を行っているのだろうか。ファンドにより管理手法は異

なるが，VaRは使用しないことが多いようである。VaRは統合的にリスク量を把握するには便利である半面，結果が一つの数値に集約されるため個別のリスク特性をみることができないからである。経営層自身が投資のプロフェッショナルであるファンドにとっては，VaR以外のより専門的で多彩なリスク指標を必要とする傾向がある。

　これらの日常の管理で使用しているリスク指標は，個別の資産内容を把握することに比べれば容易であるので，ファンドに対してリスク指標の提示の交渉を試みることも考えられる。

| 関連用語 | ⇒「デューデリジェンス」「バリュー・アット・リスク」

市場リスク ボラティリティリスク

ボラティリティリスク　　　　　　　　レベル2

ボラティリティの動きにより，保有する資産負債ポジションの価値が変動し，損失を被るリスク

Step 1　　オプションの時価は，原資産価格の変動性であるボラティリティの変化によって増減する。単純な円／ドル為替コールオプションを保有している場合，ボラティリティの上昇によって，保有するオプションの価値は上昇し，ボラティリティの下落によって価値は減少する。このように，ボラティリティの変動から損失が生じるリスクが，ボラティリティリスクである。

オプション価値のボラティリティに対する感応度はベガと呼ばれることから，ボラティリティリスクはベガリスクとも呼ばれる。

Step 2　　オプションをヘッジのために保有している場合であっても，財務諸表上のオプション価値は時価会計のため変動する。特に原資産とオプションの会計評価方法に差異がある場合には，会計上の損益に影響が生じることがあるので注意する必要がある。

ボラティリティリスクをヘッジするためには，逆向きのボラティリティリスクで相殺するのが一般的であるが，ボラティリティには，期間構造やスマイル，スキューといわれる状態があるため，同一の逆ポジションをもたない限りは，ボラティリティリスクは完全には相殺されず，注意深くオプションポジションをコントロールする必要がある。

また，ボラティリティは平常時には徐々に低下するが，大きなイベントが発生した時点で急騰し，しばらく高止まりする傾向があるため，そうしたボラティリティの分布や特性にも注意を払う必要がある。

なお，ボラティリティリスクはオプション特有のものではなく，債券やコンスタント・マチュリティ・スワップのコンベクシティ効果なども，ボ

スマイル構造　　　　　　　スキュー構造

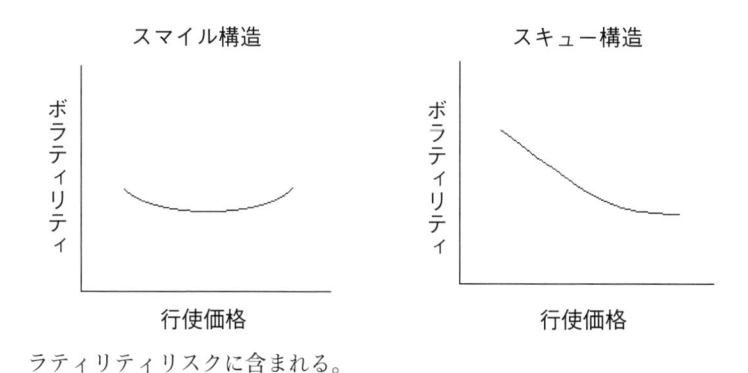

（ボラティリティ vs 行使価格のグラフ）

ラティリティリスクに含まれる。

> **関連用語** ⇒「時価会計」「オプションリスク」「コンベクシティ」

市場リスク モーゲージ債

モーゲージ債　　　　　　　　　　　　　　　　レベル3

不動産担保付ローンを裏付として発行された資産担保証券

Step 1　モーゲージ債は裏付となるローンの種類により大きく二つの種類に分類される。一つは住宅ローンを裏付とするRMBS（Residential Mortgage Backed Security）であり、もう一つは商業用不動産に対するローンを裏付とするCMBS（Commercial Mortgage Backed Security）である。

RMBSのなかには政府が国民の住宅取得を推進するためにつくられた政府支援金融機関（GSE, Government Sponsored Enterprises）により発行されるものがある。日本の住宅金融支援機構や米国のジニーメイ、ファニーメイ、フレディマックなどが有名である。これらの政府系モーゲージ債は明示的（ジニーメイのみ）あるいは暗黙の政府保証により国債に準ずる信用力を保持している。

Step 2　米国のRMBSでは、裏付となるローンの信用力により、一定の水準を満たしているプライムからジャンボ、オルトA、サブプライムという区分がなされ、変動金利ものはARM（Adjustable Rate Mortgage）と呼ばれている。キャッシュフローを複数のトランシェに分離し証券化したものはCMO（Collateralized Mortgage Obligation）、利息部分と元本部分に分離したものはIO（Interest Only）やPO（Principal Only）と呼ばれてそれぞれ流通している。

また、実際の取引ではクーポンや満期、発行体など主要な条件のみを指定し、裏付資産については特定しないTBA（To Be Announced）取引がよく利用され、モーゲージ債の取引量の増加、市場流動性の向上に寄与している。

一般的なRMBSでは、裏付となる住宅ローンからのキャッシュフロー

をそのまま証券に反映させる仕組み（パススルー）を採用している。時間の経過とともに，住宅ローンのプリペイメントが起こることで，RMBSの償還速度も加速する。金利下降局面ではプリペイメント率が大きくなるため国債ほど証券価格は上昇せず，反対に金利上昇局面では大きく下落するというネガティブ・コンベクシティの特性がある。これは債券のコールオプションの売りポジションと同様の効果であることから，このオプションプレミアムを含んだ対国債イールドスプレッドをOAS（Option Adjusted Spread）と呼んでいる。マーケットではOASを基準に取引が行われ，VaR管理の観点でもOASをリスクファクターとして追加する方法が考えられる。

また，オプション性の商品であることからVaRだけでなくデュレーションやコンベクシティ，OAS感応度，金利デルタ，金利ベガなどの各種リスク指標をモニタリングすることも重要である。

Step 3 RMBSの価格は市場から直接入手することも可能であるが，裏付資産に応じた精緻な時価評価を行う場合にはモデルの構築が必要となる。モデルはCPR（Constant Prepayment Rate）モデルと金利モデルの組合せとなり，金利には期間構造モデルが利用される。CPRモデルでは裏付資産の多岐にわたる情報を利用するが，借換えのインセンティブとなる金利や経年効果やバーンアウト効果などが重要なパラメータとなる。日本と米国では情報量に格段の差があり，日本では一部繰上返済が多いのに対し米国では住替えや借換えが多いことから，使用するパラメータも異なってくる。

2007年の米国のサブプライム問題やそれに続く米国GSEの経営危機によりRMBS市場にも混乱がみられた。米国政府は2008年に経営難に陥ったGSEを公的管理下に置いた。暗黙の政府保証が裏付けられたわけだが，米国の住宅・不動産市況のさらなる悪化等により状況がどのように変化するか注目されている。

モーゲージ債

関連用語 ⇒「デュレーション」「コンベクシティ」

モデルリスク　市場リスク

モデルリスク　　　　　　　　　　　　　レベル2

評価モデルの誤り，ないしその適用方法の誤りから損失が発生するリスク

Step 1　モデルリスクとは，広い範囲を示す用語であるが，大きく二つに分類される。一つは，モデルそのものの誤りや，モデルをシステム化する際のプログラミングの誤り，誤ったデータの採用等の結果，モデルの計算結果そのものが誤っていることから損失が生じるケースであり，これらは，オペレーショナルリスクの一部と考えることもできる。もう一つは，特定の状況では市場価格を的確に表現できないこと等の理由から，本来使うべきではないモデルを使うことで損失が発生するケースである[1]。

Step 2　金融商品の複雑化や，システムの高度化・複雑化から，モデルリスクの重要性は増しつつある。また，その発生は必ずしも複雑なデリバティブ商品に限らず，制度変更に伴う通常商品についてのモデルの仕様変更でも発生しうるものと考えられる。

モデルリスクの管理にあたっては，上記二つの分類ごとに対応方法が異なる。

一つ目のリスクに対しては，モデル導入時の検討および，システム化を行った時点での検証体制を強化することによって対応がなされる。通常このプロセスはモデルテスティングと呼ばれ，異常値が混入した場合などの

---

[1] 「プライシングモデルでは，「市場価格を的確に表現出来ないモデルや市場の主流ではないモデルを使うことによって，損失を被るリスク」，リスク計測モデルでは「将来被る損失の可能性を誤って評価するリスク」と定義する。」（「モデル・リスクについて」加藤敏康・吉羽要直，日銀金融研究所ディスカッション・ペーパー2000年）等の定義例がある。

モデルリスク

ストレス・シナリオを走らせ，システムの頑健性を確保することが重要である。

一方，二つ目のリスクに対しては，モデル導入時における検証に加えて，導入後においてもモデルが想定する前提が，その時点での市場において成立しているかどうか，あるいは採用されているモデルがその後の金融技術の発展等により陳腐化していないかどうか，といった点につき，定期的な検証を行うことにより対応がなされる。また，その際税制等の制度の変更について対応がされているかどうかについても，検証を行うことが望ましい。検証の結果，モデルの前提が満たされているかどうかについて不確実性が残る場合には，予想される計算誤差についてリザーブ（引当金）を計上することも検討する必要があろう。

関連用語 ⇒「オペレーショナルリスク」「システムリスク」

モンテカルロシミュレーション　　　レベル3

乱数を用いて事象の発生頻度を予測し，その結果を用いて目的の解を得る数値計算法の総称

Step 1　モンテカルロシミュレーションは，複雑な金融商品の価格計算や，多数のシナリオを発生させてVaRを計算するときに利用される。具体的には，原資産価格の変動には単純な分布を仮定できるが，解析的に解くのがむずかしい計算式で記述される金融商品の時価は，分布に合わせた原資産価格の乱数を発生させ，作成された乱数ごとに得られる金融商品のペイオフを平均すれば算出できる。VaRの計算も，作成された乱数ごとに得られる金融商品やポートフォリオの損益のなかから信頼区間に相当するパーセント点の損失を使うことで計算できる。

Step 2　モンテカルロシミュレーションは上述したように，比較的簡単な作業で解が得られるため，実務家がモンテカルロシミュレーションを利用する機会は非常に多い。ただし，実務上の大きな問題点も抱えている。

一つは，真にランダムな乱数を得ることがむずかしいことである。原資産価格の変動に正規分布を仮定していても，乱数で作成した分布が正規分布でなければ，その乱数を利用して計算した結果は仮定と明らかに異なる。また，循環性をもった乱数を使ってしまうと，経路依存型金融商品の時価評価や多数のリスクファクターからなるポートフォリオのVaR等の計算にバイアスがかかり本来の数値と計算値が大きく異なる可能性がある。

もう一つの課題は，計算時間である。計算に用いる乱数の数（サンプル数：N）が多ければ多いほど計算結果は真の値に近づくが，誤差の程度は$1/\sqrt{N}$の割合でサンプル数に依存する。したがって，誤差を一桁小さくするためには，100倍のサンプル数が必要となり，計算時間は100倍かかるこ

とになるのである。

Step 3 こうしたモンテカルロシミュレーションの短所を克服するために、さまざまな理論研究が行われている。乱数の発生方法、対照変量法などの分散減少法、最近では準乱数も利用されている。なお、モンテカルロシミュレーションは、乱数の分布に正規分布以外を用いて分析することが可能である。ただし、正規分布以外の乱数を発生させる場合は、さらなる工夫が必要となる。正規分布は（真に正規分布する乱数では）、多数のリスクファクター間の相関を考慮する多次元乱数の発生方法が確立されているが、このように扱いやすい分布は少数であり、多次元への展開や経路依存する金融商品の評価に際しては、こうした点に注意を払う必要もある。

関連用語 ⇒「**分散共分散法**」「**ヒストリカルシミュレーション**」「**バリュー・アット・リスク**」

有価証券引受リスク **市場リスク**

有価証券引受リスク　　　　レベル2

株式・債券等の有価証券の引受行為を行う際に生じるリスク

Step 1　　企業が株式や債券等の有価証券を発行する場合，証券会社は有価証券発行総額（あるいは総株数）を確約（コミットメントと呼ばれる）して証券発行のアレンジ・販売を行い，対価としての引受手数料を得る。この行為は引受けと呼ばれ，引受業者は必要に応じて販売を担当する業者グループ（シンジケート団などと呼ばれる）を組成して販売を行う。ところが，発行市場の需給悪化や発行条件の市場期待からの乖離といったような要因から，販売シンジケート団の組成が困難となる場合がある。また，発行直後の市場環境の悪化などから引受業者が思わぬ大量の在庫を抱え込む場合もある。こうしたリスクを有価証券引受リスクと呼ぶ。

有価証券引受リスクは，市場価格の変動による市場リスクや市場の流動性の変化に伴う市場流動性リスク，さらに，抱えた大量在庫に係る証券発行体に対する信用リスクなど，複合的なリスク特性を有すると考えられる。

Step 2　　有価証券引受リスクを回避するためには，発行アレンジを行う証券の需給状態を把握して，無理のない発行条件を設定することが最も有効であるが，それでも条件決定後の市況急転などの可能性はあり，リスクを完全に排除することはむずかしい。また，大量在庫という形で予想外に大きなリスクを抱えてしまった場合には，価格を調整しても市場で売却することはむずかしくなっている状況が多く，また引受業者と発行体との関係も考慮すると，安易に価格を崩してポジション処分を行うことも困難であろう。

一般的に有価証券引受リスクが顕在化するのは，引受内容を市場に公表し（「ローンチ」と呼ばれる），販売活動を開始した直後であることが多い。

有価証券引受リスク

リスク管理の観点からは，引受けに関するリスク基準（信用格付，引受額等）の制定や，販売状況を想定したヘッジ取引の実行のほか，シナリオ分析の活用などによりリスクの事前チェックを行うことが必要である。

Step 3 引受業者は，引受けと当初販売が完了した後の当該有価証券の流通市場（「セカンダリー市場」とも呼ばれる）においても，発行体から相応の主導的な立場を期待されるケースが多い。債券市場のように相対の売買が中心となる店頭取引においては，たとえば当該発行体の信用状態が悪化して投資家がポジション処分を図った場合に，当初の引受けを行った業者に買取価格提示を求めるケースがある。業者としては，買取りを強制される立場にはないが，発行体との関係や流通業者としての立場あるいは利益獲得の思惑などから，買取りに応じる場合も多く，ポジションが積み上がってリスクが増加する可能性がある。このようなケースは，有価証券引受リスクとは異なるが，引受業務を行う際の付随的なリスクとして，リスク管理上認識しておく必要がある。

関連用語 ⇒「信用リスク」「市場リスク」「市場流動性リスク」「シナリオ分析」

リスク限度額　　市場リスク

リスク限度額　　　　　　　　　　　レベル2

予想外の損失を回避するため，取引の執行者に課せられた制限

Step 1　　リスク限度額とは，取引執行者が取引を行う際の制限のことで，金融機関によってさまざまな制限のかけ方がある。取引の種類や職位の程度によっても制限の種類が異なる場合がある。

一般的な例では，上位職位者が下位職位者に対し自分がもっている権限を分け与えるため，上位職位者は下位職位者と自分のポジションを調整して自分の権限内に収まるように運営されている。制限の種類には，先物の枚数や債券保有残高などの取引量の制限，デルタやオプショングリークといったセンシティビティ制限のほかに，VaRなどのポートフォリオのリスク量に制限を設ける場合もある。

Step 2　　リスク限度額の設定方法は，金融機関のリスクに対する考え方の表れともいえる。リスク限度額の内容・運用方法次第で，権限を与えられた職位者・トレーダーの行動パターンが変わるため，設定方法・運用方法の決定には注意が必要である。

たとえば，リスク限度額を，超えることが許されないリミット（ハードリミット）と，限度額を超えた場合には協議のうえ方針を決定する，といった意味合いのリミット（ソフトリミット）は使い分けて運用している金融機関が多い。特に前者はトレーディング勘定，後者はバンキング勘定に適用されているようである。

また，VaRでリスク限度額を設定する場合，取り扱っている商品にかかわらずリスク量に対し同等の扱いをすることを意味するため，リスク限度額とリターンとの関係が評価に生かされているのであれば，資産量や取引高ではなく資本の効率的な運用を評価することにつながる。しかし，通常のVaR計算では，商品によってリスク量が過大・過少に出る可能性が

あり，また，市場流動性リスク等，VaR では対応することがむずかしいリスクに対する制限としては，機能しない可能性がある。このため，多くの金融機関では，ストレステストなどを用いてストレス状態におけるリスク限度額を算出し，効率性の評価は VaR を用いる等の使い分けを行っている。

また，リスク限度額に許容損失限度（ロスカットルール）を組み込んだ管理方法を採用している金融機関も多い。具体的には，損失額を当初リスク限度額から減じて，取引時点のリスク限度額としている場合がある。こうした管理方法は，損失がふくらむと自動的に保有できるポジション量が減るため，起死回生をねらった大きなポジションをとることを防ぐ等，予想外の損失が発生しないための工夫がなされている例といえる。

| 関連用語 | ⇒「市場流動性リスク」「ストレステスト」

ロールオーバーリスク　市場リスク

ロールオーバーリスク　　　　レベル2

資金の借換えや先物限月などを乗り換えることに伴って損失が発生するリスク

Step 1　資金を借り換える際，その時点のマーケットの状況や需給状況等によって，借換え前よりも高い金利を要求されたり，借受期間の短縮を要求されることがある。また，ヘッジのために行った先物取引の限月を乗り換える場合等に，予想以上の乗換えスプレッドが発生する場合がある。こうした借換え・乗換えの際に，想定以上のコストが発生して損失を被るリスクをロールオーバーリスクという。

Step 2　ロールオーバーは通常同一日付で行われるため，日中の通常取引で発生した損益として把握され，ロールオーバーリスクとして認識されない場合が多いのも事実である。また，資金の借換えや先物限月間スプレッドは，その時々の需給に大きく影響を受けるため，リスクが突然顕在化する場合もある。さらに，先物価格は原資産価格と金利から計算される理論先物価格から乖離している場合[1]も多いので，ヘッジを先物で継続的に実施している場合，当初想定しているコストではヘッジできず，ロールオーバーリスクが徐々に顕在化する場合もある。

　ロールオーバーリスクへの対応としては，借換え・乗換えの期間を長期化させる（借入期間や先物の限月を長期化させる）方法や，ロール時の取引回数を分散化し，1回当りの取引量を少なくすることによってマーケットインパクトを減少させて，コストを抑える方法などが考えられる。

1　原資産価格から得られる先物理論価格と，先物実勢価格との差はベーシスリスクとしてとらえる場合もある。

ロールオーバーリスク

Step 3　ロールオーバーリスクは，流動性リスクの側面ももつ。すなわち，適切な価格でポジションを処分できないために被る損失である市場流動性リスクや，負債の調達コストが著しく上昇することによる損失である資金流動性リスクと考えて，流動性リスク管理の枠組みのなかで対応するのも，一つの管理体制として考えることができる。

関連用語 ⇒「**資金流動性リスク**」「**市場流動性リスク**」「**ベーシスリスク**」

参考文献

「金融検査マニュアル」, 金融庁

「主要行等向けの総合的な監督指針」, 金融庁

「中小・地域金融機関向けの総合的な監督指針」, 金融庁

「銀行法第十四条の二の規定に基づき, 銀行がその保有する資産等に照らし自己資本の充実の状況が適当にあるかどうかを判断するための基準」, 金融庁

「金融機関の市場リスク・流動性リスク管理態勢」, 栗谷修輔・栗林洋介・松平直之, 金融財政事情研究会, 2008年3月

「銀行経理の実務 第6版」, 銀行経理問題研究会編, 金融財政事情研究会, 2003年12月

「デリバティブ取引の法務と会計・リスク管理 第2版」, 福島良治, 金融財政事情研究会, 2008年3月

「デリバティブ取引のリスク・リザーブについての論点整理」, 東京リスクマネジャー懇談会デリバティブ取引リザーブ・ワーキング・グループ, 2004年12月

「総解説 金融リスクマネジメント」, ゴールドマンサックス・ウォーバーグ・ディロン・リード, 日本経済新聞社, 1999年12月

「フィナンシャル・エンジニアリング 第5版」, ジョン・ハル, 金融財政事情研究会, 2005年

「新版バリュー・アット・リスクのすべて」, フィリップ・ジョリオン, シグマベイズキャピタル, 2003年

「市場リスクの計量化とVaR」, 山下智志, 朝倉書店, 2000年

「図説 金融工学とリスクマネジメント―市場リスクを考える視点―」, 吉藤茂, 金融財政事情研究会, 2005年

「モデル・リスクについて」, 加藤敏康・吉羽要直, 日本銀行金融研究所, 2000年

「ヒストリカル法によるバリュー・アット・リスクの計測―市場価格変動の非定常性への実務的対応―」, 安藤美孝, 日本銀行金融研究所, 2004年

III 流動性リスク

流動性リスク 顧客行動リスク

顧客行動リスク　　　　　　　　　　　レベル2

金融機関の顧客の行動が想定と異なることによって，流動性の資金ギャップが変化するリスク

Step 1 　金融機関は多様な顧客に対して商品を提供しているが，その顧客が将来にわたって当初設定された取引契約に従って行動するとは限らない。たとえば，多くの住宅ローン債務者は期限前返済を行う。一方，定期預金の顧客は定期の満期が来ても自動的に更新していくケースが多い。よって，金融機関はこのような顧客行動を過去の経験則や統計的なモデルを使用して想定することになるが，その想定が大きく外れた場合，資金運用調達計画に影響が出ることがある。これを顧客行動リスクと呼ぶ。

Step 2 　顧客行動リスクは，小口および不特定多数の顧客に対して包括的に分析することが一般的である（一方で，大口先については顧客の独自要因を顧客ごとに把握，管理することが多い）。顧客行動リスク分析の代表的な対象としては，住宅ローンや預金があげられる。

① 住宅ローン

　金融機関にとっては住宅ローンの期限前返済リスクをどのように想定するかが重要となる。最近では MBS（Mortgage Backed Securities）市場の拡大に伴って期限前返済モデルの研究も進み，リスク管理業務に適用されるケースも増えている。

② 預　　金

　預金は「定期性」と「流動性」の2種類に大別される。定期性預金の場合は期中の中途解約率や，満期後の継続率の想定を行うことになる。一方，流動性預金は明確な満期がなく，資金の出し入れは預金者の権利

顧客行動リスク

であることから、将来の資金残高を想定することは簡単ではない。しかし最近では、バーゼルII第二の柱の「アウトライヤー基準」におけるコア預金の取扱いの議論も追い風となり、流動性預金の内部モデル構築が多くの金融機関で進められている。

このように、顧客行動を想定するための統計的なモデルの研究が進められているが、リスク管理の実務面では、そのモデルを使用してどのような流動性シナリオ分析、流動性ストレステストを行うのか、という観点が重要となる。

また、資金ギャップのほかにも金利リスクへの影響も大きいことにも留意しなければならない。

Step 3 顧客行動の分析を行う際には、顧客属性による顧客分類がポイントとなる。たとえば住宅ローン債務者においては、若年層とシニア層では行動が異なるであろうし、収入や経過年数によっても異なることが経験的にわかっている。預金についても、個人と法人では行動基準は異なる。このような顧客属性データは、これまで金融機関において十分整備されていたとはいえない状況であった。今後は、顧客属性ごとの分析、検証が流動性リスク管理や金利リスク管理にとって重要な基礎情報となることを認識し、データ整備を行っていくことが重要であろう。

現状、顧客行動モデルは限られた状況の過去データによって構築されているため、モデルリスクを包含していると考えられる。流動性リスク管理の実務上は、保守的な観点から顧客行動モデルを採用することも必要となろう。

関連用語 ⇒「期限前返済リスク」「アウトライヤー基準」「コア預金」「流動性シナリオ分析」「流動性ストレステスト」「金利リスク」「第二の柱」

流動性リスク 資金ギャップ分析

資金ギャップ分析　　　　レベル2

資産・負債から発生する将来の資金流出入額を時系列に把握し、将来の資金過不足を定量的に分析する手法

Step 1　保有する資産・負債から発生するキャッシュフローを計算し、マチュリティ・ラダーを作成する。これは将来のネットの資金流出入額を把握するものであり、流動性リスク管理において最も重要な基本情報となる。一方で将来の資金調達可能額（新規借入れや資産売却等）の推定が行われる。この資金調達可能額と、マチュリティ・ラダーから把握される将来のネットの資金流出額を相対比較し、流動性リスクの分析、評価が行われる。

Step 2　マチュリティ・ラダーは、資産・負債の流動性の特性に合わせたカテゴリーに分類して作成するのが効果的である。たとえば資産であれば、現預金、国債のように流動性の高い商品カテゴリーと貸付金など流動性の低い商品カテゴリーに分類する。負債では、安定的な調達としてのコア預金と、流動性の感応度の高い法人預金などに分類される（このように分類する方法は、バランスシート流動性分析とも呼ばれる）。流動性の特性によって分類されたマチュリティ・ラダーは、流動性シナリオ分析、流動性ストレステストを行う際に、非常に重要な基礎情報となる。

また、将来の残高や満期時期が不確定な資産・負債も存在する。たとえば、住宅ローンは契約上の満期が決まっていてもその多くが期限前返済され、逆に定期性預金は満期が到来してもそのまま継続されることが多いのが現実である。流動性預金（普通預金など）は契約上の満期自体が存在しない。このように将来のキャッシュフローが不確定なものについては、シナリオやモデル（期限前返済モデルや預金者行動モデル等）をいかに使用

資金ギャップ分析

するかが，マチュリティ・ラダー作成にあたって，重要なポイントとなる。

Step 3 一般的にマチュリティ・ラダーには「金利満期」ベースのものと「資金満期」ベースのものが存在する。流動性リスク管理では，資金そのものの流出入を把握するのが目的であるため，資金満期ベースが使用される。一方，金利リスク管理ではデュレーション（金利感応度）が重要になるため，金利満期ベースが使用される。

ただし，最近では資産・負債にかかわる顧客行動リスクも考慮した金利リスク管理や損益シミュレーションを行うことも増えてきており，資金満期，金利満期の両方の情報をもった複合的なマチュリティ・ラダーも多く使用されるようになっている。

関連用語 ⇒「コア預金」「流動性シナリオ分析」「流動性ストレステスト」「期限前返済リスク」「金利リスク」「デュレーション」「顧客行動リスク」

流動性リスク　資金流動性リスク

資金流動性リスク　　　　　　　　　　　　　レベル1

負債に対する資産の流動性が確保できないことにより必要な資金の確保ができなくなる，あるいは負債の調達コストが著しく上昇することにより損失を被るリスク

Step 1　　資金流動性リスク[1]には，運用と調達の期間のミスマッチや予期せぬ資金の流出や市場全体の信用収縮等により，必要な資金確保ができなくなるリスクと，自身の信用力が低下する等から調達コストが上昇し損失が生じるリスクがある。これらは「資金繰りリスク」と呼ばれることもある[2]。

Step 2　　金融機関にとって期限が到来する負債に対して支払不能状態に陥ることは，すなわち業務の継続ができなくなることを意味する。そのため資金流動性のリスク管理は，特に市場混乱時においては金融機関の命脈を左右するほど重要である。

資金流動性リスク管理にあたっては，まず流動性管理についての方針を定める必要がある。同時に，流動性管理，特に調達所要額を計測，モニタリングするための体制を整備する必要がある。その際，資産の流動性や負債の期日や継続性などについても考慮し，最終的には，調達に関する流動

---

1 「健全な流動性リスク管理及びその監督のための諸原則」（2008年6月，バーゼル銀行監督委員会）では，「金融機関が，日常業務や財務内容に悪影響を及ぼすことなしには，現在又は将来の期待・非期待キャッシュフローを履行したり，所要担保を調達したりすることができなくなるリスク」と定義され，資金流動性リスクに対して金融機関が確立すべき態勢について示している。
2 金融検査マニュアルでは，「運用と調達の期間のミスマッチや予期せぬ資金の流出により，必要な資金確保が困難となる，又は通常よりも著しく高い金利での資金調達を余儀なくされることにより損失を被るリスク」と定義されている。

資金流動性リスク

性限度額の設定を行う。それらに基づき，実際の流動性リスクを計測・モニタリングし，コントロールを行うことになるが，平常時の資金繰り管理に加えて，さまざまなシナリオに基づく流動性シナリオ分析，流動性ストレステストを定期的に行うことが重要である。また資金調達先の多様化，流動性確保を目的とした流動性資産の維持，さらに不測の事態に対応するための，流動性コンティンジェンシープランの策定・検証も必要である。

資金流動性リスクは伝播性が強く，特定の金融機関の流動性リスクの顕在化が金融システム全体に波及する可能性[3]もあることから，資金流動性リスクへの対応は金融機関経営の根幹にかかわるものとして適切に管理し，自らの資金流動性リスクの問題が，他の金融機関や金融システム全体に悪影響を与えることのないよう注意する必要がある。

Step 3 資金流動性リスクは，金融機関の信用力の低下や株価の下落といった，当該金融機関独自の「内生的要因」から発生するケースと，市場全体や経済環境等の「外生的要因」から発生するケースがあり，他のリスクとは性質が異なる。信用リスク，市場リスク等のリスク管理の基本原則は，リスク顕在化の際の損失を自己資本でカバーしようとし，損失の可能性（VaRなどのリスク量）を測ろうとするものであるが，資金流動性リスクの場合は，実際にリスクが顕在化したときの「大量の資金流出」に対して自己資本をリスクバッファーとするだけでは対応が困難である。資金流動性リスクへの対応は，資金調達先の確保，流動性資産の維持など，独自のアプローチが必要となる。また，ヘッジ手段も限られており，信用リスクや市場リスクのヘッジに利用されるデリバティブ市場は，資金流動性リスクには存在しない。

また，信用リスクや市場リスクなど他のリスクも，金融機関全体の資金流動性リスクの戦略に大きく影響する。このため資金流動性リスクの管理担当者は，信用リスクや市場リスクの管理担当者との密接な連絡が必要と

---

3 「システミックリスク」と呼ばれる。

なる。

　資金流動性リスクは，市場の混乱等によって損失を被る「市場流動性リスク」とも密接な関係があることにも注意しなければならない。

関連用語 ⇒「流動性リスク限度額」「流動性シナリオ分析」「流動性ストレステスト」「流動性コンティンジェンシープラン」「市場流動性リスク」「信用リスク」「市場リスク」「バリュー・アット・リスク」「システミックリスク」「金融検査マニュアル」

市場流動性リスク　　　　　　　　　　　レベル1

> 市場の混乱や取引の厚みの不足等により，保有するポジションを，適切なタイミングないし適切な価格で処分することができないことにより損失を被るリスク

Step 1　市場流動性リスク[1]は，主に市場関連業務において保有ポジションを処分しようとする際に直面するリスクであり，取引を行う時点において市場が混乱していたり，市場の厚みが欠けている等の理由で，想定した価格（直前に値洗いをした価格であることが多い）でポジションを手仕舞えず，それよりも低い価格で売却（ポジションの買戻しの場合は，高い価格で購入）せざるをえなくなることで，損失が発生するリスクを指す。

Step 2　市場流動性リスクの発生要因は，自らのポジション手仕舞いの動きが市場価格に影響を与えてしまう（「マーケットインパクト」とも呼ばれる）「内生的要因」と，主に市場の混乱や厚み不足といった「外生的要因」に分類されるが，2007年のサブプライム問題に端を発した証券化商品の市場流動性枯渇など，大きなリスクとして顕在化する例では，「外生的要因」が主な発生原因となると考えられる。

市場流動性リスクへのリスク管理上の対応は，

① 保有するポジションの市場特性に合った，ポジションサイズのガイド

---

1 「健全な流動性リスク管理及びその監督のための諸原則」（2008年6月，バーゼル銀行監督委員会）では，「市場の厚みが不足していたり，市場が正常に機能しなくなったりした結果，金融機関が市場価格でポジションを相殺したり解消したりすることを容易に行えなくなるリスク」と定義されている。また，金融検査マニュアルでは，「市場の混乱等により市場において取引ができなかったり，通常よりも著しく不利な価格での取引を余儀なくされることにより損失を被るリスク」と定義されている。

市場流動性リスク

ラインを設ける。

② 市場特性に合わせてポジション流動化のための期間を想定し、その期間に合わせた VaR の計算を行うことで、市場ごとのポジション全体についての市場流動性リスクを判別し、流動性限度額を設ける。

といった方策が考えられる。さらにマーケットインパクトを考慮した場合の追加損失を加味することもある。

また、資金流動性リスクと同様に、さまざまなシナリオを設定した流動性シナリオ分析、流動性ストレステストを行うことも重要である。

Step 3　近年、デリバティブや証券化商品など複雑な商品が非常に増加しており、オファー・ビッドのスプレッド拡大など市場流動性リスクが顕在化する例が後を絶たない。ポジションをクローズする際に発生しうる損失をコストとみなし、あらかじめ引当金として計上する金融機関も出てきている。

また、2007年来の世界的な市場混乱にみられるように、こうした複雑な商品の市場がいったん混乱に陥ると、金融機関に与える影響は甚大なものとなる[2]。リスクは、その発生要因も複合的となっており、よりいっそうの市場流動性リスク管理の強化が必要とされている。

関連用語 ⇒「流動性リスク限度額」「資金流動性リスク」「流動性シナリオ分析」「流動性ストレステスト」

---

[2] この市場混乱のなかでは、英国のノーザンロック銀行や米国のリーマンブラザーズ証券の破綻のケースのように、外生的要因である市場の混乱が、一部の金融機関の信用不安という資金流動性リスクにまで影響を及ぼした例もある。

流動性コンティンジェンシープラン　流動性リスク

流動性コンティンジェンシープラン　レベル2

金融機関が流動性危機に直面した場合に，妥当なコストで早期に対応するための方針，行動手続を定めた計画のこと

Step 1　金融機関は，流動性危機の発生を早期に感知するための手続を定めて，起こりうる事象に対する準備態勢を整備しておくことで，実際に流動性危機が生じた場合も流動性がさらに悪化する悪循環を防ぎ，業務継続の可能性を高めることができる。流動性コンティンジェンシープランは流動性危機の「感知」から「発動」までの一連の手続をルール化した計画のことである。

Step 2　流動性コンティンジェンシープランには以下の項目が明記されている必要がある。

① 流動性不足を補完するための緊急資金調達手段
② 緊急資金調達源
③ 推定資金調達可能額
④ 推定資金調達可能時間

また，流動性危機時は時間との勝負になることが多く，ALM委員会等を開催している時間的余裕を想定することはできない。よってプラン発動の権限，意思決定プロセスなどもあらかじめ明記しておく必要がある。危機発生時に迅速に対応できる態勢を整備しておくことが重要である。

定められた流動性コンティンジェンシープランの一環として，定期的な訓練を行うことが必要である。訓練では，なんらかの流動性危機が発生したと想定して，経営トップに至る連絡や監督当局等への連絡方法の確認等が迅速に行われ，各人の役割が的確に認識されるように注意する必要がある。

Step 3 流動性コンティンジェンシープランの策定は，別途実施する流動性ストレステストの結果を重要情報として使用し，整合性を確保する必要がある。また，ストレス状況下での市場環境や二次的な風評リスク，法律や規制などの制限等，多くの要因が混在しているため，他金融機関の事例や専門家などの意見も取り入れて，複合的に検討すべきである。

またプラン自体の妥当性については，定期的（通常は年1回）に検証，見直しを行うことが重要である。

関連用語 ⇒「流動性ストレステスト」「業務継続計画」

流動性シナリオ分析　**流動性リスク**

流動性シナリオ分析　　　　　レベル2

資産・負債から発生するキャッシュフローが変化する可能性について複数のシナリオを設定し，将来の流動性の分析・評価を行う手法

Step 1　資産・負債から発生するキャッシュフローに関して，将来起こりうるさまざまな状況をシナリオとして設定し，将来の流動性の分析・評価を行う手法である。流動性シナリオ分析は流動性ストレステスト，流動性コンティンジェンシープランの策定の基本設定となるため，ここでのシナリオの置き方が非常に重要となる。

Step 2　シナリオの設定は，以下の切り口によって検討するのが効果的である。

① リスク発生要因

　流動性リスクの発生要因は「内生的要因」と「外生的要因」に分類されることが多く，それぞれについてシナリオを検討することが有効である。「内生的要因」は，金融機関独自の要因によるもので，当該金融機関の信用力の低下や株価の下落といった状況があげられる。また「外生的要因」は主に経済や市場環境など，外部的な要因によって発生するものと位置づけられる。一方で，「内生的要因」と「外生的要因」は連鎖性の強いものであり，双方に起因する「複合的」な観点からシナリオを設定することも重要となる。

② リスク顕在化までの期間

　シナリオで想定するリスクが顕在化するまでの期間を想定する。短期（1カ月以内），中期（1年以内），長期（1年超）などに分類される。たとえば市場暴落（ブラックマンデー等）は短期のシナリオに分類されるであろう。一方，外部格付の格下げ等は中期あるいは長期のシナリオ

流動性シナリオ分析

として設定されることになる。

③ リスクの影響レベル

リスクが顕在化したときの影響レベルごとにシナリオを設定する（たとえば大，中，小など）[1]。影響度の大きいシナリオについては，流動性ストレステスト，流動性コンティンジェンシープランの対象として検討する必要があろう。

以上のような切り口の組合せで，複数のシナリオを設定する。

Step 3 流動性シナリオ分析には，経営層の関与が不可欠である。シナリオはあくまでも「仮定」であり，実際にそのとおりになるかどうかはわからない。重要なことは，どのような根拠でその「シナリオ（＝仮定）」を設定したのか，また資産・負債のどこに潜在的な流動性リスクが存在するのか，を経営層が十分に理解していることである。

ストレス状態を想定するシナリオは，楽観的になってもいけないが，あまりにも非現実的なシナリオであっても現実感がなく，最終的にシナリオ自体が形骸化して意味のないものになってしまうおそれもある。リスク管理担当者は，納得感のあるシナリオを設定する努力を継続的に行うべきである。またリスク管理業務を遂行するにあたって，リスク管理担当者と経営層のコミュニケーションツールとしても，流動性シナリオ分析は有効に機能するものといえる。

関連用語 ⇒「流動性ストレステスト」「流動性コンティンジェンシープラン」「資金流動性リスク」

---

[1] 金融検査マニュアルでは資金繰りの逼迫度の区分として「平常時」「懸念時」「危機時」という分類が例示されている。

流動性ストレステスト 流動性リスク

流動性ストレステスト　　　　　　　レベル2

将来起こりうる流動性のストレス状況下において，資産・負債の流動性エクスポージャーを把握，管理する手法

Step 1　金融機関は，通常は平時の環境下での流動性管理を行っているが，ストレス状況下における流動性管理の準備も必要である。流動性ストレステストを行うことによって，金融機関あるいは市場に強いストレスが生じた場合に，資産・負債にかかわる流動性にどの程度の変化が生じうるか把握することができる。またその結果を参考にして，流動性を原因とした大きな損失の発生や金融機関の破綻を回避するための対策を検討することが可能となる。

Step 2　流動性ストレステストを行う際のストレス・シナリオの設定方法は，一般に以下の3種類に分類されることが多い。

① センシティビティ・ストレス・シナリオ

　ある一定のリスクファクターの変化（たとえば金利の一定幅の変化）に対して流動性にどのような影響が生じるかを分析する手法。これは市場リスク等の分析ではよく活用される手法だが，流動性リスクはさまざまなリスク要因が複合的に影響する場合が多いため，この方法によるテスト結果は限定的な情報にとどまるケースが多い。

② ヒストリカル・ストレス・シナリオ

　過去に実際に起こった極端な動きをシナリオとして設定し，流動性への影響を分析する方法。過去に実際に起こったということから現実感が得られやすい。個別の金融機関のみの事例だけでは不十分のため，他の銀行の事例も参考にする場合も多いが，その場合には調達構造など，自身の状況に適したシナリオかどうか注意する必要がある。

③ 仮想ストレス・シナリオ

影響の大きいシナリオを人為的に策定し，流動性への影響を分析する方法。仮想シナリオは個別金融機関の環境等を考慮して任意に設定する。ただシナリオ設定があまりにも非現実的なものになった場合，ストレステスト結果そのものへの信頼性が失われる可能性があるので注意が必要である。

Step 3 ストレステストはその結果を得ることだけが目的ではなく，流動性コンティンジェンシープランの策定や経営の意思決定を行うアクションプランの策定に重要な情報として使用されるべきである。その観点からも，ストレステストを行う際には，経営層の関与が重要となり，経営層にはストレステストに関して十分な理解が求められる。

関連用語 ⇒「流動性シナリオ分析」「流動性コンティンジェンシープラン」

流動性リスク限度額　　　　　　　　　レベル2

金融機関が十分な流動性を確保することを目的として，流動性にかかわる指標に設定する限度額

Step 1　流動性リスク限度額には，「平常時」に日々の流動性管理の枠組みでモニタリングされるものと，「ストレス状況下」においても金融機関が業務を継続できるためのものの2種類を設定する必要がある。限度額の設定と限度額抵触時の対応策をルール化することによって，平常時およびストレス状況下においても円滑な業務継続が可能となる。

Step 2　「平常時」と「ストレス状況下」における限度額設定方法のポイントは，以下のとおりあげられる。

① 平常時

将来の期間ごと（～翌日，～1週間，～1カ月，～3カ月　等）における「ネット資金ギャップ」や「ネット累積資金流出額」等が限度額設定の対象指標となる。これには，コミットメントラインの追加引出しの可能性なども考慮される場合もある。

② ストレス状況下

ストレス状況下において想定される資金流出額をカバーするだけの，流動性クッションを保有することが限度額設定の根拠となる。流動性クッションとはストレス状況下であっても資金調達のために売却，担保差入れなどが可能となる高品質の流動性資産のことを指す。具体的には現預金，国債等が該当する。この限度額設定には，流動性ストレステストの結果の情報が有効に反映されているべきである。

また，上記限度額のみの管理ではなく，早期警戒ラインを設定することも多い。定量的な警戒ラインの例としては「一部負債への集中度の増加」

流動性リスク限度額

や「リテール預金の流出額増加」などが考えられる。また定性的な警戒ラインの設定も重要である。「外部格付の低下」「否定的な評判」などがあげられる。

そのほかにも，金融機関の特性を考慮した補足的なガイドラインの設定も検討すべきである。

Step 3 流動性限度額の超過，早期警戒ラインへの抵触が起こった場合の対応については，あらかじめルール化されていなければならない。流動性コンティンジェンシープランの発動が必要な場合は可及的速やかに動くことのできる態勢を整備しておくことが重要となる。

また，流動性限度額，早期警戒ラインの見直しは市場環境の変化，銀行の経営環境の変化，資産・負債の状況などを考慮し，定期的（通常は年1回）に見直しを行うことも重要である。

関連用語 ⇒「流動性ストレステスト」「流動性コンティンジェンシープラン」

参考文献

「金融検査マニュアル」，金融庁
「銀行における流動性管理のためのサウンド・プラクティス」，バーゼル銀行監督委員会，2002年2月
「健全な流動性リスク管理及びその監督のための諸原則」，バーゼル銀行監督委員会，2008年9月
「金融機関の市場リスク・流動性リスク管理態勢」，栗谷修輔・栗林洋介・松平直之，金融財政事情研究会，2008年3月

IV 信用リスク

信用リスク CDO

CDO レベル3

社債やローン，クレジット・デフォルト・スワップ（CDS）など多数の信用リスク商品によって構成されるポートフォリオを裏付とした証券化商品の一種

Step 1 CDO（Collateralized Debt Obligation）は証券化商品の一種であるが，特に多数のクレジットリスク（特に企業向け与信商品）をポートフォリオとして構成し，そのリスクを移転する商品として位置づけることができる。ポートフォリオを構成するクレジットリスク商品として，たとえば，社債，ローン，証券化商品，CDSなどが対象とされるケースが多い。ポートフォリオを構成する商品によって異なる名称が使われるケースもあり，たとえば裏付資産が，社債の場合にはCBO（Collateralized Bond Obligation），ローンの場合にはCLO（Collateralized Loan Obligation）などと呼ばれ，それらを総称してCDOと呼ぶ。またCDSが裏付になっている場合はシンセティックCDO（Synthetic CDO，合成CDOと訳される場合もある）と呼ばれる（またそれに対応する用語として，CBO／CLOをキャッシュ型CDOと呼ぶ場合もある）。またCDOの組成目的による分類として，銀行等が保有するローン債権等をヘッジ（外部へのリスク移転）目的で発行するバランスシート型CDOと市場からポートフォリオを調達して発行されるアービトラージ型CDOに分けることができる。アービトラージ型CDOではどのようにポートフォリオを構成するかが重要であるが，投資顧問会社等が運用マネジャーとしてポートフォリオを選別し，また満期までの間においても銘柄を入れ替えるなどするCDOも多く存在する（そのように運用マネジャーがポートフォリオ管理を行うCDOはマネージド型CDOと呼ばれ，ポートフォリオを変化させないスタティック型CDOと対比される）。

CDO を発行する際には、優先劣後構造による複数のトランシェが発行されることが一般的である（下掲のイメージ図参照）。シンセティック CDO ではメザニントランシェに AAA 格付を取得し、そのトランシェより優先するトランシェ（スーパーシニアなどと呼ばれる）をスワップ形態のまま外部に移転するケースが多い。

Step 2　CDO の各トランシェのリスク評価（格付）は、主に各トランシェにどの程度の損失が発生しうるかを定量的に分析することにより行われる。リスク評価に影響を与える主な要素としては、ポートフォリオの信用力（ポートフォリオがどのような信用力（格付）の銘柄で構成されているか）、構成銘柄数、ポートフォリオを構成する銘柄間のデフォルトに関する相関、回収率に関する仮定、当該トランシェより劣後するトランシェのサイズ、当該トランシェのサイズなどが考慮

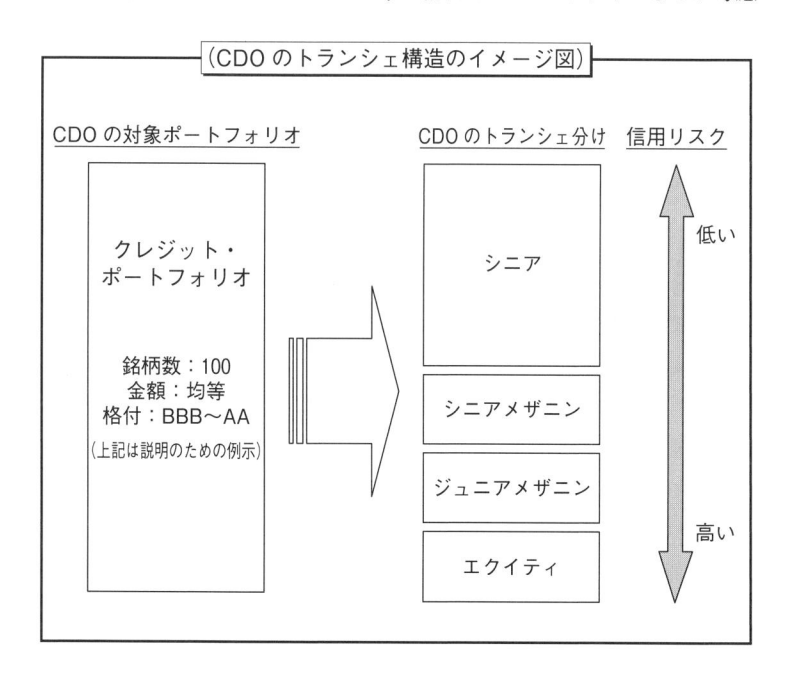

（CDO のトランシェ構造のイメージ図）

CDO の対象ポートフォリオ

クレジット・ポートフォリオ

銘柄数：100
金額：均等
格付：BBB～AA

（上記は説明のための例示）

CDO のトランシェ分け　　信用リスク

シニア（低い）

シニアメザニン

ジュニアメザニン

エクイティ（高い）

される。各格付機関はそれぞれ独自の評価モデルを用いて分析を行い、さらにクレジットリスク以外のリスクやその他定性的な判断を踏まえて格付評価を行うのが一般的である。

現在では、米国、ヨーロッパ、アジア、日本においてCDSのインデックスが作成され価格も公表されているが、このようなCDSインデックスの構成銘柄をCDOポートフォリオとして用いたCDOが発行されている。CDSインデックスごとにトランシェのサイズも標準化されたCDOはトランチドインデックスとも呼ばれ、標準型CDOとして証券会社等により日々価格提示されている。

Step 3 CDOトランシェの価格評価に際しては、個別銘柄の信用力だけではなく、ポートフォリオとしてのリスク、すなわちどの程度の累積デフォルトが生じうるかという確率分布を推定する必要があるが、そのような推定を行う際には構成銘柄間のデフォルトに関する相関が重要な要素となる。CDOトランシェを価格評価する際の計量モデルとしては、コピュラを用いたモデルが一般化しており、特に1ファクター・ガウシアン・コピュラ型のモデルが標準モデルとして用いられているケースが多い。このモデルでは、主な入力パラメータとして、ポートフォリオ構成銘柄の市場スプレッドと回収率のほか、トランシェごとの相関（ベースコリレーションと呼ばれる相関係数）が用いられる。コピュラモデルでは、個別銘柄の市場スプレッドから算出されるリスク中立デフォルト確率とデフォルト時刻の相関（コピュラによってモデル化される）を用いて、ポートフォリオおよび各トランシェの損失分布を算出する。

先に述べたようにトランチドインデックスの価格は証券会社等により提示されているが、この価格と構成銘柄のスプレッドから相関係数を逆算することができ、そのような相関係数をインプライドコリレーションと呼ぶ。CDSが個別銘柄（あるいはインデックス）のデフォルト確率をリスクの対象としているのに対して、CDOは相関を主なリスク対象としていることから、コリレーションプロダクトとして位置づけられている。

関連用語 ⇒「証券化」「証券化商品」「クレジット・デリバティブ」

アクティブ・クレジット・ポートフォリオ・マネジメント, クレジット・ポートフォリオ・マネジメント

レベル3

与信ポートフォリオを一元的に管理し,クレジット・デリバティブ等の信用リスクの移転取引等を通じて,与信ポートフォリオのリスク・リターンの最適化を図ること

Step 1　特定与信先や業種等への集中リスクが顕在化したことにより不測の損失を被った過去の経験や,限界的な資本を効率的に運用し収益性を高めていく経営が近年求められてきたことから,特定部署が与信ポートフォリオを一元的に管理し,クレジット・デリバティブ等の手法を用いてリスク・リターンの改善を図るアクティブ・クレジット・ポートフォリオ・マネジメント (Active Credit Portfolio Management, ACPM) の動きが大手金融機関を中心に活発化している。ACPMの体制は大きく下記の三つのタイプに分類することができる。

タイプ	管理のスタイル・特徴
クレジット・トレジャリー型	フロント部署からACPM部署にローンの所有権が移転。移転価格をベースとしたACPM部署のローン組成時のプライシングへの積極的な関与。 ACPM部署によるヘッジ取引およびクレジット投資によるリスク・リターンの最適化。
アクティブ・アドバイザー型	ローンの所有権は移転せず。 ACPM部署によるローン組成時のプライシングに対するフロント部署への助言。 フロント部署とは別にACPM部署でのヘッジ取引の実施。
リアクティブ・コントローラー型	ローンの所有権は移転せず,プライシングもフロント部署が決定。 ACPM部署の活動は与信ポートフォリオの管理・報告が中心。 ACPM部署のヘッジ取引は限定的もしくは行わず。

与信ポートフォリオのリスク・リターンを改善するために,個別与信先あるいは業種ごとのリスク対比リターンを相対的に評価し,ポートフォリ

オの再構築（ヘッジや入替えなど）を行うことでポートフォリオ全体のリスク対比リターンを向上させることが考えられる。また，信用リスク計量モデルを用いて区分ごとのリスク寄与度を算出し，リターンと対比することによって，ポートフォリオの再構築を行うことができる。

Step 2 　ACPMにおける信用リスクのコントロールは，対象とする債務者の種別，与信の形態等に応じ適切な手段をとることとなる。具体的には，外部格付が付与されているような債務者であれば，クレジット・デフォルト・スワップ等の市場取引を通じたリスクヘッジもしくはリスクテイクが中心であり，公開情報に乏しく外部格付が付与されていない中堅・中小企業のような債務者であれば，相対による売買，保証，ローン・パーティシペーションが中心となる。またいくつかの債務者宛の与信をプールにして証券化を通じて信用リスクの移転を行うケースもあり，特に流動性が乏しい与信案件については証券化が用いられることが多い。

上記のクレジット・トレジャリー型はローンの所有権がフロント部署からACPM部署に移転することとなるが，そのためには移転対象となるローンの評価方法を明確にし，移転価格の透明性を確保することが重要となる。そのため，クレジット・トレジャリー型のモデルを採用している金融機関においても，移転対象は債券やクレジット・デフォルト・スワップの価格が入手可能な投資適格の債務者の債権に限定しているケースがほとんどである。また，ヘッジ取引の効果を最大化するためにヘッジ会計を導入している金融機関もある。

Step 3 　ACPM部署ではリスクコントロール手段としてクレジット・デリバティブを用いるケースが多いが，最近，クレジット・デフォルト・スワップについてもインサイダー取引の対象となったことから，債務者に関する非公開情報から隔絶されたパブリック（公開）情報のみを扱う部署がACPMを行う金融機関も出てきている。

関連用語 ⇒「証券化」「信用リスク計量モデル」「クレジット・デリバティブ」

カウンターパーティ・リスク　　　信用リスク

カウンターパーティ・リスク　　レベル2

カウンターパーティとはインターバンク市場等で相対取引を行う取引相手方を指すが、カウンターパーティのデフォルト等の理由により、当初締結した取引が実行できなくなることにより被るリスク

Step 1　カウンターパーティ・リスクは、カウンターパーティごとに限度額を設定して管理する方法が一般的である。限度額の設定および残高は、資金放出等のオンバランスシートの取引は額面金額ベースで管理するのに対して、外国為替取引やスワップやオプションなどのデリバティブ取引は、①再構築コスト（MTM, Mark-to-Market）と呼ばれる時価評価額や②将来の再構築コストの推定値であるポテンシャル・エクスポージャー（PE, Potential Exposure）によって管理するのが一般的である。

Step 2　BISの自己資本比率規制では為替予約およびデリバティブ取引に対する信用リスク相当額は、再構築コスト（時価評価額）に残存年限に応じたポテンシャル・エクスポージャー（以下「PE」）を加えた下記のカレント・エクスポージャー方式を用いてリスクアセットを算出することとなっている。

> 信用リスク相当額＝再構築コスト＋PE
> （注）再構築コストがマイナスのときはゼロとする。

その際、PEは想定元本に残存年限に応じた以下のアドオン掛目を乗じて算出する。

> PE＝想定元本額×残存年限に応じたアドオン掛目

〔カレント・エクスポージャー方式で用いるアドオン掛目〕

残存年限	金利関連	外為関連および金関連	エクイティ関連	貴金属関連（除く金）	その他のコモディティ関連
1年以内	0.0%	1.0%	6.0%	7.0%	10.0%
1年超5年以下	0.5%	5.0%	8.0%	7.0%	12.0%
5年超	1.5%	7.5%	10.0%	8.0%	15.0%

BISの自己資本規制におけるカレント・エクスポージャー方式は時価評価額をベースとした信用リスク量を算出するが，この方法には以下のような欠点がある。

① 残存年限および取引の区分がやや粗いこと。

② 残存期間中のボラティリティが考慮されていないこと。

③ 同一取引先に対する複数取引から発生するネッティング効果およびポートフォリオ効果が特にPE部分では勘案されないこと。

このうち，同一取引先に対するネッティング効果とは，取引先に信用事由が発生した場合に複数のデリバティブ取引から発生している債権・債務の相殺が行えるような契約を結んでいる場合に信用リスク額の減少が可能となることであり，一方，ポートフォリオ効果とは，為替，金利スワップ，通貨スワップはそれぞれ時間の経過に対するエクスポージャーの発生形状が異なるため，各取引から算出されるPEを単純に合算するのではなく，取引の種別，売り・買いまたはペイ・レシーブ等の取引の方向を勘案することによって最終的に残るエクスポージャーを信用リスク量とするものである。

信用リスク管理をカレント・エクスポージャー方式で行う際のこうした欠点は，残存期間の区分を細かくする，取引の区分を通貨別やスワップの売り・買いで分けてアドオン掛目を設定する等により，一部は解決が可能であるが，PE部分の相殺効果やポートフォリオ効果はカレント・エクスポージャー方式でも解決が困難であり，より正確な信用リスク量を把握するためには，モンテカルロシミュレーション等を用いた算出方法が必要と

カウンターパーティ・リスク

なる。

Step 3 BIS規制上のPEを算出する場合のアドオン掛目は上記に示したとおりであるが、現実に信用リスク管理を行う際には、各金融機関でアドオン掛目の設定を行う必要がある。この場合、将来の再構築コストを推計するための信頼区間をどれだけとるかということについての検討が必要であり、また、与信枠を設定するためのPEを算出するのか、信用コスト（貸倒引当金）を算出するためのPEを算出するのか等によって使用する信頼区間も変わってくるものと考えられる。

なお、バーゼルIIの導入に伴い店頭デリバティブの与信相当額を算出する際の選択肢として、上記のカレント・エクスポージャー方式に加えて、内部モデルを用いた期待エクスポージャー方式（EPE, Expected Positive Exposure）も加えられている。

関連用語 ⇒「信用リスク」「モンテカルロシミュレーション」「ISDAマスター契約」「クレジット・サポート・アネックス」

信用リスク カントリーリスク

カントリーリスク　　　　　　　　レベル1

海外投融資や貿易金融等において，与信先の属する国特有の外貨事情や規制の変更，政治・経済情勢等の非商業的要因から損失を被るリスク

Step 1　カントリーリスクは，海外投融資や貿易取引，貿易金融取引等，国境をまたがるいわゆるクロスボーダー取引において，与信先の相手国の政治・経済上の理由から損失を被るリスクである。

具体的には，戦争や内乱，暴動等により，物理的に事業の継続ができなくなる紛争リスク，政府による国有化や接収，あるいは民営化等が行われる制度変更リスク，資産凍結や，政府による外貨交換，外貨送金などの停止措置により，借入人が債務を履行できなくなるトランスファーリスク等のサブカテゴリーに分けることができる。

カントリーリスクは，信用リスクを中心としながら，それにクロスボーダー取引固有の要素が合わさって発生する，複合的なリスクであると考えられる。

Step 2　カントリーリスクの管理には，相手国の政治・経済情勢，外貨準備状況，信用状態等を継続的に分析することが前提条件となる。その結果，特定国の信用状態の悪化が認められた場合には，新規与信の停止や，追加的保全措置の実施などのリスクコントロール施策をとることになる。

一方で，カントリーリスクの場合，その国の政策により，保全措置自体が凍結されてしまうリスクも存在しており，個別与信ごとの管理や保全措置に加えて，上で示したような国ごとの信用分析に応じて，カントリーランクの設定や国別の与信上限を設定することも一般的である。

カントリーリスク

　カントリーリスクの対象の中心は外貨送金が制限されるトランスファーリスクであるが，それ以外にも現地通貨を対象とする資金為替取引を行っている場合には，資金流動性リスクや決済リスクとして顕在化する可能性もあり，影響範囲も含めて，定期的にモニタリングを行う必要がある。

Step 3　金融検査マニュアルでは，カントリーリスクを「特に，海外向け信用供与について，与信先の属する国の外貨事情や政治・経済情勢等により金融機関が損失を被るリスク」と定義している。

　カントリーリスクを削減する方法としては，与信先が属する国以外に所在する第三者からの保証の取得が可能な場合に，保証の範囲にカントリーリスクもカバーするような文言を挿入することや，独立行政法人日本貿易保険（NEXI）のような各国のECA（Export Credit Agency, 輸出信用機関）の保険を付保することが考えられる。

関連用語 ⇒「信用リスク」「資金流動性リスク」「決済リスク」「金融検査マニュアル」

信用リスク クレジット・イベント

クレジット・イベント　　　　レベル3

信用リスク一般では，与信先の財務状況等の信用事由の悪化を指すが，特にクレジット・デリバティブの取引においては，参照債務のプロテクションの提供者がプロテクションの購入者に対する支払義務を発生させる事象を指す

Step 1　2003年版ISDAのクレジット・デリバティブ定義集では，定型的なクレジット・イベントとして次の六つが定義されているが，通常は主として①〜③が用いられ，④〜⑤については特にエマージングマーケットの与信を参照債務としたクレジット・デリバティブに適用されるケースが多い。

① 破産（Bankruptcy）
② 支払不履行（Failure to Pay）……支払期限に一定金額以上の支払不履行が発生した状態
③ リストラクチャリング（Restructuring）……金利もしくは債務の減免，債務支払期限の延長等の許容
④ オブリゲーション・アクセレレーション（Obligation Acceleration）……弁済期限到来前に弁済を要求されるような期限の利益を喪失した状態
⑤ オブリゲーション・デフォルト（Obligation Default）……特定債務に対する一定金額以上の支払不履行に伴う期限の利益喪失
⑥ 履行拒絶・支払猶予（Repudiation/Moratorium）……債務の履行の拒絶もしくは異議申立てによる支払猶予

Step 2　上記の定型的なクレジット・イベントのほか，格付機関による格付の引下げ等，当事者間で定義のうえ，デフォルト・イベントを追加することも可能である。また，クレジット・イベン

クレジット・イベント

トが発生しているか否かは、公的な情報で確認可能であることが条件となっている。特にクレジット・デリバティブでは、クレジット・イベントが発生した場合に参照債務を引き渡す一方で、あらかじめ契約した金額（通常、額面金額）を受領する現物決済（Physical Settlement）以外に、クレジット・イベントが発生した段階で、参照債務の時価評価を行って差金決済による現金決済（Cash Settlement）を行うケースもあり、クレジット・イベントがいつ発生したかにより時価評価額が大きく変動するため、時点の特定は重要である。

Step 3 上記のうち、③のリストラクチャリングについては、プロテクションの購入者が提供者に譲渡する参照債務の期日に制限のないもの（通常、Old Restructuring, OR と呼ぶ）に加えて、主に北米で用いられている期限前解約日から30カ月以内の参照債務に限定するリストラクチャリング（Modified Restructuring, MR）や、欧州で一般的な期限前解約日から60カ月以内の参照債務に限定するリストラクチャリング（Modified-Modified Restructuring, MMR）が選択可能となっている。

ソブリン（国家）や地方公共団体の場合には、破産という概念の適用がない（あるいは難しい）ことから、支払不履行、履行拒絶・支払猶予およびリストラクチャリング（米国の地方自治体以外）が用いられることが標準的である。

関連用語 ⇒「クレジット・デリバティブ」

信用リスク クレジットスコアリング

クレジットスコアリング　　レベル3

債務者の定量・定性情報をもとに計量モデルによってスコアを算出し，債務者の信用度を計量化する手法

Step 1　クレジットスコアリングは，もともとは米国の個人向けローンの審査のために開発された手法であったが，次第に中小企業向け貸出にも応用されるようになり，1990年代には米国の大手銀行を中心に定着した。日本においても2000年頃から大手銀行，有力地銀がクレジットスコアリングをベースにした無担保無保証型の融資商品を相次いで投入した。特に，2003年に金融庁が公表した「リレーションシップ・バンキングの機能強化に向けたアクションプログラム」のなかで，スコアリングモデルの活用が言及されたことによって，クレジットスコアリング型融資が注目されるようになった。

クレジットスコアリング型融資の特徴としては，以下があげられる。

① 審査コストの削減

　従来，銀行では貸出の際の審査は，大口でも小口でも人手による作業が中心であったが，中小企業に対する小口融資においては，相対的に審査コストの負担が大きかった。この審査プロセスの大部分を自動化することによって，審査コストの削減が期待できる。

② 適正なプライシング

　客観的な信用度を表すスコアによって，適正な貸出金利を決定することができる。信用リスクに見合った貸出金利の設定は，銀行にとって重要な課題の一つである。従来，取引先との関係や取引継続の問題などで，貸出金利の引上げ交渉はむずかしいケースも多かったが，クレジットスコアリング型融資の導入によって金利の適正化が進むことが期待される。

③ 新規顧客開拓

クレジットスコアリング

無担保無保証型・スピード審査という新商品の投入によって，これまで銀行が対象としていなかった顧客層の開拓が期待できる。

Step 2 クレジットスコアリング型融資においては，スコアを算出するスコアリングモデルの信頼性が最も重要となる。モデルとしては，財務諸表の定量データや定性的なデータを入力すると，スコアやデフォルト率などが出力される仕組みが一般的である。

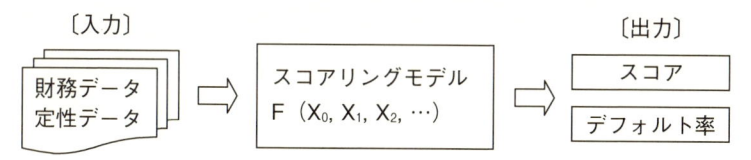

〔入力〕 財務データ・定性データ ⇒ スコアリングモデル $F(X_0, X_1, X_2, \cdots)$ ⇒ 〔出力〕 スコア・デフォルト率

財務データは，単年度ではなく複数年度（2～3期程度）を使用することが多い。財務諸表から必要なデータをスコアリングモデルに入力する（$X_0, X_1, X_2, \cdots$）が，実務ではOCRソフトを使用して，スキャナから自動的にデータを読み取るシステムを採用している銀行もある。企業の代表者の年齢や経営環境などの定性データが入力値となる場合もある。

スコアリングモデルは業種区分ごとに設定される場合が多い。業種によって財務の特性が異なるためである。モデル式にはさまざまな種類が存在するが，代表的なものの一つに「ロジスティック回帰モデル」がある。これは0から1の範囲をとるロジスティック曲線を使用したもので，スコアのように出力値を一定の範囲に収める必要があるときに適しているといわれている。

モデルの精度は，モデル構築に使用したデータの正確性にかかっている。モデル構築用のデータと実際に貸出を行う先の特性が異なっていると，正確な与信判断は困難となる。また，モデル構築には多くのデータが必要となるため，一銀行だけではデータ数が不十分である場合もある。近年では，複数の銀行がデータを拠出する共同データベースも複数運営されている。

モデルの精度を維持するためには定期的な検証が必要であり，多くの銀行で年1回程度のモデル見直しを行っている。検証方法としては，モデル

が推定した債務者の信用度と、実際に発生したデフォルト事象を比較検証することが一般的である。統計値としては AR（accuracy ratio）値などがよく使用されるが、特定の手法や統計値に依存するのではなく、多様な角度から検証を行うことが重要である。

Step 3 2000年代前半にかけて発展してきたクレジットスコアリング型融資だが、2000年代後半になり、いくつかの問題点も指摘されるようになった。近年では多くの銀行で、クレジットスコアリング型融資の採算が悪化しているといわれている。これは想定よりもデフォルトした債務者が多かったためと推測されるが、スコアリングモデルや入力する財務データの不備なども原因の一つではなかったかと思われる。

また与信方針が機械的なスコアリングに頼りすぎる場合に、財務データの改ざん等でスコアリングモデルのチェックをかいくぐることにより、不正融資のターゲットとされるケースもみられる。

もちろん、クレジットスコアリング自体は与信判断の際に有効かつ効率的なツールであることは間違いない。今後、モデルの正確性の確保、審査プロセスのなかでの活用方法等について、さらに検討が進むことを望みたい。

関連用語 ⇒「信用リスク」

クレジット・デリバティブ　　　レベル2

第三者の信用リスク（参照債務）を対象に，当該与信を回避したい者（プロテクションの買手）と，逆に当該与信先のリスクをとりたい者（プロテクションの売手）との間で契約を結び，参照債務に信用事由が発生した場合に，プロテクションの買手が売手より契約に基づく一定金額（デフォルトペイメント）を受領する取引を指す

Step 1　クレジット・デリバティブは大別して，クレジット・デフォルト・スワップのように，信用事由が発生した場合にプロテクションの買手が売手から一定金額を受け取るオフバランス型（unfunded）取引と，クレジット・リンク・ローンやクレジット・リンク・ノートのように，ローンや社債発行代り金等をあらかじめプロテクションの買手が受け取るオンバランス型（funded）のものがある。

また，一般事業法人を参照債務とする場合，信用事由（クレジット・イベント）としては，以下の事項を指定するのが一般的である。

① 破産
② 支払不履行
③ リストラクチャリング

プロテクションを購入する場合，ヘッジ対象となる参照債務のデフォルト事由と，クレジット・デリバティブ契約上の信用事由が同一のものとなっているかどうかが，ヘッジが成立するポイントとなるため，契約締結時に十分に確認する必要がある。実際，信用事由の解釈について契約当事者間で食い違いが生じて紛糾するケースも生じており，ISDA（International Swap and Derivatives Association）では，2003年版クレジット・デリバティブ定義集においてリストラクチャリングの定義の見直しを

クレジット・デリバティブ

〔クレジット・デフォルト・スワップ〕

```
                    デフォルト支払
 プロテクションの買手  ←――――――  プロテクションの売手
 (信用リスクの売手)   ――――――→  (信用リスクの買手)
                    プレミアム
   ↑  ↓                    ┊
 リターン 投資                ┊
   │  │                    ┊
  参照債務  ←―――――――――――――┘
       参照債務デフォルト時,当
       該参照債務の現物をプロテ
       クションの売手に譲渡。
```

> 信用事由が発生した場合,上図のようにプロテクションの買手が売手に当該債権現物を譲渡し,プロテクションの売手が買手に元本全額を支払うものと,現物を譲渡せずに当該債権の市場価格と元本との差額を支払うものがある。

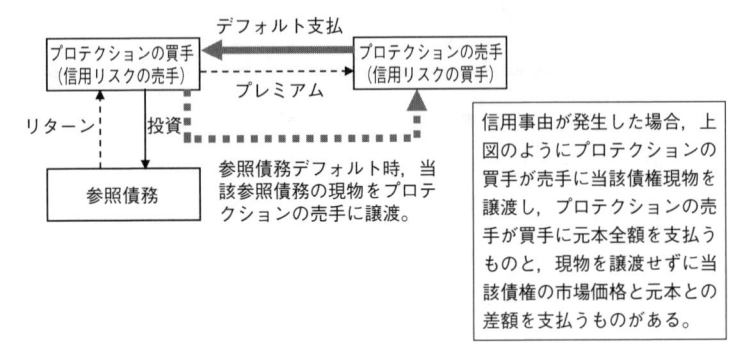

〔クレジット・リンク・ノート〕

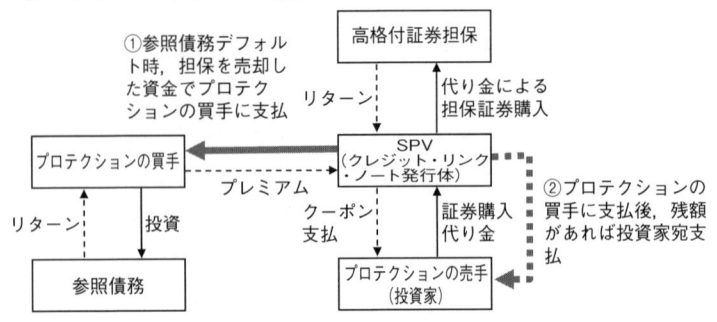

```
                              高格付証券担保
  ①参照債務デフォル             ↑ ↓
   ト時,担保を売却し        リターン 代り金による
   た資金でプロテク               担保証券購入
   ションの買手に支払             │
                              SPV
 プロテクションの買手 ←――――  (クレジット・リンク
                  プレミアム  ・ノート発行体)
                                          ②プロテクションの
   ↑  ↓                   クーポン 証券購入   買手に支払後,残額
 リターン 投資              支払    代り金     があれば投資家宛支
                              ↓ ↑        払
  参照債務                 プロテクションの売手 ←
                          (投資家)
```

行っている。

Step 2　クレジット・デフォルト・スワップにおいてプロテクションの売手は,参照債務のリスクと同時にプロテクションの買手に対する信用リスクをとることになる点に注意が必要である。そのリスク額は,買手がデフォルトした時点での,クレジット・デフォルト・スワップの未収プレミアムと,期日までのプロテクションをマーケットで再構築した場合のコストとの差額に相当する。また,プロテクションの買手は,参照債務に対するリスクを回避できる半面,プロテクションの売手に対する信用リスク(カウンターパーティ・リスク)を負うことになる。売手に対する信用リスク額は,売手がデフォルトした時点での未払金

利と期日までのプロテクションをマーケットで購入した場合のコストとの差額に当たる。

一方で参照債務とプロテクションの売手の信用リスクとの相関関係が高い場合には、プロテクションを購入しても参照債務のデフォルト時には売手のデフォルト率も増加するため、信用リスクヘッジの効果は減殺されることに留意する必要がある。特に信用リスクの相関が高いと判断される例としては、参照債務とプロテクションの売手が

① 同一の国に所在する場合、特にカントリーリスクの高い国の場合
② 同一の産業に属する場合
③ なんらかの保証関係、出資関係または同一の企業グループに属している場合
④ 一方が他方の売上げの大部分を占めている場合

等があげられる。

Step 3 近年、特定の債務を参照債務として指定するローン・クレジット・デフォルト・スワップ（LCDS）が商品として取引されている。これはローンを参照債務とした場合には低金利時等に当該ローンが期限前返済やリファイナンス等により参照債務が消滅してしまうケースが多かったことから、そうした事態にはクレジット・デフォルト・スワップの契約自体がキャンセルしうるような契約としたものである。ただし、同じローン・クレジット・デフォルト・スワップでも契約当事者が合意すればキャンセル可能となる欧州型のキャンセラブル・ローンCDSと、リファイナンス等があっても担保付ローンが継承される限りキャンセル条項とはしない北米型のノンキャンセラブル・ローンCDSが存在する。

また、個別のクレジット・デフォルト・スワップ取引とは別に、複数企業を構成銘柄とするiTraxxのようなインデックスも取引されており、マーケットメーカーのポジション調整や相場急変時のヘッジ取引などの利便性も向上し、クレジット・デリバティブ市場の流動性の向上に寄与している。

クレジット・デリバティブ

　クレジット・デリバティブは民法上の債務保証と比較されて議論されることが多い。経済効果としては両者はほぼ同じであるといえるが，債務保証では債権者と債務者の間に融資契約等の契約関係が存在する必要があるが，クレジット・デリバティブではプロテクションの買手と参照組織の間には契約関係は不要である。したがって，債務保証では保証人は保証履行後，債権者が債務者に対して保有する債権を取得し（法定代位），かつ債務者に対して求償権を有することとなるが，クレジット・デリバティブではそうした法定代位や求償権は発生しない。また同じく，債務保証の際に債権者が債権譲渡することで発生する保証債務の移転（随伴性）もクレジット・デリバティブでは発生しない。

関連用語 ⇒「ISDAマスター契約」「信用リスク」「カントリーリスク」「クレジット・イベント」

コベナンツ(コビナンツとも表記) レベル3

シンジケートローンなどの契約にあたり,借手と貸手の間で定められる財務状況等に係る禁止事項や遵守事項

Step 1　コベナンツ(Covenants)とは,借手と貸手の間で定められる財務状況等に係る禁止事項や遵守事項であり,国内で財務維持条項や担保維持条項と呼ばれるものの総称であると考えることができる。貸出や社債契約においては,企業の財務状況や外部格付等が当事者間で当初定めた条件と変わった場合に,期限前返済や金利の見直しなどの条件変更を求める条項を付与することにより与信リスク軽減を図ることができる。シンジケートローンでは,透明性確保の観点から「純資産額維持条項」「格付維持条項」「有利子負債残高制限条項」といった財務上のコベナンツが広く用いられる。社債の発行条件としての担保提供制限もコベナンツの一種である。

コベナンツに抵触した場合には,金融機関へ報告する義務が生じるといった比較的軽いものから,貸金スプレッドの引上げ,コミットメントラインの新規引出しの禁止,期限の利益喪失事由など罰則的な重い義務までさまざまなものがある。

〔代表的なコベナンツ〕

財務上のコベナンツ	純資産額の維持 借入金総量の制限
事業内容上のコベナンツ	重要な資産売却の制限
債権者としての地位を保全するコベナンツ	ネガティブ・プレッジ(他の債務への担保設定禁止)

Step 2　貸手にとってコベナンツを付する直接的なメリットは,貸出債権に悪影響を与えるような借手の行動に制限を加

コベナンツ（コビナンツとも表記）

えることで返済や利払いに係るキャッシュフローを確保すること，また企業の財務状況悪化時に早い段階から善後策を借手と協議できることなどがあげられる。さらに，コベナンツを設定するうえで借手と相応の議論がなされることにより，ビジネスプランとリスクの所在についてより深く理解できることもメリットといえる。

また，信用リスク軽減手法としてのコベナンツが普及することによって，担保に依存しないノンリコースローンやベンチャー企業等リスクの高い企業の資金調達が活発化するとの期待もある。

Step 3 シンジケートローンの場合，コベナンツの遵守状況の管理は通常エージェントと呼ばれる代表金融機関が行い，その状況を参加金融機関に伝える役割を担う。したがってエージェントとして参加する場合には，他の参加金融機関に対して債務者の財務状況を適切に開示する義務が生じる。

一方，参加金融機関は，必ずしも債務者と直接の取引関係があるわけではなく，エージェントからの情報をもとに対応を行うこととなるため，エージェントが信頼できる金融機関であるかが重要になるが，場合によっては自ら財務諸表などによりコベナンツの遵守状況をチェックする必要も生じる。

また最近では，シンジケートローンに限らず，相対の貸出においてもコベナンツを設定する動きが本邦においても活発化している。

関連用語 ⇒「ノンリコースローン」

残価リスク **信用リスク**

残価リスク　　　　　　　　　　　　　　レベル3

(1)オペレーティング・リースで最終期日でのリース物件の公正価格が見積残存価格を下回ることが予想される場合に，レッサーがその差額部分について負担を被るリスク。(2)担保や保証による保全が完全でないことから発生しうるリスク

Step 1　ファイナンス・リースに比べ，オペレーティング・リースでは最終期日でリース料の支払によるリース元本が全額返済（フルペイアウト）されず，最終期日でのリース物件の市場価格がリース開始当初の見積残存価格を下回る場合，レッサーがその差額部分について損失を負担することとなる。残価リスクとはオペレーティング・リースにおいてリース物件の価格変動に伴う潜在的なリスクのことである。オペレーティング・リースによっては残価リスクをレッシーもしくは第三者が保証するようなスキームもあり，その場合には残価リスクがレッシーもしくは第三者宛の信用リスクに置き換えられたということになる。

またリース取引とは別に，広義として，担保や保証等の信用リスク削減手法により保全を行った場合でも，担保や保証の契約文書の不備や担保価値や保証人の信用状況の急速な劣化が発生することで，潜在的に信用リスク量が増大するリスクについても残価リスクとする場合がある。

Step 2　バーゼルIIではファイナンス・リースに代表されるような残価リスクのないリース取引については，リース物件を担保とみなしたうえで信用リスク削減手法のルールに基づき信用リスクアセットを算出することができるが，その場合でも担保の取扱いに対する最低要件に加えて，リース物件の期中管理，期間中の所有権に係る法的な枠組み，リース物件の減価償却率と支払リース料の償却率に大きな差がないことが求められる。また，オペレーティング・リースのように残価リス

クをとるリース取引においては、リース期間中の支払額の現在価値に対して、レッシーのPDおよび当局もしくは自行推計のLGDに基づくリスクウェイトを適用のうえ、リスクアセット額を算出し、残価部分には一律100％のリスクウェイトを適用することとなっている。

Step 3 本邦では2008年4月にリース会計基準が変更となり、オペレーティング・リースについては、引き続き賃貸借処理を適用することができるのに対し、ファイナンス・リースについては売買処理によるオンバランスシートの取扱いに変更されている。

関連用語 ⇒**「信用リスク削減手法」「バーゼルⅡ」「倒産確率」「デフォルト時損失率」**

自己査定　信用リスク

自己査定　　　　　　　　　　　　　　　　レベル2

自己査定とは，金融機関が保有する資産を個別に検討して，回収の危険性または価値の毀損の危険性の度合いに従って区分すること

Step 1　　自己査定においては，回収の危険性または価値の毀損の危険性の度合いに応じて資産を分類する。

貸付金および貸付金に準ずる資産の自己査定においては，分類に先立って債務者区分を実施する。債務者区分とは，債務者の財務状況，資金繰り，収益力等により，返済能力を判定して，その状況等により債務者を正常先，要注意先，破綻懸念先，実質破綻先および破綻先に区分することをいう。さらに要注意先となる債務者については，要管理先である債務者とそれ以外の債務者に分けて管理することが望ましい。債務者区分実施後，担保・保証の有無等による回収可能性を査定して，Ⅰ分類（非分類），Ⅱ分類，Ⅲ分類，Ⅳ分類の4段階に分類する。

〔自己査定における債務者区分〕

債務者区分	定　義
正常先	業況が良好であり，かつ，財務内容にも特段の問題がないと認められる債務者をいう
要注意先	金利減免・棚上げを行っているなど貸出条件に問題のある債務者，元本返済もしくは利息支払が事実上延滞しているなど履行状況に問題がある債務者のほか，業況が低調ないしは不安定な債務者または財務内容に問題がある債務者など今後の管理に注意を要する債務者をいう
破綻懸念先	現状，経営破綻の状況にはないが，経営難の状態にあり，経営改善計画等の進捗状況が芳しくなく，今後，経営破綻に陥る可能性が大きいと認められる債務者（金融機関等の支援継続中の債務者を含む）をいう
実質破綻先	法的・形式的な経営破綻の事実は発生していないものの，深刻な経営難の状態にあり，再建の見通しがない状況にあると認められるなど実質的に経営破綻に陥っている債務者をいう

破綻先	法的・形式的な経営破綻の事実が発生している債務者をいい、たとえば、破産、清算、会社整理、会社更生、民事再生、手形交換所の取引停止処分等の事由により経営破綻に陥っている債務者をいう

〔自己査定における分類区分〕

分類区分	定　義
Ⅰ分類	Ⅱ分類、Ⅲ分類およびⅣ分類としない資産であり、回収の危険性または価値の毀損の危険性について、問題のない資産
Ⅱ分類	債権確保上の諸条件が満足に充たされないため、あるいは、信用上疑義が存する等の理由により、その回収について通常の度合いを超える危険を含むと認められる債権等の資産
Ⅲ分類	最終の回収または価値について重大な懸念が存し、したがって損失の可能性が高いが、その損失額について合理的な推計が困難な資産
Ⅳ分類	回収不可能または無価値と判定される資産

Step 2　自己査定の目的は、信用リスクを管理するための手段、正確な財務諸表の作成のために適正な償却・引当の実施を通じ、資産の健全性を確保することにある。

また、自己査定は、信用リスク管理高度化を進めていくうえでの基本ステップと位置づけられている。自己査定を単に制度上の義務として受け身にとらえるべきではなく、経営ツールとして前向きに活用することが重要である。なぜならば、自己査定は、個々の貸出ごとに正常債権か問題債権かを分類するものであり、信用リスク管理に活用できる情報を多く内包しているためである。査定結果については、問題債権の業種別・店舗別・取引開始時期別等の分析のほか、査定された個々の貸出案件が時系列的にどのように変化しているかといった分析に役立てることも可能である。

Step 3　自己査定による資産内容の的確な把握により得られた情報に基づき上記の分析を施すことで、資産内容把握・管理におけるアーリー・ウォーニング機能を強化できる、債権の区分ごとの償却等に至るまでのライフスパンを踏まえた統計的手法を活用した償却・引当の実施が可能、与信集中回避の対策が可能、信用リスク計量化のため

のデータを充実させることが可能という自己責任原則のもとで信用リスク管理高度化に向けて取り組むことができる。

関連用語 ⇒「信用リスク」「償却・引当」「信用リスク計量モデル」「集中リスク」

信用リスク 集中リスク

集中リスク　　　　　　　　　　レベル2

与信ポートフォリオのなかで特定の与信先（もしくは与信先グループ）や特定の業種・国等のセクターに与信額が集中している状況において，当該与信先もしくは当該セクターの信用状況が悪化することにより不測の損失を被るリスク

Step 1　本来，与信ポートフォリオが十分に大きくかつポートフォリオを構成している各与信が完全に細かく分散されている状況では，理論上，大数の法則により個々の与信先に内在する固有の要因に伴うリスク（イディオシンクラティックリスク，idiosyncratic risk）は互いに打ち消しあうと考えられるが，与信先の業種や国等の属性の偏りによるリスク（システマティックリスク，systematic risk）はポートフォリオの分散によっても消し去ることができないリスクと考えられる。現実の与信ポートフォリオでは，完全な分散を達成することは困難であること，また個別与信先あるいは業種等の偏りが生じることによって集中リスクが発生することになる。

通常，集中リスクは，①特定与信先に対する大口与信を供与することにより，その与信先に内在する固有の要因により信用状況が悪化することで顕在化する「大口集中リスク」と，②景気変動などのマクロ要因に起因して特定の業種や国に属するサブポートフォリオ全体が信用劣化することで顕在化する「セクター集中リスク」の二つに大別される。

Step 2　集中リスクを回避するには，格付ごとに1債務者（グループ）宛の与信上限を設けたり，業種別，国別，プロダクト別などの区分で与信上限を設けて運営することが一般的である。これらの与信上限は各金融機関のリスク選好度に基づいて設定されることが多く，各マーケットの信用状況，業務環境の変化に応じて随時見直しを行い

ながら運営することが重要である。また，昨今では，アクティブ・クレジット・ポートフォリオ・マネジメント（ACPM）の制度を導入し，クレジット・デフォルト・スワップなどのクレジット・デリバティブ等を用いてヘッジ取引により集中リスクを積極的にコントロールしている金融機関も多い。

Step 3 集中リスク額を計測するためには，業種および国間の相関を考慮したマルチファクターシミュレーション型の信用リスク計量モデルを用いることが多い。また，バーゼルIIの第一の柱である信用リスクアセットの計測で用いられているリスクウェイト関数には業種や国等の相関の概念は含まれておらず，各金融機関においては，集中リスクは第二の柱で検証することが求められている。このため多くの金融機関では上記のマルチファクターシミュレーション型の信用リスク計量モデルを用いて集中リスクを含めた信用 VaR を計測のうえ，自己資本の充実度を検証している。

関連用語 ⇒「バーゼルII」「アクティブ・クレジット・ポートフォリオ・マネジメント」「信用リスク計量モデル」「信用 VaR」「リスク選好度」「第二の柱」

信用リスク 償却・引当

償却・引当
レベル2

償却・引当とは，自己査定結果に基づき，会社が保有する資産の将来の予想損失額等を適時かつ適正に見積もること

Step 1 自己査定でIV分類とされた資産については，個別貸倒引当金等で引当てされたもの以外については，全額直接償却を行う。

その他の分類とされた資産については，必要額につき償却・引当を行う。

貸倒引当金は，少なくとも債権（貸付金および貸付金に準ずる債権）を対象とし，発生の可能性が高い将来の損失額を合理的に見積り計上する。

また，貸倒引当金の算定は，原則として債務者の信用リスクの程度等を勘案した信用格付に基づき自己査定を行い，自己査定結果に基づき償却・引当額の算定を行うなど，信用格付に基づく自己査定と償却・引当とを一貫性をもって連動して行うことが基本である。

Step 2 一般貸倒引当金については，正常先に対する債権および要注意先に対する債権について，原則として信用格付の区分，少なくとも債務者区分ごとに，過去の貸倒実績率または倒産確率に基づき，将来発生が見込まれる損失率（予想損失率）を求め，原則として信用格付の区分，少なくとも債務者区分の債権額に予想損失率を乗じて予想損失額を算定し，予想損失額に相当する額を貸倒引当金として計上する。

個別貸倒引当金および直接償却については，破綻懸念先，実質破綻先および破綻先に対する債権について，原則として個別債務者ごとに予想損失額を算定し，予想損失額に相当する額を貸倒引当金として計上するか，または直接償却を行う。

Step 3 邦銀の不良債権問題解決にあたり，2001年9月に公表となった会社更生法や民事再生法などの手続によらずに企

業の再建を目指す際のガイドラインを示した「私的整理に関するガイドライン」,および2002年10月に金融庁が公表した「金融再生プログラム」において示されたDCF（ディスカウント・キャッシュフロー）方式を基礎とした個別的引当,整理回収機構（RCC）を活用した不良債権売却や企業再生を促進する仕組みなどが導入され,不良債権を償却・引当てする枠組みが充実した。

関連用語 ⇒「自己査定」「信用リスク」「信用格付」「倒産確率」「デフォルト時損失率」「信用コスト」「内部格付手法」

信用リスク　証券化，セキュリタイゼーション

証券化，セキュリタイゼーション　　レベル3

金銭債権等の資産を裏付にした有価証券を組成すること

Step 1　証券化（セキュリタイゼーション）とは，特定の資産をSPV（Special Purpose Vehicle）に保有させ，SPVが保有する資産およびその資産から生じるキャッシュフローを裏付として資産担保証券を発行することをいう。そのような有価証券は，裏付となる資産の種類に応じてABS[1]（クレジットカード債権やオートローンなど）やMBS[2]（住宅ローン・不動産ローン），CDO（社債・ローン・CDS）などと呼ばれる。また，発行される証券の種類によって分類される場合もあり，社債として発行されるほかに，たとえばコマーシャルペーパー（ABCP）や信託受益権として発行される場合もある。さらに，証券化商品を原資産として組成された証券化商品を二次証券化と呼び，CDO of ABS（ABS CDO）などが存在する（その呼称と対比する場合には，住宅ローンや企業向けローン・社債などを裏付とする商品は一次証券化とも呼ばれる）。

本邦における証券化の多くは，金銭債権や不動産など資金化が容易でない資産を保有する企業（オリジネーター）が，資金調達やバランスシートの圧縮，リスク管理などを目的として行うもので，この場合対象資産の「流動化」とも呼ばれる。

Step 2　証券化により，原資産のリスクとリターンは，SPVを経由してオリジネーターから投資家へ移転する。しかし，金銭債権ポートフォリオのような流動性の低い資産を証券化する場合に，

1　Asset Backed Securities の略。
2　Mortgage Backed Securities の略。住宅の場合にはRMBS（Residential Mortgage Backed Securities），商業用不動産の場合にはCMBS（Commercial Mortgage Backed Securities）と呼ばれる。

証券化，セキュリタイゼーション

投資家が債権の明細や固有の背景を理解してその価値を評価することは必ずしも容易ではない。このような場合に，投資家が負うリスクを軽減するため，発行する有価証券をいくつかのトランシェに分けてトランシェ間に優先・劣後の構造を設定することが一般的である。原資産ポートフォリオから損失が発生した場合，まず劣後のトランシェを保有する投資家がその損失を負担することにより，優先のトランシェを保有する投資家は一定範囲までのリスク（損失）を回避することが可能となる。優先部分は格付機関から高い格付を取得したうえで多くの場合は外部投資家に売却され，原資産固有のリスクが集約される最劣後部分は，ハイリスク・ハイリターンを好む投資家に売却する場合もあるが，オリジネーター自身が保有する場合も多い。

Step 3 証券化の重要な要件の一つとして，オリジネーターの信用リスクから切り離し，証券化商品に対してオリジネーターよりも高い格付（たとえばAAAなど）を取得することにより，低コストでの資金調達を可能にすることがあげられる。そのためには，オリジネーターによる原資産の売却が，担保付借入れ（譲渡担保）としてではなく真にSPVへ売却する意思をもった売買であるとみなされることが求められる。これが真性売買と呼ばれる概念である。

一方，証券化の主な目的が，原資産のリスク移転である場合には，クレジット・デリバティブを用いて，原資産を売却することなく，そのリスクとリターンのみをSPVに移転することが可能であり，そのような仕組みはシンセティック型証券化と呼ばれ，なかでもクレジット・デリバティブの対象がローンや社債のポートフォリオの場合にはシンセティックCDOと呼ばれる。こうしたシンセティック形態による証券化のメリットとしては，SPC等へのローンの移転（譲渡）を行う必要がないことから，ストラクチャーの構築にかかるコストや時間を節約できることや融資先への通知や承諾が不要であることなどがあげられる。

証券化,セキュリタイゼーション

関連用語 ⇒「CDO」「証券化商品」「モーゲージ債」

信用 VaR **信用リスク**

信用 VaR　　　　　　　　　　　　レベル 3

一定期間後に一定の信頼水準で，貸出債権や債券等の種々の信用リスク資産で構成されたポートフォリオに発生しうる最大予想損失額

Step 1　　信用 VaR は，種々の信用リスク資産で構成されているポートフォリオから発生しうる損失が信用リスクに配賦された資本の範囲内に収まっているかどうか等を検証するために，信用リスク量を計測すべきとの観点から，市場リスク量の計測手法として発展した VaR の考え方を信用ポートフォリオに応用したものである。信用 VaR の算出にあたっては，格付別などの倒産確率や格付推移をリスクファクターとし，格付別の倒産確率あるいは倒産を含めた格付の推移マトリックス，回収率，業種・国などのグループ別の相関関係等をパラメータとして推定して用いることにより，信用リスク計量モデルによってポートフォリオの価値変動を測定することとなる。

なお，市場リスクと信用リスクは扱っているリスクの性質が異なっているため，主に以下の違いがある。

① 市場 VaR のリスクホライズン（保有期間）は時々刻々と変化する為替や金利などが対象でありリスクポートフォリオの組替え等の対応が短期間で行われる（あるいは行いうる）ため通常，数日から数週間の短期間に設定される場合が多いが，信用 VaR のリスクホライズンは 1 年間などの長い期間で設定される場合が多い。これは信用リスクポートフォリオのコントロール（組替え等）が比較的長いスパンで行われることが多いことと信用リスクの変動（格付の変化や倒産の発生）を，実際に日々観測することは困難であることによるものである。

② 市場リスクの損失分布は通常，正規分布あるいはそれに近い分布で表

信用 VaR

される場合が多いが，信用リスクポートフォリオの損失分布の場合はゆがみが大きく，大きな損失に対して長い裾野をもつ。これは，社債や貸付等の信用リスク商品の一般的特性として，リターンは限定的である一方で損失は大きく生じうるという非対称性による。

Step 2 信用 VaR を算出するメリットとしては以下の点があげられる。

① 保有する資産ポートフォリオから発生する最大予想損失を適正な範囲内とするようコントロールするという信用リスク管理が可能となる。

② 統計的手法を採用することにより，信用リスク量を市場リスクやオペレーショナルリスクなどの他のリスク量と比較あるいは合算することが可能となり，全体リスク量に対応する必要自己資本額の把握や統合リスク管理が可能となる。

③ 全体リスク量を部門や国などのグループごとにそのリスクに応じた資本配分を行うことが可能となることから，投下資本に対する収益性を向上させるといった経営管理手法への活用が可能となる。

しかしながら，信用 VaR を算出するモデルを採用するにあたっては，リスクファクターである格付別の倒産確率や格付推移マトリックスおよび LGD の推定を行う際に必要十分な実績データが得られるかという問題がある。この問題は外部格付機関のデータを援用することによってある程度は解決することができるが，代表的な外部格付機関である Moody's や Ｓ＆Ｐの格付は，主に米国の上場企業を対象としたデータであり，中小企業に対する与信先が多く，担保などによる保全状況の違いなどからの回収率も異なると考えられる日本の場合に十分に適合するのかという問題が発生することとなる。この意味からも，データの蓄積は不可欠であり，最近では倒産実績や回収率のデータを複数の金融機関で共有しようという動きも進んでいる。

また，信用 VaR のリスクホライズンは１年間として算出されるのが一般的であるが，企業または業種の成熟度によってとりうる倒産確率には違

信用 VaR

いがあるものと思われ、単純に1年後の倒産確率を推定するのではなく、1年超の複数年にわたる倒産確率の期間構造を推定する必要もあるものと考えられる。

このように信用 VaR にはいくつかの課題が存在しており、リスク管理の実務として用いる場合にはこうした限界を十分に認識しておく必要がある。

Step 3 VaR の問題の一つとして、リスク指標としての適合性の問題が指摘される。Artzner らによるコヒーレント[1]なリスク指標の要件の一つとして、リスク指標に劣加法性があることがあげられている。劣加法性とは、たとえば二つのリスク要素について、それぞれ単独で計測したリスク量の和が、二つのリスク要素の組合せ(ポートフォリオ)として計測したリスク量と等しいかそれより大きいことであるが、VaR はこの劣加法性を満たさない場合があることが知られている。特に、信用リスクポートフォリオのように小さい確率で大きな損失が発生するリスク要素の集合である場合にはこのような問題が生じる可能性があり、リスク寄与度などの算出結果が適切でない場合などが生じうる。このような問題に対応するため VaR にかわる代替的な指標として、期待ショートフォール(Conditional VaR(CVaR)や Tail VaR(TVaR)などとも呼ばれる)が用いられる場合もある。期待ショートフォールは特定の信頼水準を超える損失の期待値として算出され、劣加法性を満たすことが知られている。

関連用語 ⇒「信用リスク計量モデル」「信用コスト」「統合リスク管理」「デフォルト時損失率」「市場リスク」「バリュー・アット・リスク」

---

[1] ここでの「コヒーレント」という言葉は、リスク指標として望ましい性質を満たしている、あるいは筋が通っているという意味で使われている。

信用リスク 信用コスト，クレジットコスト

信用コスト，クレジットコスト　　レベル3

一定のリスク計測期間において債務者の信用力の劣化（特にデフォルト）によって平均的に発生しうる期待損失（Expected Loss, EL）

Step 1　信用コストとは，一定のリスク計測期間（たとえば1年間）において，債務者の格付劣化および信用力の劣化によって平均的に発生しうる損失を指し，期待損失（Expected Loss）とも呼ばれる。信用コストは信用リスクテイクの対価として予想される損失（＝コスト）と考えて原価に含め，貸金等の与信のスプレッドで最低限カバーされなければならない。また信用コストは，一般貸倒引当金の形でコスト計上される金額のベースとなる。信用コストは，債務者の格付推移に基づく倒産確率（デフォルト率）と倒産が発生した場合の債権のデフォルト時損失率を用いて，一般に以下の式で算出される。

　信用コスト＝与信残高×倒産確率×デフォルト時損失率

Step 2　一般に，与信ポートフォリオに発生する損失額の確率分布をグラフに表すと，市場リスクにおける収益率が正規分布に近い分布となるのに対して，通常最頻値（確率的に最も発生しやすい部分）が平均値よりもゼロに近いところに分布しており，大きな損失に対して長い裾野をもつ（テイルが厚い）ゆがんだ分布となる特性がある。これは与信ポートフォリオの特徴として平均的な損失は比較的小額にとどまるが，大口与信先等が倒産した場合などには非常に大きな損失が発生する可能性があることによる。したがって，信用リスク管理においては損失の平均値である期待損失（Expected Loss）だけでなく，平均値を超えて発生する可能性がある非期待損失（Unexpected Loss）についても計測する必要がある。上記のとおり，期待損失は，信用コストとして原価に含ま

信用コスト,クレジットコスト

れるべき性格のものであるのに対し,非期待損失は信用リスクが抱える潜在的な損失という特性から,引当により備えておくというより,本来リスクに対するクッションとして存在している自己資本でカバーすべきものとして信用リスク資本とも呼ばれている。

与信ポートフォリオの非期待損失(信用 VaR)を算出する場合には,正規分布ではない統計量を推定する手法としてモンテカルロシミュレーションなどを用いて,損失分布を推定する信用リスク計量モデルによって計測することが一般的である。たとえば信頼水準99%の非期待損失を1万回のシミュレーションで求める場合,シミュレーション結果の良いほうから9,900番目のシミュレーション値(悪いほうから101番目の値)をもって最大損失額を推定し,この最大推定額から信用コストを差し引いたものを非期待損失とする。

信用コストは上記のとおり,債務者格付推移に基づく倒産確率と回収率によって算出することができる。しかし,実際には,債務者格付決定に用いる格付モデルおよび制度を整備実践する必要があるとともに,リスク量の推定に使用した予想倒産確率,格付遷移確率や回収率等のリスクパラメータは,債務者ごともしくは与信案件ごとの格付推移実績データの蓄積や不動産担保等の処分による回収率の実績データに基づくバックテスティン

〔信用リスクの損失分布〕

確率(発生頻度)

信用コスト(=期待損失) 信用リスク資本(=非期待損失)

損失額の平均

損失額

最大損失(信頼区間:例99%)

〔市場リスクの損失分布〕(参考)

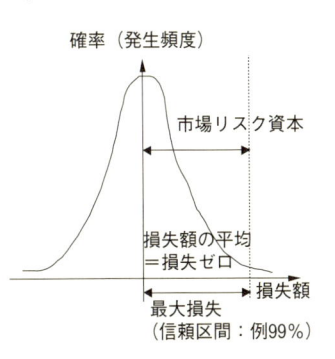

確率(発生頻度)

市場リスク資本

損失額の平均=損失ゼロ

損失額

最大損失(信頼区間:例99%)

信用コスト，クレジットコスト

グを行うことで精度を高めておく必要がある。また，一般に有効なバックテスティングのデータを得にくい企業間の信用力変化の相関や集中リスクについては，特定業種の連鎖倒産等のストレステスト等を行うことで検証をすることが望ましい。

Step 3 バーゼルIIでは信用コスト額を会計上の貸倒損失引当額と比べ，信用コスト額が貸倒損失引当額を上回っている場合には，その差額を資本から差し引いたうえで自己資本比率を算出することとなっている。

関連用語 ⇒「信用リスク」「倒産確率」「デフォルト時損失率」「バーゼルII」「内部格付手法」「信用VaR」「(信用) 格付」

(信用) 格付　信用リスク

（信用）格付　　　　　　　　　　　　　　　レベル2

企業やソブリンの債務が期日どおりに支払履行される確実性を指標化したもの。信用格付はその主体により信用格付機関が公表することをベースに付与している外部格付と各金融機関が内部の信用リスク管理を目的に付与している内部格付に大別される

Step 1　一般的に信用格付機関が付与する格付は，発行体の一般的な債務履行能力を評価した発行体格付と個別の債務ごとの回収可能性を加味した債務格付に分かれる。債務格付は1年以上の債務を対象とした長期債務格付と1年未満のコマーシャルペーパー等を対象とした短期債務格付に分類される。さらに長期債務格付は通常，現地通貨建債務に対する格付と外国通貨建債務に分類されることとなる。債務格付は個別の債務を対象とするため，債務の内容に応じ（担保，保証，優先劣後の別等），発行体格付と異なる格付が付与されることがある。また，外国通貨建債務を対象とした債務格付はトランスファーリスクを勘案するため，特にカントリーリスクの高い国に所在する債務者の場合，現地通貨建債務とは異なる格付が付与されることがある。

金融機関においては個別与信の審査，信用リスク資本の算出等，内部の信用リスク管理を目的に内部格付を付与しているが，近年，バーゼルⅡ上の内部格付手法を採用している金融機関を中心に，内部格付の位置づけが重要になってきている。金融機関が先進的内部格付手法を志向する場合には，内部格付をPD部分とLGD部分に切り分けて計測する必要があり，格付体系を外部格付機関と同様に，倒産確率のもとになる債務者の本来の信用リスクを示す債務者格付と回収率のもとになる担保やストラクチャーを勘案した案件ごとの信用リスクを示す案件格付もしくは「1－回収率」

(信用) 格付

であるLGD(デフォルト時損失率)を示す格付の2段階の格付制度を整備する必要がある。

Step 2 多くの金融機関の場合,内部格付の付与は財務データをもとにしたスコアリングモデルによって債務者のベースとなる格付を判定し,そのうえでスコアリングモデルでは捕捉できない定性的な要因を調整項目として調整している。この場合,定性要因による調整項目が恣意的になっていないか,格付を付与する担当者によって主観的な判断となっていないかどうか整合性を確保する格付制度とする必要がある。そのためには調整項目に対する一定の判断基準や監査部署によるチェックが重要となる。また,通常のスコアリングモデルおよびその後の調整項目では評価できないような債務者もしくは案件の場合には,審査セクションにより格付の上書き(Override)を行うことが一般的であるが,その場合にもどのような理由で上書きを行ったかを証左として残すことが重要となる。

　大手・中堅企業とは別に,金融機関ではリテール企業や住宅ローンや個人営業主など,債務者の規模,種類に応じた格付制度を保有している。

Step 3 内部格付を内部のスコアリングモデルをもとに付与している場合には,格付モデルに用いている説明変数である各指標が景気変動により必ずしもデフォルト判別力の判断基準とならなくなってしまっているケースも考えられ,定期的なモデルの検証が必要となってくる。また,格付モデルが与信先の直近決算時の状況を重視し,景気が悪化局面では与信先全体の格付が低下し,景気が改善する局面では格付が上昇するようなモデルをポイント・イン・タイム・アプローチ(Point-In-Time Approach,通常「PIT」)と呼ぶのに対し,与信先の直近決算期の状況ではなく長期の景気変更の影響を勘案した格付モデルをスルー・ザ・サイクル・アプローチ(Through-The-Cycle Approach,通常「TTC」)と呼ぶ。バーゼルIIの内部格付手法では,保守的および安定的な倒産確率を用いるべきとされていることから,景気の循環に応じて格付

ごとの倒産確率が変動する（逆に格付ごとの与信先数は安定している）TTC の格付モデルであることが望ましいとされている。

関連用語 ⇒「バーゼルⅡ」「内部格付手法」「カントリーリスク」「クレジットスコアリング」「倒産確率」「デフォルト時損失率」

> 信用リスク　信用スプレッド

信用スプレッド　　　　　　　　　　　　レベル2

社債やローン等の信用リスクを内包する金融商品の利回りと信用リスクのない金融商品の利回り（無リスク金利）の間の金利差（満期までの期間が同じ商品で比較する）。CDSの場合には，そのプレミアムが信用スプレッドと位置づけられる

Step 1　信用スプレッドは，社債やローン等の金融商品に含まれる信用リスク等の対価として要求されるプレミアムと位置づけられる。社債の場合にはその市場価格から計算される利回りを同年限の国債の利回りと比較すると，ほとんどの場合において社債の利回りが国債の利回りを上回っており，その差が信用スプレッドと呼ばれる。一般的に，格付が低い社債ほどその信用リスクの高さを反映して信用スプレッドは厚くなる。社債の発行時や流通市場での取引時には，信用スプレッドが提示されて投資判断に用いられるが，その際の信用スプレッド算出のためのベースとなるレート（無リスク金利）として，格付の高い社債では国債の利回りが用いられ，格付の低い社債（BBB以下等）の場合にはスワップレートが用いられる場合が多い。ただし，スワップレート（あるいはLIBOR）は銀行間の貸借レートであり，必ずしも無リスクではないことに留意が必要である。

Step 2　信用スプレッドの内訳構造としては，以下の二つの要素に分解して考えることができる。

　信用スプレッド＝信用コスト率＋リスクプレミアム

信用コスト率とは，将来発生しうるデフォルトによる損失（コスト）の見合いとして考えることができ，当該債務者の（満期までの累積）予想デフォルト確率と想定される回収率から算出することができる。したがって，格付が低い（すなわちデフォルト確率が高いと思われる）債務者ほど，ま

た回収率が低いと思われる銘柄ほど，信用コスト率は高くなる。ただし，そのような信用コスト率は確定的に決定できるわけではない。なぜなら，格付に応じたデフォルト確率は必ずしも常に一定ではなく，時々の（景気等の）状況により変動すると思われる。また回収率も確定的に予想できるものではなく，さらに格付自体にも誤りが生じうる。投資家はそのような不確定性に対してプレミアムを要求すると考えられ，上記のリスクプレミアムを構成することになる。別の視点からとらえれば，リスクプレミアムは与信ポートフォリオに必要とされる資本のコストと考えることもできる。また，リスクプレミアムには，信用リスク以外に，流動性リスクに対応したプレミアムなども含まれると考えられる。

社債やCDSの信用スプレッドの過去データ等を観察すると時系列変動をみることができる。このような変動は，デフォルト率や回収率，あるいは格付そのものに関する市場の見方の変化や，リスクプレミアム（投資家のリスクテイク傾向や需給）が変化したものと考えられる。信用スプレッドが変化することによって社債等の信用リスク商品の価値は変化する。したがって，信用リスクポートフォリオのリスク量を経済価値ベースで考える場合には単に信用力変化（デフォルトや格付の変化を含む）による損失だけではなく，信用スプレッドの変動によるリスクを認識する必要がある。たとえば，BIS規制のトレーディング勘定の個別リスクの枠組みではそのようなスプレッド変動のリスクも考慮することが求められている。

Step 3 与信ポートフォリオの管理を高度化するうえで信用スプレッドは重要な役割を担う。たとえば，銀行がローン等の適切な価格づけを考える際には信用リスクに見合った対価をとるべきことが議論されるが，そのような対価の妥当性を検討する場合には上記のような信用スプレッドの構造を踏まえて考える必要がある。また与信ポートフォリオの価値やリスク量（信用VaRなど）を算出する際にも信用スプレッドは重要なパラメータの一つである。

信用スプレッド

関連用語 ⇒「信用リスク」「クレジット・デリバティブ」「格付」「信用コスト」「信用 VaR」「個別リスク」

信用リスク　　　　　　　　　　　　　　　　　レベル 1

金融取引の与信先や金融商品の発行体が倒産する，あるいは信用状態が悪化する等の事由により，当該与信取引の価値が消失もしくは減少し，損失を被るリスク

Step 1　信用リスクとは，与信先が倒産（債務デフォルト）することによって貸金等の債権の全額もしくは一部について回収ができずに損失を被るリスク，あるいは，デリバティブ取引や債券等の保有のように時価評価を行うことが前提となっている取引で与信先が必ずしも債務をデフォルトしなくとも，信用状態の悪化の過程で損失を被るリスクをいう。与信先の信用状態の悪化は与信先が行う固有事業そのものに競争力がなくなっていくことや，もしくは与信先の状況は変わらずとも経済環境の変化から与信先を取り巻く業界そのものが構造的に衰退する局面に突入している場合等，さまざまな内的および外的な要因によって発生する。したがって与信先の状況は決算情報の入手時だけでなく，株価の変動，外部格付機関による格付変更，当該与信先に関連する業界動向等を常時把握し，急激な信用状態の悪化がある場合には，与信額の削減，担保の徴求等，必要な対応を行う必要がある。

Step 2　従来，金融機関における与信先の管理は個別に審査担当者の経験的な知識をもとに行われることが多かったが，最近では合理的および客観的な判断を重視する意味からも一定のロジック（モデル）に基づく信用格付を付与し，この格付をベースに与信先管理が行われるようになってきている。具体的には，期中管理としての与信先の信用状態が変化した場合の格付の見直しや格付をベースとした倒産確率やデフォルト時損失率を踏まえた与信先のリスク・リターン評価および与信方針の策定，格付別の与信枠設定および与信権限体系の構築などの内部管

信用リスク

理体制の整備があげられる。また、個別案件、個別与信先の与信管理を行うだけでなく、信用リスク計量モデルなどを用いることにより与信ポートフォリオ全体のリスク量を計測することも信用リスク管理の領域として求められるようになってきている。

Step 3 　従来、金融機関の所要自己資本を定める自己資本比率規制上のリスクアセットの算出は、一般の事業法人であれば一律100%のリスクウェイトを乗じることにより求められてきたが、2007年から適用されているバーゼルIIでは、与信先の信用力に応じたリスクウェイトが適用され、従来比、信用リスクに対してより敏感な規制資本管理の体系となっている。

　また、信用リスクのコントロール手法として、信用リスクから将来生じうる可能性のある損失（非期待損失）が一定の自己資本の範囲内に収まるように、業務部門に対して信用リスク資本の賦課を行うことや、信用リスクポートフォリオにおいて特定の与信先や特定の業種に集中傾向がみられる場合には、そうしたカテゴリーに属する与信に対して通常の与信よりも厚い資本の賦課を行うような方策をとることも考えられる。加えて、必ずしも流動性の観点から市場が十分に整備されていないものの、信用リスクを軽減する有効な手法として、クレジット・デリバティブや証券化などの手法を活用することも考えられる。

関連用語 ⇒「信用リスク計量モデル」「倒産確率」「デフォルト時損失率」「クレジット・デリバティブ」「証券化」「バーゼルII」

信用リスク計量モデル　　　　　　　　　レベル3

貸出債権や債券等の信用リスクを伴う金融商品で構成されるポートフォリオの信用リスク量を定量的に算出するためのモデル

Step 1　金融機関が多数の貸出債権や債券等で構成されるポートフォリオから発生しうる最大損失（信用VaR）をあらかじめ予想し，市場リスク等のその他のリスクから発生しうるリスク量と統合して管理をしたいというニーズ，あるいはクレジット・ポートフォリオの資本効率を改善したいというニーズ等を背景として，信用VaRを算出するためのモデルが開発されてきている。

Step 2　信用リスク計量モデルとして比較的有名なものに，1997年にマートンのオプション理論をベースにJPモルガン（当時）が公開したクレジットメトリクス（CreditMetrics™）と，同じく1997年にクレディ・スイス・フィナンシャル・プロダクツ（当時）が保険数理をベースに開発したクレジットリスク・プラス（CreditRisk+™）がある。両者は，そのモデルの特性から信用リスクの定義に違いがあり，クレジットリスク・プラスはデフォルトが発生したことをもって信用リスクとするもので（デフォルト・モード，DM），一方クレジットメトリクスはデフォルトが発生するまでの信用力の変動に伴う資産価値の変動を信用リスクとするもの（マーク・トゥ・マーケット・モード，MTM）である。ほかにクレジットメトリクスに類似したモデルとしてMoody's KMVによるポートフォリオ・マネジャー（Portfolio Manager™）があり，このモデルでは格付の変動ではなくMoody's KMVが算出するEDF（Expected Default Frequency，予想デフォルト確率）と呼ばれるリスク指標を用いてリスク量を表現している。次ページの表では，上述の三つのモデルについて概要を整理した。

信用リスク計量モデル

モデル	クレジットメトリクス（Credit Metrics™）	ポートフォリオ・マネジャー（Portfolio Manager™）	クレジットリスク・プラス（Credit Risk+™）
提供会社	RiskMetrics	Moody's KMV	クレディスイス
基礎理論	マートンモデル	マートンモデル	保険数理
リスクの定義	MTM	MTMあるいはDM	DM
リスクのモデル化方法	資産収益率の変動による格付変動をモデル化	資産収益率の変動によるEDFクラスの変動をモデル化	デフォルト発生頻度をポアソン分布としてモデル化
相関性	資産収益率に関するファクターモデル	資産収益率に関するファクターモデル	独立または期待デフォルト率との相関を設定
回収率	固定もしくはベータ分布方式	固定もしくはベータ分布方式	固定回収方式
計測方法	シミュレーション方式	シミュレーション方式あるいは解析方式	解析方式

　上記に加えてこれらのモデルを発展させ，デフォルト・モードとマーク・トゥ・マーケット・モードの両方に対応することが可能なモデルや，回収率や相関性の設定方法にバリエーションをもたせたモデルも開発されている。

　シミュレーション方式（MTM方式）の信用VaR計量モデル（クレジットメトリクスの場合）における一般的な入力パラメータとしては，格付推移行列（マトリックス），デフォルト時の回収率，格付ごとの信用スプレッド，共通ファクターおよび独自ファクターに関する依存度の設定，共通ファクター間の相関，などがある。

Step 3　信用リスク計量モデルによって，区分ごと（すなわち個別債務者単位あるいはグループ単位）のリスク寄与度を算出することが可能になる。リスク寄与度を用いることによって，リスク集中度を評価したり，区分ごとのリスク対比リターンを考慮してポートフ

オリオの価値向上を図ることなどに活用できる。バーゼルIIの第二の柱では、集中リスクの評価が求められており、そのためのツールとしても信用リスク計量モデルの重要性は高まっている。

バーゼルIIの第二の柱における自己資本の十分性検証における信用リスク量評価やトレーディング勘定における個別リスク評価の精緻化、またアクティブ・クレジット・ポートフォリオ・マネジメントの導入など、信用リスク量をより精緻に評価することの重要性は増しており、それらの目的のためのツールとして信用リスク評価モデルの位置づけはより重要になりつつある。

関連用語 ⇒「信用VaR」「クレジット・デリバティブ」「マートンモデル」「信用スプレッド」「集中リスク」「アクティブ・クレジット・ポートフォリオ・マネジメント」「個別リスク」

> 信用リスク　信用リスク削減手法

信用リスク削減手法　　　　レベル3

一般には金融機関が債務者や証券保有等から発生する信用リスク量を軽減するために用いる手段を指すが，バーゼルⅡの定義では，信用リスク削減手法としては，(1)担保の取得，(2)保証（クレジット・デリバティブを含む）の取得，(3)ネッティングの適用の三つが信用リスクアセットを削減するための手段として認められている

Step 1　金融機関は与信の取組み時や期中管理において，与信額自体を直接削減することとは別に担保や保証の取得により当該与信から発生する信用コストや信用リスク資本等の信用リスク量を削減することも可能である。与信管理上はさまざまな形態の担保や保証が信用リスク軽減として用いられるが，バーゼルⅡにおいては信用リスクアセットを削減することができる手法は(1)担保，(2)保証，(3)ネッティングに限定されており，またそれぞれの手法における取扱いについてもStep 2にあるとおり細かく定められている。

Step 2　(1) **担保の取扱い**
① 適格担保の種別……現預金や有価証券等の金融資産担保，不動産担保，債権譲渡担保。
② 担保取得による信用リスクアセット削減効果……LGDの引下げによる削減。
③ 担保効果算出方法……基礎的内部格付手法では以下の計算式に従う（次ページの表では金融資産担保および不動産担保のみ例示）。先進的内部格付手法では担保の種別に応じて，カバー率，ヘアカット率等を自行推計のうえ，担保勘案後LGDを算出する。

〔金融資産担保〕

担保の種類	担保効果算出方法（基礎的内部格付手法）
① 現預金 ② 金 ③ BB−以上のソブリン発行証券 ④ BBB−以上の事業法人発行証券 ⑤ 上場株式 ⑥ 投資信託	担保勘案後LGD＝LGD×（1−ヘアカット後の担保カバー率） | 担保種類		ヘアカット率
---	---	---
現預金		0.00%
債券	AA−以上	0.5%〜8.0%
	A＋〜BBB−	1.0%〜12.0%
	BB＋〜BB−	一律15.0%
金・インデックス組入株式		15.00%
その他の上場株式		25.00%	 債券のヘアカット率は残存期間および発行体の種別による。

〔不動産担保〕

担保の種類	担保効果算出方法（基礎的内部格付手法）
① 居住用不動産 ② 商業用不動産		担保カバー率	担保勘案後LGD
C≦30%	45%
30%＜C＜140%	45%−C/140%×（45%−35%）
140%≦C	35% | C＝担保カバー率 上記は不動産担保では担保カバー率が140%以上であってもLGDは35%より下がることはないことを意味している。

(2) 保証の取扱い

① 適格保証の種別……正式保証およびクレジット・デリバティブ。保証人およびプロテクション提供者の適格対象範囲は次ページの表のとおり。

② 保証取得による信用リスクアセット削減効果……PDの引下げによる削減。

③ 保証効果勘案方法……保証でカバーされる部分に保証人のPD（標準法の場合，リスクウェイト），カバーされていない部分ついては，原債務者のPD（同，リスクウェイト）を適用することとなる。

信用リスク削減手法

〔適格保証人の範囲〕

標準法	基礎的内部格付手法	先進的内部格付手法
原債務者よりもリスクウェイトが低いソブリン・公共部門・銀行と外部格付A-以上の事業法人		保証人の範囲に制限なし
	内部格付で外部格付A-相当以上の事業法人	

(3) ネッティング

① ネッティングの種別……オンバランスシートネッティング。

② ネッティング適用による信用リスクアセット削減効果……EADの削減。

③ ネッティング効果勘案方法……法的に有効性なネッティング契約下にある資産（貸出金）と債務（預金）の相殺を行う。

Step 3 上記の担保や保証を用いて信用リスク削減を認識するための要件として、担保の取得や処分に対する法的有効性の確認、適切な担保評価方法および頻度、保証人に対する適切なモニタリングを実施することが必要となる。

担保や保証の適用で、担保や保証の期間が原債権の期間に満たない場合には、担保および保証カバー部分を算出する際に期間ミスマッチについて所定の算式による調整が必要となる。

$Pa = P \times (t - 0.25) / (T + 0.25)$

　Pa＝マチュリティミスマッチ調整後の担保・保証勘案額

　P＝ヘアカット調整後の担保・保証額

　t（年）＝min（T，保証・担保契約の残存期間）

　T（年）＝min（5，原債権の残存期間）

同様に、原債権の通貨と担保や保証の通貨が一致していない場合には、担保および保証カバー部分を算出する際に通貨ミスマッチについても所定の算式による調整が必要となる。

$Ga = G \times (1 - H_{FX})$

信用リスク削減手法

　Ga＝通貨ミスマッチ調整後の保証額

　G＝保証の額面金額

　H_{FX}＝通貨ミスマッチに対して適用するヘアカット率

　なお，クレジット・デリバティブを信用リスク削減手法として用いる場合，リスク削減効果を完全に認識するためには，クレジット・イベントとして①破産（Bankruptcy），②支払不履行（Failure to pay），③リストラクチャリング（Restructuring）の条項が含まれている必要があり，③のリストラクチャリング条項を外した契約となっている場合には，リスク削減効果は60％までしか認識されない。

関連用語 ⇒「倒産確率」「デフォルト時損失率」「バーゼルⅡ」「内部格付手法」「クレジット・イベント」

信用リスク スロッティング・クライテリア

スロッティング・クライテリア　　レベル3

バーゼルⅡ上の資産区分である特定貸付債権（Specialized Lending）の信用リスクアセット額を算出する際に、各当該債権の信用リスクの度合いに応じて簡便にリスクウェイトを適用するために規制当局が設けた5段階の基準

Step 1　バーゼルⅡの内部格付手法において信用リスクアセットを算出する際、一般の事業法人向けエクスポージャー等は倒産確率（PD）およびデフォルト時損失率（LGD）等のパラメータを用いてリスクウェイトを決定するが、プロジェクト・ファイナンス、オブジェクト・ファイナンス、コモディティ・ファイナンス、事業用不動産向け貸付およびボラティリティの高い事業用不動産貸付の特定貸付債権（Specialized Lending）については、デフォルトデータが少ないことからPDやLGDの独自推計および検証が困難なことが多い。このため、各特定貸付債権の信用リスクの度合いに応じて、「優」、「良」、「可」、「弱い」、

	プロジェクト・ファイナンス、オブジェクト・ファイナンス、コモディティ・ファイナンス、事業用不動産向け貸付		ボラティリティの高い事業用不動産貸付	
スロッティング・クライテリア	残存期間		残存期間	
	2年半未満	2年半以上	2年半未満	2年半以上
優	50%	70%	70%	95%
良	70%	90%	95%	120%
可	115%		140%	
弱い	250%		250%	
デフォルト	0%		0%	

スロッティング・クライテリア

「デフォルト」の五つの段階に分類のうえ、前ページの表のように該当するリスクウェイトを適用することが認められている。

Step 2 実際に上記の基準を用いてリスクアセットを算出するためには、通常、各金融機関の内部格付をスロッティング・クライテリア（Slotting Criteria）にマッピングすることとなるが、その際、各国当局が示すスロッティング・クライテリアの詳細な定量基準および定性基準が内部格付の判断基準と平仄がとれていることが必要になる。つまり定量基準および定性基準に示されているリスクファクターが内部格付の判断基準におけるリスク分析で十分考慮されていることを示しておく必要がある。

なお、スロッティング・クライテリアの目線として、外部格付との対応関係は下表となっていることが規制当局から示されている。内部格付と外部格付の整合性が明確である場合にはこの表を用いてマッピングもしくは検証を行うことも可能であろう。

スロッティング・クライテリア	優	良	可	弱い	デフォルト
外部格付	BBB−/Baa3以上	BB+/Ba1またはBB/Ba2	BB−/Ba3またはB+/B1	B/B2〜C−/C3	該当なし

関連用語 ⇒「倒産確率」「デフォルト時損失率」「バーゼルⅡ」「内部格付手法」

信用リスク ダブル・デフォルト効果

ダブル・デフォルト効果　　　　　レベル3

ある債権に対して第三者からの保証もしくはクレジット・デリバティブのプロテクションがある場合に，原債務者と保証人もしくはプロテクションの提供者が同時に倒産（デフォルト）するリスク

Step 1　原債務者とプロテクション提供者が同時に倒産する確率は，両者が個々に倒産する確率に比べて低いと考えられ，規制資本および経済資本を計測する際に同効果を勘案することが考えられる。

BIS第一次規制では保証人もしくはプロテクション提供者のリスクウェイトが原債務者のリスクウェイトより低い場合に，リスクウェイトを原債務者のものから保証人もしくはプロテクション提供者のものに置き換えるのみで，ダブル・デフォルト効果については勘案されていなかった。しかしながらバーゼルIIの信用リスクアセット算出にあたっては，下記の条件を充足すればダブル・デフォルト効果を勘案のうえ，リスクウェイトを軽減することが可能となっている。

ダブル・デフォルト効果を勘案するための充足条件

① バーゼルIIの規制監督下にあり，外部格付が投資適格以上の金融機関であること
② 保証もしくはプロテクション提供者の格付が期間中A−／A3と同等以上のPDに対応する内部格付であること
③ 保証もしくはプロテクションの提供者が中央政府等のソブリンに該当しないこと
④ 保証もしくはプロテクションの提供者と原債務者のデフォルトの相関関係が高くないこと

ダブル・デフォルト効果

Step 2　ダブル・デフォルト効果を勘案した信用リスクアセットは以下の算式によって算出することとなる。

信用リスクアセット＝$K_{DD} \times 12.5 \times EAD_g$

EAD_g は保証人もしくはプロテクション提供者の EAD

$K_{DD} = K_o \times (0.15 + 160 \times PD_g)$

PD_g は，保証人もしくはプロテクション提供者の PD

所要自己資本率 $K_o =$
$\left[LGD_g \times N \left\{ (1-R)^{-0.5} \times G(PD_o) + \left(\frac{R}{1-R} \right)^{0.5} \times G(0.666) \right\} - EL \right]$
$\times \{1 - 1.5 \times b\}^{-1} \times \{1 + (M - 2.5) \times b\}$

LGD_g は被保証債権もしくは原債権の債務者の LGD または保証人もしくはプロテクション提供者の LGD のうち，当該取引の性質に照らして適切と認められる数値。

PD_o は被保証債権または原債権の債務者の PD

EL は PD_o に LGD_g を乗じた率。

上記の算式は ASRF（Asymptonic Single Risk Factor）モデルに基づくものであるが，端的にいえばプロテクション提供者の PD_g に応じて，$(0.15 + 160 \times PD_g)$ の比率で信用リスクアセットが軽減となる。上記の軽減係数を計量する際に ASRF モデルで適用した相関が保守的となっているため，結果としてダブル・デフォルト効果によるリスク軽減は限定的な運用となっている。

なお，LGD に対する効果として原債務者と保証もしくはプロテクション提供者の双方からの回収効果（ダブル・リカバリー）については考慮不可となっている。

関連用語 ⇒「倒産確率」「デフォルト時損失率」「バーゼルⅡ」「内部格付手法」

信用リスク デット・エクイティ・スワップ

デット・エクイティ・スワップ　レベル3

債務の株式化，つまり債務と株式を交換することで企業の財務内容の改善を行う企業再建の手法の一つ

Step 1　デット・エクイティ・スワップは債務の株式化とも呼ばれ，一般的には多額の債務を抱える企業が，自己の債務と株式を交換することにより経営再建を行う手法として用いられることが多い。海外，特に米国においては比較的古くから利用されてきた手法であるが，日本では1999年10月に産業活力再生特別措置法が施行されたことにより，取扱いが明文化された。

デット・エクイティ・スワップの類型としては，主に以下の三つの方法がある。

① 債務者が金融機関等の債権者を引受人として借入額の現在価値に相当する株式を時価発行し，その資金で債権者に債務を弁済する方法
② 債権者が債務者に対して保有している債権を当該債務者宛に現物出資する方法
③ 債務者が保有している自己株式を債権者に代物弁済として譲渡する方法

Step 2　デット・エクイティ・スワップには，債務者としては自己資本が増強されることにより財務内容の改善につながり，配当負担が増える一方で金利負担が軽減されるというメリットがある。債権者である金融機関は株主として直接，債務者企業の経営に関与することが可能となることに加え，将来，企業価値が上昇した場合には株式の売却益が期待できるというメリットはあるものの，債権が株式化されることで大幅に弁済順位が低下することや，債権から発生している金利収益が大幅に減少する一方で株式の配当が順調に行われるまで相応の時間を要する

こと、また、債務者企業そのもののモラルハザードにつながるおそれがあること、といったデメリットがある。したがって、デット・エクイティ・スワップを実施する場合には、当該債務者に再建の可能性があることが前提であり、そのうえで上記のメリット・デメリットを十分に検討する必要がある。

Step 3 日本でデット・エクイティ・スワップが明文化されたことに伴い、以下の関係法令の整備が進められた。

① 「5％ルール」の緩和

デット・エクイティ・スワップにより株式を取得する場合にはいわゆる「5％ルール」の適用を除外するよう、銀行法施行規則の改正が行われた。また、同様の趣旨から独占禁止法上も事業支配力が過度に集中することになる場合や一定の取引分野の競争を制限することとなる場合を除いて、5％超の保有を認めることとした。

② 「銀行等による株式等の保有の制限等に関する法律」の緩和

銀行は株式保有総額をTier 1以内に収める義務があるが、デット・エクイティ・スワップにより株式を取得する場合には、企業の再建計画が終了するまでに限り適用が除外されている。

③ 現物出資に伴う検査役による調査の省略

現物出資によるデット・エクイティ・スワップを行う場合には、現金のかわりに出資される資産がその対価となる株式の価額を上回っているかどうかについて、裁判所が選任した検査役が調査を行うことが義務づけられていたが、2006年5月の会社法改正により、弁済期が到来している資産を額面以下で現物出資する場合には検査役の調査は不要となった。

また、債務を株式化するデット・エクイティ・スワップではなく、債務者の財政再建を目的として銀行等の債権者が保有する債権を劣後化するデット・デット・スワップも行われている。デット・デット・スワップはデット・エクイティ・スワップに比べて債務者は最終的な返済義務を負うことやコベナンツを付与することによって債務者のモラルハザードを削減す

ることもできるという観点では，銀行にも受け入れやすい企業再生方法の一つとなっている。

関連用語 ⇒「コベナンツ」

デフォルト時損失率　　　　　レベル2

与信先がデフォルトした時点での与信額に対する損失見込額の割合で,「1－回収率」としてとらえることもできる

Step 1　デフォルト時損失率とは,与信先がデフォルトした時点での与信額に対する損失見込額の割合のことであり,一般には略語である「LGD」(Loss Given Default)と呼ばれ,債権の種類,担保などの保全の有無,担保の種類等により大きく異なることとなる。LGDは倒産確率(PD)やデフォルト時エクスポージャー(EAD, Exposure at Default)とともに一般貸倒引当金を算出するもととなる期待損失や非期待損失を求めるために用いられるほか,バーゼルⅡにおける内部格付手法を採用している金融機関においては,信用リスクアセットを算出するためのパラメータとして用いられる。

Step 2　日本では,LGDを推定することを可能とする公表データが存在せず,各金融機関で内部データを担保の有無,担保の種類,担保のカバー率,担保順位等の切り口により分析を行い,LGDを推計することが一般的である。特に担保については,非上場株式のように担保の流動性(処分性)が低いものや,あるいは不動産のように価格変動(下落)が激しいものについての回収率を推計する場合に十分な検証を行うべきである。また,実際にLGDを算出する場合には,回収に要した裁判費用やサービサー宛支払等の費用をすべて含め,一定の割引率で現在価値に割り引いた数値を用いることが多い。

また,国ごとに破産法の内容およびその運用が異なることから,回収率の推定についても国ごとに推計する必要があるかどうかについても検討が必要である。一般には事業債市場が発達している米国においては,企業の経営状況が悪化し始めてからデフォルトするまでの期間が,日本における

デフォルト時損失率

企業のデフォルトのタイミングに比べて短いため，日本よりも高い回収率となるケースが多い。

Step 3 LGDの推計値を信用リスクアセット，信用コスト，信用VaR等に用いるには，推計値を長期的なデータに基づいて計測し，十分に保守的でかつ安定的な数値となっている必要がある。特にバーゼルIIで先進的内部格付手法を採用する金融機関では，信用リスクアセットの計算に用いるLGDは景気後退期のLGDであることが求められている。また倒産確率と同様に，バックテスティング，外部データとの比較等により検証を定期的に行う必要がある。

各金融機関でのLGDに関するデータが十分でないケースやLGDの検証を行うための補完的な手段として，LGDデータを金融機関間で提供のうえ，共同で利用するような動きもみられる。

信用リスク計量モデルで信用VaRを計測する場合には，LGDを属性ごとの固定値として設定する場合のほか，ベータ分布などを用いて確率変数として表現する場合もある。

関連用語 ⇒「倒産確率」「信用コスト」「バーゼルII」「内部格付手法」

倒産確率　**信用リスク**

倒産確率　　　　　　　　　　　　　　　　　　　　　レベル2

将来の一定期間に債務不履行（デフォルト）[1] が発生する確率

Step 1　倒産確率（Probability of Default, PD）の推定は各金融機関における債務者の格付別倒産実績を年ごとの長期平均を算出することにより推計値としたり、統計的な格付モデルの利用により直接、倒産格付を推計することや、内部格付を外部格付機関の格付等の外部データにマッピングして推計する等により求められるが、その前提としてその基礎となる格付を各債務者に付与する必要がある。金融機関によっては財務指標をもとに経験に基づく総合的判断で格付を付与する伝統的な手法をとるところもあるが、最近では企業の財務データを統計的に処理して、デフォルトに関連が深いと思われるいくつかの財務指標についてウェイトづけを行い企業の評点を算出するための信用リスク評価モデル（格付付与モデル）を構築する方法もとられている。信用リスク評価モデルには、アルトマンのZを用いてデフォルトするか、しないかを二者択一で判別するモデルや、企業の財務データと倒産確率との間に線形もしくは非線形の関係を仮定して、倒産確率を回帰分析によって推計するモデル等がある。また、マートンモデルを利用したオプション理論に基づく信用リスク評価モデルを用いている金融機関もみられる。

倒産確率は回収率とともに一般貸倒引当金を算出するもととなる信用コストを求めるために用いられるほか、LGD（Loss Given Default, デフォルト時損失率）やEAD（Exposure at Default, デフォルト時エクスポージャー）とともに、バーゼルIIにおける内部格付手法を採用している

---

[1] 倒産と債務不履行（デフォルト）は厳密には異なる事象といえる（倒産するのは企業であり、デフォルトするのは債務である）が、日本では一般にデフォルト確率と倒産確率を同義に用いる場合が多い。

倒産確率

金融機関においては，信用リスクアセットを算出するためのパラメータとして用いられる。

Step 2 格付ごとの倒産確率の推計を行うのと同時に信用VaRを算出する場合には，各格付が1年後にどのような格付となっているかという格付遷移確率，格付別の回収率，業種間の相関関係等についても実際のデータを用いて推計する必要があるが，その場合統計的に十分な量のデータがあるかどうかが問題となる。また格付別の倒産確率の長期的な推移をみると，景気循環とも相応の相関がみられることから，景気の方向性や予測を織り込んだ形で倒産確率を推計する場合もある。

倒産確率を信用リスクアセット，信用コスト，信用VaR等に用いるには，倒産確率の推計値が十分に保守的でかつ安定的な数値となっているかどうか，格付ごとの倒産確率の比較，バックテスティング，外部データとの比較等により検証を定期的に行う必要がある。

関連用語 ⇒「マートンモデル」「デフォルト時損失率」「信用コスト」「バーゼルⅡ」「内部格付手法」「信用VaR」

内部格付手法　信用リスク

内部格付手法　　　　　　　　　　　レベル2

2007年に適用が開始されたバーゼルIIにおいて信用リスクアセットを算出する際に、銀行の内部管理に用いている自行の格付およびその推計値に基づいたリスクウェイトを適用して信用リスクアセットを計測する手法

Step 1　内部格付手法（Internal Rating Based Approach, IRB）においては倒産確率のみについて自行推計値を用いる基礎的内部格付手法と、倒産確率のほか、デフォルト時損失率、マチュリティ、デフォルト時エクスポージャー等を含めた数値について自行推計値を用いる先進的内部格付手法のいずれかの選択が可能となっている。内部格付手法のほかには、Moody'sやS&Pなどの外部格付機関による信用評価に基づいたリスクウェイトを用いてリスクアセットを計算する標準的手法が選択肢として規定されている。

標準的手法および内部格付手法とも、資産や債務者の種類ごとに当局が定める一律のリスクウェイトを適用する旧来の信用リスク計測手法に比べれば、より債務者の信用状況を反映した計測を行うこととなり、信用リスク感応度が高まることとなるが、標準的手法は外部格付機関による信用評価を用いることとなるため、外部格付をもたない企業については自行での信用リスク評価が高い場合でも無格付とされて高いリスクウェイトが付されてしまう点や適用されるリスクウェイト区分が粗くなってしまう問題点がある。内部格付手法は自行が行っている債務者の評価に従って個社ごとにリスクウェイトを適用することとなるため、自行の内部管理体制に則していることから規制上の所要資本と内部のリスク管理態勢がより整合的に運営できることとなり、より進んだ信用リスク測定手法であるということができる。

内部格付手法

Step 2　バーゼルIIで内部格付手法を採用するには，自行で採用する内部格付手法が，当局が設定する定性的および定量的基準を満たす必要がある。たとえばすべての与信に対する格付の付与，ストレステスト等を通じた格付モデルの充実，与信運営上のプロセスにおいて内部格付が重要な役割を果たしていることの確保，監査体制，経営者に報告し承認を求める体制の整備，格付データの蓄積などがある。これらの基準を満たすためにはシステム，事務体制，人事手当て等相当の資源投入が必要となるため，必ずしもすべての金融機関が内部格付手法を採用しているというわけではない。しかしながらグローバルに活動する先進的金融機関については，内部格付手法，特に先進的手法を採用しているものと思われ，国際的活動を行う金融機関についてはより進んだ手法の採用に向けて周到な準備，体制の整備を行っていくことが市場の信任を得る意味からも望ましいと考えられる。

Step 3　内部格付手法は標準的手法に比べて信用リスク感応度は高いものとなるが，信用リスクポートフォリオの状況によっては，内部格付手法を用いた場合のほうが標準的手法を用いた場合より信用リスクアセットが増加する結果となる可能性もあることに注意をする必要がある。

関連用語 ⇒「バーゼルII」「倒産確率」「デフォルト時損失率」「第一の柱」「(信用) 格付」

ネッティング **信用リスク**

ネッティング　　　　　　　　　　　　レベル2

複数の外国為替取引やデリバティブ取引から発生する取引当事者間の債権・債務を差し引く，もしくは一本の債権・債務に置き換えて決済することにより，取引相手方（＝カウンターパーティ）に対する信用リスクもしくは決済リスクを軽減する手法

Step 1　ネッティングには大きく分けて2当事者間で行うバイラテラル・ネッティングと3当事者間以上で行うマルチラテラル・ネッティングがある。さらにバイラテラル・ネッティングには，①ペイメント・ネッティング，②ノベーション・ネッティング，③クローズアウト・ネッティングがある。

(1) **バイラテラル・ネッティング（相対ネッティング）**

① ペイメント・ネッティング（Payment Netting）

同一取引相手，同一通貨，同一決済日となっている複数の債権・債務がある場合に，その債権・債務の差額のみを決済日に受払いする方法。

② ノベーション・ネッティング（更改によるネッティング，Novation Netting）

同一取引相手，同一通貨，同一決済日となっている複数の債権・債務がある場合に，新たな債権の発生のつど，決済日の到来を待たずに債権・債務を差引して一本の債権・債務に置き換える方法で，オブリゲーション・ネッティングとも呼ばれる。ペイメント・ネッティングとの違いは，ある金利スワップを締結して，数日後に同一の相手と同一通貨，同一決済日の金利スワップをさらに締結した場合に，決済日時点でネッティングを行うのではなく，ノベーション・ネッティングは新たな取引を締結した時点でネッティング契約が成立しているとするものである。

③ クローズアウト・ネッティング（一括清算ネッティング，Close-out

ネッティング

Netting)

取引の一方の当事者に倒産等の期限の利益喪失事由が発生した場合，取引の期日・通貨にかかわらず，当事者間のすべての債権・債務を現在価値に引き直してネットアウトし，一つの債権・債務に置き換えて決済するもの。

⑵ マルチラテラル・ネッティング

3当事者間以上で行うネッティングで，当事者間のみでネッティングを行う場合もあるが，参加者が多い場合には清算機関を通じてネッティングを行うことが一般的である。

Step 2 ネッティングの効果としては，導入するネッティングの種類によって，決済リスクの削減，信用リスクの削減が可能になるのに加えて，BIS規制上でのリスクアセットの削減が期待できることがあげられる。ネッティングの種類とその効果を表にまとめると以下のとおりとなる。

		ペイメント・ネッティング	ノベーション・ネッティング	クローズアウト・ネッティング
対象取引		同一相手，同一通貨，同一決済日の債権・債務	同左	基本契約に対象として定義されているすべての債権・債務
ネッティング時期		決済履行日	個別契約発生のつど	期限の利益喪失日
効果	決済リスク削減	○	○	×
	信用リスク削減	×	○	○
	リスクアセット削減	×	○	○

○：効果あり，×：効果なし

Step 3 ネッティング，特にクローズアウト・ネッティングの効果が得られるかどうかは，法的な議論を伴うものであり，国によって倒産法およびネッティング法などの法的環境が異なることから

リーガルオピニオン（弁護士意見）を確認する等，法的な有効性を確認したうえで行うべきである。特に，2当事者間の取引であっても複数の国に所在する本支店間で行われる取引に対するネッティング（マルチブランチ・ネッティング）については，判例も少ないため仮に法的有効性を確認しているリーガルオピニオンがあったとしても現実には裁判所によりネッティングが否認される可能性もあることを認識しておく必要がある。なお，通常，デリバティブ取引はISDAマスター契約を用いられることが多く，当該契約書にネッティングの取扱いに関する条項が定められているため，ISDAが積極的に各国のネッティングの法的有効性についてリーガルオピニオンを取得のうえ，確認作業を進めている。またBIS規制のリスクアセットをネッティングにより削減する場合においても，当事者同士が対等の立場で清算が可能なFull Two Way Payment方式による契約となっていることに加えて，ネッティングが法的に有効であることが前提条件として定められている。

日本においても民法上の相殺条項の解釈をもとにクローズアウト・ネッティングは一定の前提条件のもとでは法的に有効であるとの見解が出されていたが，平成10年12月に「金融機関等が行う特定金融取引の一括清算に関する法律」が施行されたことによりクローズアウト・ネッティングの法的有効性がより確立されつつある。

上記は，デリバティブ取引におけるカウンターパーティ・リスクを軽減するためのオフバランスシート取引のネッティングであるが，別途，バーゼルIIにおける信用リスク削減手法の一つとして，貸出金と預金の相殺を行うオンバランスシートネッティングも存在する。

関連用語 ⇒「ISDAマスター契約」「信用リスク削減手法」

信用リスク ノンリコースローン

ノンリコースローン　　　　レベル3

ノンリコースローンとは，非遡及型融資といい，返済の原資とする財産（責任財産）の範囲を限定した貸付方法のこと

Step 1　通常の融資では，債務者は自己の全資力をもって債務を弁済する義務を負うのが原則である。しかし，この原則のもとでは企業が多額の投資を行ったが，仮に当該投資が失敗に終わった場合，投資とは関係のない本業まで影響を受け，最悪倒産という事態を招く可能性がある。

そこで，企業は，100％子会社として新規投資のみを行うための特別目的会社（SPC）をつくり，当該SPCが投資の法的な主体となって投資を行ったうえで，所有権等も当該SPCの名義とする。この形をとることによって，企業が返済不能になった場合，リスクを株式の出資分に限定し，強制執行により事業基盤まで失うリスクを低減できる。金融機関は当該SPCに融資をするという形をとり，こうした融資がノンリコースローンと呼ばれる。

Step 2　ノンリコースローンは，賃貸ビル等の収益用不動産が対象となる不動産分野での活用が多いが，航空機，船舶等の比較的安定したキャッシュフローが期待できる動産を対象とする場合もある。また，特定の投資プロジェクト（M&A等）を対象とする場合もある（以下では不動産ノンリコースローンを例にとって説明する）。

ノンリコースローンでは，当該投資の成否を判断のうえ，リスクに見合ったプレミアムの設定，スキーム組成能力など，金融機関の審査能力が試されることになる。

したがって，当該不動産が将来生み出すキャッシュフローの安全性を評価することが非常に重要になるが，キャッシュフローの安定性を確かめる

ためには，立地や周辺マーケットの動向，テナントの信用力，賃貸期間，賃料，保証金およびその返還条件等を分析し，賃料や空室期間，空室率，金利等の変動リスクを折り込んだキャッシュフローを想定し，返済に十分な原資が確保されるかを検証しなければならない。

Step 3 不動産ノンリコースローンのリスク管理においては，融資期間中の元利金の回収可能性と融資期間終了時（リファイナンス時）における元本の回収可能性について，金利の変動と賃料の下落に対する耐性を分析することで管理することが多い。ここで重視される指標は，DSCR，LTVである。DSCR（Debt Service Coverage Ratio）は（期間中の元利金支払前のキャッシュフロー）÷（期間中の元利金支払予定額）で求められ，借入期間中の返済能力を把握する指標で，商品設計の際に重視されると同時に財務制限条項として実行後のモニタリング時にも重視される。1.0を下回れば，利息等の回収が不可能になる可能性を意味している。LTV（Loan to Value）は，対象不動産の「資産価値」に対する「借入金額（対象債務と同順位以上の債務に限定して）」の割合を示すもので，「融資比率」や「ローン掛目」ともいう。対象不動産の「資産価値」を求める際にStep 2で求めたリスクを織り込んだキャッシュフローをもとに収益還元法で評価することが多い。収益還元法のうち，直接還元法（Direct Income Method）で採用する還元利回りをキャップレート（Capitalization Rate）という。キャップレートによって対象不動産の資産価値は大きく変わることになるので，標準的なキャップレートを把握することが肝要である。

以上，賃料および金利の感応度分析を行い，DSCRとLTVから元利金回収上許容できる賃料下落と金利上昇幅を逆算的に求めておくとモニタリング時に有効である。

関連用語 ⇒「証券化」「コベナンツ」

信用リスク マートンモデル

マートンモデル　　　　　　　　　　　レベル3

オプションの価格理論を応用し，企業の資産価値を原資産としてとらえ，株式をヨーロピアンタイプのコールオプション，負債をヨーロピアンタイプのプットオプションとして評価する信用リスク評価モデル

Step 1　仮にある企業についてバランスシートの負債側の構成要素が自己株式資本E（Equity）と額面金額F（Face Amount）である割引債の発行による資金調達D（Debt）である場合に，現時点t＝0における企業価値V（Value）はバランスシート上，負債と資本の合計に見合うことから，

$$V_0 = E_0 + D_0$$

と表すことができる。

ここでマートンモデルはオプション価格理論に基づいて企業の資産価値が幾何ブラウン運動に従うと仮定し，割引債の償還期日t＝Tにおける企業価値V_Tと負債の額面金額Fとを比較することにより債務不履行の可能性を求めるものである。

すなわち，負債額面金額Fの償還期日までの期間Tにおいて

① $V_T \geq F$ であれば，割引債は全額償還され，$E_T > 0$，$V_T = E_T + F$
② $V_T < F$ であれば，負債は債務不履行となり，$E_T = 0$，$D_T = V_T$

と考えられ，株式保有者は企業の資産価値V_Tを原資産とし，満期T，行使価格Fのヨーロピアン・コールオプションを保有（買持）していることとなる。逆に，割引債を保有する者は企業の資産価値V_Tを原資産とするヨーロピアンタイプのプットオプション（満期T，行使価格F）を売却していることとなる。

Step 2 マートンモデルを実際の企業の倒産確率を求めるために用いるには、企業の資産価値およびそのボラティリティをパラメータとして必要とするが、これらのパラメータは直接観測することが困難であるという問題がある。この問題をたとえばKMVクレジット・モニター®という信用リスク計量モデルでは企業の資産価値と株式価値との構造的関係を利用することによって企業の資産価値およびそのボラティリティを推定し、最終的にEDF™ (Expected Default Frequency, 予想デフォルト確率) を算出することで処理している。また、その他マートンモデルを応用した信用リスク計量モデルが多くみられる。

関連用語 ⇒「信用リスク計量モデル」「信用VaR」

参考文献

「クレジット投資のすべて」,大橋英敏,金融財政事情研究会,2006年

「金融検査マニュアル(預金等受入金融機関に係る検査マニュアル)」,金融庁

「総解説 金融リスクマネジメント」,ゴールドマンサックス,ウォーバーグ・ディロン・リード,1999年12月

「マーケットリスクを対象とするための自己資本合意の改訂の概要」,BIS バーゼル銀行監督委員会,1996年

「コベナンツバンキングの勧め」「金融財政事情」,渡部潔,金融財政事情研究会,1999.9.13-20

「デリバティブ取引の法務と会計・リスク管理」,福島良治,金融財政事情研究会,2002年

「詳説信用リスク商品-クレジット・デリバティブと証券化の実務」,水野裕二・河合裕子,IS コム,2002年

「デリバティブキーワード 300」,金融財政事情研究会,2007年

「デリバティブ入門」,高橋誠,新井雄雄,日本経済新聞社,1996年

「デリバティブ・リスク管理」,大和証券業務開発部編著,金融財政事情研究会,1995年

「信用格付けを活用した信用リスク管理体制の整備」,「証券アナリストジャーナル」,宮下俊郎,下田尚人,2002年3月

「金融リスクマネジメント」,小野覚,東洋経済新報社,2001年,

「信用リスク計測と CDO の価格付け」,室町幸雄,朝倉書店,2007年

「リスクマネジメント」,Crouhy, Galai, Mark(訳者代表 三浦良造),共立出版,2004年

「クレジットデリバティブのすべて」,河合祐子・糸田真吾,財経詳報社,2007年

「信用リスクの測定手法のすべて」,アンソニー・サウンダース,金融財政事情研究会,2001年

「信用リスク管理の高度化に向けた自己査定の活用について」,日本銀行,1997年

「金融再生プログラム―主要行の不良債権問題解決を通じた経済再生―」,金融庁,2002年

参考文献

「不良債権問題の基本的な考え方」,金融庁,2002年

「私的整理に関するガイドライン」,私的整理に関するガイドライン研究会,2001年

「ストラクチャードファイナンス格付け手法 不動産」,日本格付研究所,2007年

"Credit Risk Modelling: Current Practices and Applications", Basel Committee on Banking Supervision, April 1999

"Range of practices and issues in economic capital modelling", Basel Committee on Banking Supervision, Consultative Document, August 2008

"Convergence of credit capital models", IACPM and ISDA, February 2006

リスク管理高度化と金融機関経営に関するペーパーシリーズ「内部格付制度に基づく信用リスク管理の高度化」,日本銀行金融機構局,2005年

「わが国の金融機関における与信ポートフォリオ・マネジメントの現状と課題」,与信ポートフォリオ・マネジメントに関する勉強会,2007年

Ⅴ 決済リスク

決済リスク CLS

CLS   レベル3

PVP（Payment versus Payment）により外為決済リスクを削減する，外国為替決済のためのクロスボーダー多通貨決済システム

Step 1　ヘルシュタットリスク削減を目的として，G20によって考案された外国為替取引の新決済方法。1996年BISの支払・決済システム委員会の「外為取引における決済リスクについて」（通称「オルソップレポート」）での提言をきっかけに，民間金融機関主導でプロジェクトをスタート，2000年ニューヨークにCLS Bank（日本語名「外為決済専門銀行」）を設立し，2002年より稼働している。各国中央銀行は，RTGSシステムの共通稼働時間帯を創設する（日本時間の午後2時から午後7時）などで，プロジェクトをサポートしている。CLS（Continuous Linked Settlement）決済はこの共通稼働時間帯を利用して，全世界同時に行われる。現在世界主要61行がメンバーとして参加し，さらにサードパーティー（Step 3参照）まで含めると，CLS決済の利用者は，3,300を超える。取扱通貨は当初主要7通貨でスタートしたが，2008年9月末現在17通貨まで拡大した。また，取扱商品も現物・先渡為替取引に加え，先渡取引にて差金決済を行うノン・デリバラブル・フォワード（Non-Deliverable Forward, NDF），そしてDTCC（The Depository Trust & Clearing Corporation）との提携により，クレジット・デリバティブも対象となった。

Step 2　CLS Bankの決済の仕組みは，振替決済と資金決済に分割できる。前提として，参加メンバーは各自CLS Bankに，持ち込んだ為替取引決済用の口座（マルチカレンシー口座）を開設し，決済に必要な資金は，各国通貨の中央銀行RTGSシステム経由で受払い

する。為替取引は、口座間振替で一件一件グロス決済（＝振替決済）され、これに必要な資金は、ネット尻だけを受払いする（＝資金決済）仕組みであるが、資金決済にファイナリティーがある結果、CLS Bank にて決済された為替取引も同じくファイナリティーが確保されている。以下で、決済プロセスを具体的に説明する。

各メンバーが CLS に持ち込んだ為替取引は、マッチング確認後、決済日別に保管され、同時に通貨別にネットアウトした勝ち負け尻が計算される。決済日当日には、CLS Bank は各メンバーに対し、通貨別の勝ち負け尻と、支払時限を表示した Pay-In スケジュールを発行し、メンバーがその指示に従った資金の払込を行うことで、CLS 決済が行われる。CLS Bank はメンバーからの資金払込を受けて、順次振替決済を開始、決済完了後直ちにメンバーに資金を払い出す。こうした一連のサイクルが、連続的に続くことから、Continuous Linked Settlement と呼ばれる。

CLS Bank は、三つのリスク管理テストをパスした取引だけを決済する。つまり、①通貨ごとにメンバー共通の大きさの限度枠を設けて、その範囲内で赤残を許容するも、②メンバーごとの赤残総合計には一定の上限枠を設け、さらに③各メンバー口座の総残高は常に黒残維持するというものである。CLS Bank はこうしたリスク管理テストを厳密に行うことで自身の安全性を保ちつつ、PVP による決済リスクの削減を実現している。

CLS 決済では、売り通貨の支払から買い通貨の受取りまでがごく短時間で終了し、かつ PVP が確保されていることから、元本を失うことはない。この意味で、CLS 為替の外為決済リスクはゼロとみなすことができる。また、資金決済は、通貨ごとにネットアウトした勝ち負け尻分だけを受払いすればよく、資金効率も向上することになる。ただし、CLS は現行の決済時間帯とは、違う時間帯で決済が行われるため、CLS 為替と非 CLS 為替のポジション次第では、日中の資金立替が生じ、日中流動性の調達・管理能力が重要となる。さらに、CLS 決済は決済を保証する機能は有していないので、万一フェイル（資金払込不履行）が発生した際には、

最終的に CLS 為替が非 CLS 為替に振り替わる可能性が残っている。

Step 3 　CLS 決済に直接参加するメンバーには一定の資格要件があり，信用力に加え高い流動性管理・事務処理能力が求められる。メンバーは同時に CLS グループの持株会社の株主に限定される。ただし，これらの要件を満たさない主体でも，メンバーに CLS 決済代行を委託できれば，サードパーティーとして参加することは可能である。サードパーティーには，銀行に限らず，ファンドや事業法人なども多く含まれる。

CLS との資金決済を仲介する，いわゆるノストロ銀行には，時間指定の支払指図を受け付けて確実に実行すること，そして障害発生時にもごく短時間で復旧し決済を続けること，など高いオペレーショナル能力が要求される。この結果，ノストロビジネスにおいては，既存の取引関係にかかわらず，一部の有力行への集中（＝寡占化）が進んでいる。

また，CLS システムも一種のネット決済システムであることから，ランファルシー基準に基づき，流動性供給スキームや，ロスアロケーションルールも定められている。

関連用語 ⇒「ヘルシュタットリスク」「DVP」「ランファルシー基準」

DVP　　　　　　　　　　　　　　　　　　　　　　レベル2

証券取引において証券の受渡しと資金決済を同時に行うこと

Step 1　DVP は Delivery versus Payment の略で，あらかじめ，証券の受渡しと資金の受渡しをひも付けておき，両者の受渡しを同時に行う取引のことである。どちらか一方が行われなければ他方も行われないとすることで，証券（資金）は渡したが資金（証券）は受け取れないという決済リスクを削減するのに有効な方法である。

　DVP は取引対象となる証券の種類ごとに対応態勢を構築する必要があるが，本邦においては，ペーパーレス化の進展とともに一通り DVP 決済の導入は整備された。詳しくみると，国債取引の DVP は日銀ネットを通じて完結している。そして，一般債や短期社債（電子 CP）そして投資信託の受益証券は，証券保管振替機構（以下"保振"という）にて，振替社債等として扱われることで，保振と日銀ネットの接続により DVP 決済を実現している。最後に株式取引についても東京証券取引所や大阪証券取引所といった取引所取引の決済のみならず，取引所外の取引（一般振替）についても，各々が清算機関を介在することで，DVP 決済を実現させている。DVP 取引は BIS の支払・決済システム委員会でも決済リスク削減上の有効性が認められており，今後さらに対象取引が拡大するものと予想される。

Step 2　BIS の分類によると DVP の実現方法には，証券受渡し部分と資金受払い部分を別々にグロスまたはネットと選択し，それを組み合わせることで3通りのモデルがある。それぞれ具体例を添えてみると，①グロス＝グロス型 DVP は，日銀ネット国債系，一般債，短期社債，投資信託で採用している方法，②グロス＝ネット型 DVP は，証券決済が先行している方法で，株式一般振替 DVP がこれに当たる。

また、③ネット＝ネット型DVPは、上記取引所株式のDVPが採用している。それぞれのメリット＆デメリットは下表のとおりである。

	①グロス＝グロス型	②グロス＝ネット型	③ネット＝ネット型
メリット	資金と証券の振替にタイムラグなく、つどファイナリティー確保　→元本リスクゼロ	資金調達負担小、決済遅延せず	資金調達・事務処理負担小
デメリット	資金証券調達・事務処理負担大→流動性負担軽減策必要	第三者による決済保証の仕組みが付随することから、担保コスト、資金負担が発生	第三者による決済保証の仕組みが付随することから、担保コスト、資金負担が発生

DVPを導入することにより決済リスクは大幅に削減されるが、まったくゼロにはならない。たとえば、相手方の決済不履行によって予定されていた証券受取りができなかったが、すでにその証券を他の第三者に売却することが決まっている場合には、どこかほかから同じ証券を調達して売却先に受渡しを行う必要が生じる。その場合の新たな購入価格が当初の購入価格と同じであることは考えにくく、その間の市場価格が上がっていた場合には調達価格の上昇による損失が発生する。すなわちDVP取引の場合でも、相手方の決済不履行の際には、支払指図を行った後の価格変動のリスクは残ることになる。

Step 3　受渡しの双方が資金決済となる外国為替取引決済においては、同様のコンセプトはPVP（Payment versus Payment）と呼ばれ、CLSによって2002年9月に実用化された。PVPもDVP同様、受取り／支払の時差を解消することにより、決済リスクを有効に削減する手法である。

関連用語 ⇒「決済リスク」「CLS」

受渡銘柄リスク　**決済リスク**

受渡銘柄リスク　　　　　　レベル2

**国債先物取引の受渡決済において，買手が銘柄を選べない結果
直面する価格変動リスク**

Step 1　　国債先物取引の最終決済方法は，取引最終日までに買い
（売り）建玉を反対売買して差金決済するか，さもなけ
れば受渡期日に現物の受渡決済を行う。現物受渡決済が行われる場合，先
物の売買対象とされている「標準物」と同一の発行条件をもった現物は実
際には存在しないため，一定の条件を満たした複数の銘柄の国債が，受渡
適格銘柄として選ばれる。このとき，最終的にどの銘柄を受渡しするかは，
売手に選択権があり，買手（債券の受取り手）には選択権はない。

この際，売手にとって最も有利な「受渡最割安銘柄」が選ばれることが
一般的であるが，売手が異なる銘柄を選ぶ場合もある。この場合，買手は
想定していた銘柄と違う銘柄を受け渡されることになり，想定していた銘
柄をすでに売買していた場合，自ら市場での追加売買を強いられることに
なる。一方，売手にとっても，受渡最割安銘柄の価格が急上昇したり，受
渡最割安銘柄が急に入れ替わってしまった場合には，予期せぬ損失を被る
可能性がある。こうした不確実性がもたらすリスクを受渡銘柄リスクとい
う。

Step 2　　受渡適格銘柄の条件は，当該「標準物」に応じて異なる
が，たとえば，長期国債標準物については，発行日およ
び受渡決済期日に7年以上11年未満の残存期間を有する上場利付国債とさ
れている。この条件を満たす銘柄のなかで，売手が自己に最も有利な銘柄
を選ぶ場合，受渡日までの所有期間利回りが高い順に選ばれることが一般
的であり，この利回りが最も高いものを受渡最割安銘柄という。

実際の受渡しに際しては，銘柄ごとのクーポンや残存期間の違いを反映

して受渡代金を調整することになるが，そのときに利用する交換比率をコンバージョン・ファクターと呼び，銘柄ごとに異なる。先物価格（清算値）にコンバージョン・ファクターを乗じたものが，受渡金額となる。

関連用語 ⇒「決済リスク」

決済リスク　　　　　　　　　　　　　　レベル1

予定されたタイミングで，取引相手先から資金ないし対象資産を受け取れないことにより，損失を被るリスク

Step 1　決済リスクは，資金取引や，受渡しに時差のある外為取引，あるいは原資産が異なることから受渡場所が異なる有価証券取引等において，予定された期日に取引相手先から取引対象資産の受渡しがされないことにより，損失を被るリスクである。

決済リスクは，取引相手に対する短期間の信用リスクの面に加えて，受渡しが行われないことで資金繰りに支障をきたす資金流動性リスク，さらに事務ミス等の原因に着目したオペレーショナルリスクの要素の加わった複合的なリスクであると考えられる。

Step 2　金融取引が多様となり，かつグローバルに密接に絡みあうことに伴い，さまざまなかつ多数の取引の受渡し（＝決済）が円滑に行われることは，金融システムが正常に機能するために不可欠となっている。一つの金融機関の決済が滞ることにより，決済リスクが連鎖的に顕在化し，金融システム全体のシステミックリスクにつながる可能性も否定できない。その面でも，決済リスク管理の重要性はさらに増している。

決済リスクは，受渡しを行う対象資産の価値全体がその対象となるため，取引相手に対するきわめて大きなエクスポージャーが発生することに特徴がある。また，エクスポージャーが発生している期間については，基本的には取消不能の支払指図を行った時点から，決済が確認できる時点までという，きわめて短い期間に限られているという特徴がある。

金融取引を行う以上なんらかの決済リスクは避けられないが，決済リスクを極小化するための適切なリスク管理として，こうした決済リスクの特

決済リスク

徴に合わせた対処を行うことが必要である。

まず,受渡しの対象資産が異なる点については,受渡資産と決済資金の同時決済を行うDVP決済とすることで,決済リスクのエクスポージャーを限定することができる。同時に,取引約定から最終決済までの期間を短縮することは,その間の価格変動の可能性を減らすことにつながり,DVP決済を採用した場合でも残る価格変動リスクをさらに限定することが可能となる。

また,信用リスク管理面では,取引相手先の信用状態に応じて未決済取引の残高に限度を設けて管理を行うことや,特に複数種類の取引が集中する相手先については,複数の取引についてのネッティング契約を結ぶなどして,取引エクスポージャーを削減することも考えられる。

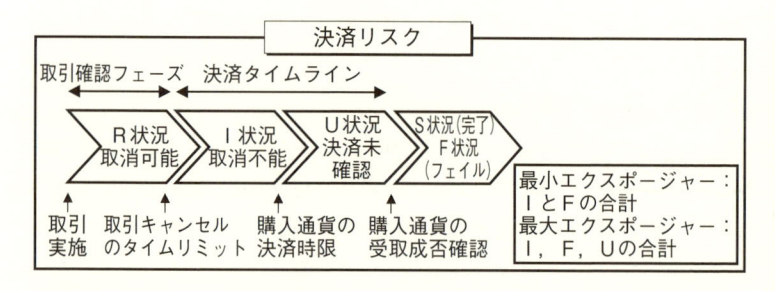

```
┌─────────────────────────── 決済リスク ────────────────────────────┐
│                                                                      │
│   取引確認フェーズ    決済タイムライン                              │
│   ←―――――→  ←――――――――――――――→                         │
│   ╱R状況╲ ╱I状況╲ ╱U状況  ╲ ╱S状況(完了)╲                     │
│  ╱取消可能╲╱取消不能╲╱決済未   ╲╱F状況       ╲                  │
│                      ╲確認     ╱╲(フェイル)   ╱                  │
│    ↑      ↑       ↑          ↑     最小エクスポージャー:      │
│   取引  取引キャンセル 購入通貨の  購入通貨の   IとFの合計           │
│   実施  のタイムリミット 決済時限  受取成否確認  最大エクスポージャー:│
│                                                 I,F,Uの合計        │
└──────────────────────────────────────────────────────────────────┘
```

Step 3 決済リスクについては,システミックリスクに波及する可能性があることから監督当局の関心も高く,外為取引や証券決済を中心に,実務上のベストプラクティスについての指針が出されている。

関連用語 ⇒「信用リスク」「資金流動性リスク」「オペレーショナルリスク」「ヘルシュタットリスク」「DVP」「ストレート・スルー・プロセシング」「CLS」「ランファルシー基準」「システミックリスク」

ストレート・スルー・プロセシング　レベル2

標準化されたメッセージフォーマットを用いて，取引の約定から決済まで人手をいっさい介さず電子的に自動処理を行うこと

Step 1　証券決済のストレート・スルー・プロセシング (Straight Through Processing, STP) においては，注文・約定から決済に至るまで標準化されたメッセージフォーマットを用いてシステム間の情報伝達を電子的に行う。したがって，いったん取引内容が入力されると，その後いっさい人手を介在することなく迅速にそして正確に処理が進むこととなり，事務リスクの削減はもちろん，事務コストの削減にも寄与する。

そもそも従来の証券決済は，注文・約定から照合・清算・決済までの一連のプロセスのなかで，異なるシステム間でのデータの受渡しを人手に頼ったオペレーションで行っており，事務ミスやフェイルが起こりやすかった。しかし，証券取引のグローバル化に伴って取引量・決済量が増加すると，事務ミスやフェイルの影響が損益的にも，あるいは資金繰りに与える影響からも大きくなり，STP化の実現が重要視されるようになっている。

Step 2　証券決済におけるSTP化は，わが国証券市場の国際競争力を高めるため，より安全で効率的な仕組みが必要であるとの方針のもと，証券決済制度改革のなかで進められている。

証券決済制度改革は，1999年夏より改革へ向けた議論が始まり，2000年には日本証券業協会，金融審議会からの報告書によって，一定の方向感が示された。2001年からは順次法整備が進められており，STP化の推進，ならびにDVPの実現を進めることにより，最終的には，決済期間の短縮 (T＋1取引) 実現に向けた具体的議論が進んでいる。こうした施策を実現することで決済リスクの削減も見込まれる。

ストレート・スルー・プロセシング

Step 3 　標準化されたインフラ面でSTP化を牽引しているのは，世界中の金融機関等が，証券取引，外国為替取引，資金決済等のコンファームや決済指図に利用しているS.W.I.F.T.（Society of Worldwide Interbank Financial Telecommunicationの略）である。

　S.W.I.F.T.は高度に安全化された金融メッセージングサービスを提供する，金融業界の標準化団体として，世界208カ国8,300以上のユーザーに利用されている（2008年8月現在）。

　一方で，STP化を推進することで，システムへの依存が高まり，オペレーショナルリスクのうち，システムリスクが増大する可能性については留意する必要がある。

関連用語 ⇒「オペレーショナルリスク」「事務リスク」「システムリスク」「DVP」

ヘルシュタットリスク　　　　　レベル2

外国為替取引の決済において，時差に起因する購入通貨と売却通貨の受渡しタイミングのずれの間に，取引相手先のデフォルトや取引停止などが発生した場合に，取引元本の損失を被る，決済リスクの形態

Step 1　外国為替取引の決済においては，購入通貨・売却通貨の受渡しは，それぞれの通貨の自国の日中時間帯に行われることが一般的であるため，時差の問題が避けられない。たとえば，円で米ドルを買う取引をある銀行と行った場合，円の購入対価は，相手銀行に対して日本時間に日本で払い込まれ，購入した米ドルは，相手銀行から米国時間に米国で受け取ることになる。日本市場終了後で米国市場開始前，ないし市場開始後でも米ドル受取りがなされる前に先方銀行が債務不履行となった場合，元本相当額がデフォルト先に対するエクスポージャーになる可能性が高い。

こうした外国為替取引に特有の決済リスクを，実際に起こった事例から名前をとって，ヘルシュタットリスクと呼ぶ。

Step 2　1974年，ドイツの銀行監督当局は，ドイツ国内の中堅銀行であるヘルシュタット銀行の銀行免許を国内市場終了後に取り消し，清算を命じた。ところが，同銀行と為替取引を行っていたいくつかの取引相手は，同日ニューヨーク市場開始後のドル受取りの対価として，ドイツ国内でドイツマルクの支払を行っており，これら取引相手は支払ったドイツマルクの全額について，ヘルシュタット銀行に対する未決済のエクスポージャーをもつことになってしまったのである。

Step 3　ヘルシュタットリスクは，その後もBCCI破綻やベアリングズ事件等金融機関の倒産があるごとに問題となっ

ヘルシュタットリスク

ており，BIS の支払・決済システム委員会も，1996年の「外為取引における決済リスクについて」（通称「オルソップレポート」）で，金融業界に対してこうしたリスクを削減する努力を行うよう提言を実施した。外国為替取引の決済においては，時差の問題は避けえないことから，直接に契約を取り交わした銀行同士で，同一通貨の受払額をネッティングしたうえで差額分についてのみ行うネット決済や，多数の参加銀行について，決済機関が間に入ることによって，PVP（Payment versus Payment）を実現する CLS のプロジェクト等具体的な取組みが進んでいる。

関連用語 ⇒「決済リスク」「CLS」「DVP」

ランファルシー基準　レベル3

ネッティングを行う決済システムが遵守すべきグローバルスタンダード

Step 1　1990年11月，BISの「インターバンク・ネッティング・スキームに関する委員会報告」（通称ランファルシーレポート）のなかで，クロスボーダーの決済システムのうちネッティングを用いるものについて，その設計と運営にあたって守るべき最低基準が示された。この基準がランファルシー基準と呼ばれ，全7項目からなっている。主な内容として，ネッティングの法的根拠，参加者による各種リスクの認識の義務づけ，各参加者がシステムにもたらすエクスポージャーに上限を設けること，また最大のネット負債額をもつ参加者が決済不能となった場合でもタイムリーに決済を終了させること，等が求められている。

Step 2　1990年代に入り，各国のネット決済システムは，ランファルシー基準の充足を図り，仕向超過限度額の設定，ロスシェアルールの導入，担保制度の導入など，具体的な対策を実施している。なかでも先行していたのは米国のCHIPSシステムであるが，本邦の外為円決済システムも，1998年に同基準への適合を果たした。

さらに，ランファルシー基準のうち，「最大のネット負債額をもつ参加者の破綻に備えたリスク管理」をさらに強化するものに，ランファルシー・プラスという概念がある。これは，最大のネット負債額をもつ参加者のみならず，プラスアルファの参加者が決済不能となった場合にも確実に決済を完了できるように考えられたもので，安全性の観点からはより望ましいシステムである。たとえば，本邦の内国為替を扱う全銀システムや米国のCHIPSシステムでは，ネット負債額が最大の上位2行が破綻した場合でも確実に決済が完了できる，ランファルシー・プラス・ワンと呼ばれ

ランファルシー基準

Step 3 ネット決済システムに対しては、ランファルシー基準が示された後、BISの支払・決済システム委員会が策定した「システミックな影響の大きい資金決済システムに関するコア・プリンシプル」(通称「資金コア・プリンシプル」)や、同委員会と証券監督者国際機構が共同で策定した「証券決済システムのための勧告」(同「証券勧告」)が、主な指針として公表されている。

「資金コア・プリンシプル」のなかでは"日中の即時ファイナリティーの実現は、大口資金の決済件数が多く、金融市場がより成熟している国において特に望ましい"と述べられている。そのため、各国でネット決済システムから、システミックリスクが最小化されているRTGS (Real Time Gross Settlement＝即時グロス決済) システムや、ハイブリッド決済システム (「時点ネット決済」と「即時グロス決済」の混合型で、キューイング機能(待ち行列)とオフセッティング機能を導入することにより、流動性節約とファイナリティーの付与の両方のメリットを享受する仕組み) への移行が進んだ。本邦では、2008年10月から、ハイブリッド決済システムである次世代RTGSシステムが稼働し、従来ネット決済システムの一つだった外国為替円決済システムは、新しいRTGSシステムにて決済されている。また、将来は一定の大口金額の全銀ネット送金も、次世代RTGS上で決済される見込みである。

関連用語 ⇒「決済リスク」「CLS」

参考文献

「総解説 金融リスクマネジメント」,ゴールドマンサックス,ウォーバーグ・ディロン・リード,日本経済新聞社,1999年12月

「外為取引における決済リスクについて」,"Settlement Risk in Foreign Exchange Transactions", BIS支払・決済システム委員会,1996年3月

「外為取引における決済リスクを管理するための監督上の指針」,BISバーゼル銀行監督委員会,2000年9月

「証券決済システムのための勧告」,BIS支払・決済システム委員会・証券監督者国際機構,2001年11月

「インターバンク・ネッティング・スキームに関する委員会報告」,BIS,1990年11月

「システミックな影響の大きい資金決済システムに関するコア・プリンシプル」,BIS,2001年1月

"Delivery Versus Payment in Securities Settlement Systems", BIS支払・決済システム委員会,1992年

"Progress in reducing foreign exchange settlement risk", BIS支払・決済システム委員会,2008年5月

「証券受渡・決済制度改革に関する中間報告」,日本証券業協会・証券受渡・決済制度改革懇談会,2000年3月

「21世紀に向けた証券決済システム改革について」,金融審議会・証券決済システムの改革に関するワーキンググループ報告,2000年6月

「決済システムと日本銀行―12月3日金融情報システムセンター(FISC)講演会における武藤副総裁基調講演要旨」,日本銀行,2004年12月

「大口決済システムの構築等資金決済システムの再編について」,全国銀行協会,2004年3月

VI オペレーショナルリスク

オペレーショナルリスク AML

AML　　　　　　　　　　　　　　　　　　レベル3

Anti Money Laundering（AML，資金洗浄対策）の略語。犯罪等の不法な手段によって得られた資金を口座間の送金や金融取引を媒介として出所を不明にする行為（資金洗浄，マネーロンダリング）に対抗する手段

Step 1　AMLは，1990年代半ばまでは規制薬物犯罪によって得られた収益を対象としていたが，その後一定の重大犯罪を含む国際組織犯罪へと対象が拡大し，2001年9月11日のNY同時多発テロ事件以降はテロリズムに対する資金供与の防止も重要な目的となっている。

本邦のAMLに関する規制は「組織的な犯罪の処罰及び犯罪収益の規制等に関する法律（以下「組織的犯罪処罰法」）」に基づいて「疑わしい取引の届出」と「金融機関等による顧客等の本人確認等及び預金口座等の不正防止に関する法律」に基づいた「本人確認」から構成されている。

組織的犯罪処罰法に基づいて金融機関には「疑わしい取引の届出制度」に従ってFIU（金融情報部門：警察庁刑事局組織犯罪対策部犯罪収益移転防止管理官）に報告を行う義務がある。

Step 2　国際的にはFATF（Financial Action Task Force：金融活動作業部会）が中心となってAML規制の標準化を推進している。2003年改訂のFATFの勧告を受けて「犯罪による収益の移転防止に関する法律」が施行され，本邦のFIUは2007年4月に金融庁から警察庁へ移管された。2001年のNY同時多発テロ事件後に成立した米国愛国者法（USA Patriot Act）においては，顧客の身元を確認し，顧客との金融取引に関連する情報を究明するために必要な注意事項がまとめられている。具体的には口座開設時の法的な書類による本人確認と，その

顧客がブラックリスト対象者でないことの確認を行う。さらに業種や口座種類によるリスクスコアリングを実施し、これに応じた AML 管理を行う。また口座解約後の顧客情報保管期限についても定めがある。

Step 3　米国においては AML が国家安全保障上の重大なテーマであり、米国外の金融機関における管理水準とのギャップが軋轢を生んでいる。

なお資金洗浄対策として、本邦においても2007年から本人確認法が改正され、ATM による10万円超の取引には本人確認が必要となった。

EVT（極値理論） レベル3

確率変数における，最大値や最小値などの「極値」がどのような確率的な動きをするかを分析する理論

Step 1 互いに独立で同一の分布関数 F に従う確率変数，X_1，X_2，……に対して，一般的な確率・統計上のツールとして用いられる平均や分散は，観測値の和を正規化した統計量についての分析量であると考えることができる。こうして正規化された統計量に対しては，大数の法則や中心極限定理といった法則が観測される。これに対して，観測値とその和ではなく，観測値における最大値や最小値，あるいは上位 α ％値といった，いわゆる「極値」がどのような確率的な性質をもつかについて分析する理論が EVT（Extreme Value Theory：極値理論）であり，従来保険や自然災害の分析で適用が図られている。EVT は，その位置づけから，ストレスイベントや大規模オペレーショナルリスク事象などの，低頻度ながら，発生した場合に影響が大きい事象を分析するのに有効となる可能性から，金融リスクへの適用についての研究が近年活発な分野である。

Step 2 最大値の確率的な動きについては，次の定理が知られている。

「最大値を表す確率変数を標準化したものの極限が存在すれば，その確率変数は，次の三つの確率分布のどれかと同じ型である。これらの分布は極値分布（Extreme Value Distributions）と呼ばれる。
- フレシェ分布（Frechet Distribution）
- ワイブル分布（Weibull Distribution）
- ガンベル分布（Gumbel Distribution）」

これは，Fischer-Tippett の定理と呼ばれ，EVT における基本定理と

極値分布の密度関数の例

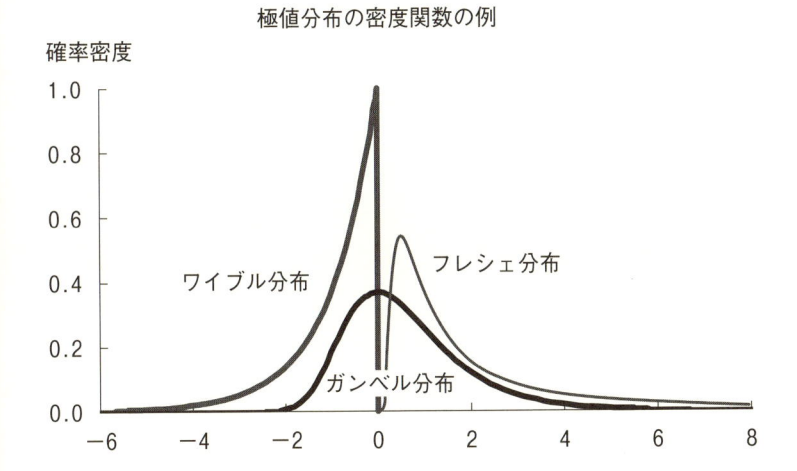

確率密度のグラフ（ワイブル分布、フレシェ分布、ガンベル分布）

なっている。一般的に知られているほとんどすべての極値の分布は、上記の三つの極値分布型のどれかに収斂し、かつ一つの極値の分布について対応する極値分布型は一つである。

このように、最大値の動きを分析することは、ポートフォリオの損益の動きをなんらかの確率分布でモデル化することで、最大損失額をリスク量として用いるリスク管理の実務への適用可能性を示している。すなわち、損失額の大きな「極値」の分布を推計することで、損益が正規分布に従わない、いわゆる「ファットテール」現象について、より正確な最大損失額を推計できることが期待されているのである。

特にオペレーショナルリスクについては、通常の業務運営から生じる高頻度・小規模の損失事象に対して、まれに発生する低頻度・大規模の損失事象の影響が大きいとされており、オペレーショナルリスク量を統計的に扱う手法においては、こうした極値の動きを推計するのに適したEVT法の活用につき、早くから注目されている。

Step 3 オペレーショナルリスクへのEVT法の適用については相応の進展がみられるものの、極値を含むオペレーショ

EVT（極値理論）

ナルリスク損失事象についてのデータが十分に観測されていないことから，現状までのところリスク量計測の標準的手法として確立されるには至っていないといえる。

関連用語 ⇒「オペレーショナルリスク」

オペレーショナルVaR　　　　レベル2

将来の一定期間までに特定の確率のもとで、オペレーショナルリスクからの損失がどの程度発生しうるかを定量的に把握しようとする指標

Step 1　オペレーショナル VaR は、市場リスクや信用リスクにおけるバリュー・アット・リスク（VaR）と同様の考え方に基づき、一定の保有期間のうちにオペレーショナルリスクから発生する損失額が、信頼水準として設定された確率のもとで、その金額以下に収まるという水準として定義される。

Step 2　「内部手続、人的要因、システムが不適切であること、もしくは機能しないこと、あるいは外部要因から損失が生じるリスク」として定義されるオペレーショナルリスクについても、市場リスクや信用リスクと同じように、そこから生じうる損失を統計的に測ろうとする動きがみられる。オペレーショナル VaR はその典型であり、バリュー・アット・リスクの考え方に基づいてオペレーショナルリスクから生じうる損失を測ろうとするものである。

損失を統計的に取り扱う場合、リスク量の分布を推定することが必要となるが、その際、オペレーショナルリスクに典型的にみられる低頻度・大規模の損失事象がどの程度発生するかという点をいかに考慮するかがポイントとなる。火災や交通事故のような、発生率が低くかつ独立した事象を統計的に扱うには、ポアソン分布が適しているとされるが、さらに頻度が低いが影響の大きい事象への対応について EVT（極値理論）で用いられる確率分布の実務への適用も試みられている。

リスク量の分布が推定されると、損失の発生状況を解析的な手法あるいはモンテカルロ法などのシミュレーション法で推計し、設定した信頼水準

に対応する損失金額をもってVaRとするのは,市場リスクや信用リスクにおけるVaRの算出法と同様である。

Step 3 オペレーショナルVaRの算出自体は,バリュー・アット・リスクの算出法としてむずかしいものではないが,リスク量の分布の特定は必ずしも簡単ではない。というのは,リスク管理の歴史が浅く,かつその間に事務やシステムを含む内部管理の環境が大きく変わるなかで,オペレーショナルリスク損失の分布は特定しにくく,さらにその分布の形状が個々の金融機関の内部管理状況によってかなり異なることが推定されるからである。

別項で説明されているように,オペレーショナルリスク損失は高頻度・小規模のデータが多く存在すると同時に,低頻度ながら大規模の事象に対する対応も求められている。これに内部データの蓄積で対応しようとしても,特に低頻度・大規模のデータについては,あまり得られないのが通例である。一方,これをなんらかの外部データで補完しようとしても,業界としての損失データを集積しようという動きが始まったのはごく最近にすぎず,本邦では満足できる外部データも存在していない状況にある。さらに,低頻度・高損失の損失事例の多くが,社内における相互牽制体制の欠如等の内部管理体制の不備から生じていることも多いことから,内部管理状況の異なる他社の損失データを単純には使用できないという事情もある。

また,内部管理体制充実の努力が進む結果,同一金融機関内においても分布の形状が変化し,過去の損失の分布が将来の損失を予測するために適切かどうか,という問題点も存在している。さらに,合併や買収,経営統合等を通じてオペレーショナルリスクの状況が大きく変わってしまうことも考えられる。

こうした課題がありながらも,他のリスクファクターと一貫した枠組みでのリスク計測やリスク資本管理への活用の必要性から,オペレーショナルVaRを計測したいというニーズは引き続き高く,データの不足や内部管理状況の違い,内部管理環境の変化等をシナリオ分析等で補正・補完す

ることで対応する試みがなされている。

関連用語 ⇒「バリュー・アット・リスク」「モンテカルロシミュレーション」「損失事象」「EVT」「(オペレーショナルリスク) シナリオ分析」

オペレーショナルリスク　　　　　レベル1

内部プロセス，人的要因，システムが不適切であること，もしくは機能しないこと，あるいは外生的事象から損失が生じるリスク

Step 1　オペレーショナルリスクは，金融機関の内部管理体制の不備や災害等の外部要因から損失を被るリスクであり，規制上，事務に係るもの，システムに係るもの，内部・外部の不正によるもの，物的資産の損傷，顧客や商品，提供するサービスに起因するもの，労務慣行等から生じるもの，に分類される。

Step 2　オペレーショナルリスクの管理は，その要因の幅広さと定義のむずかしさ，市場リスクや信用リスクに比べてリスクの所在が特定しにくく，またさまざまな部署に広範に存在すること，事象の発生が均等でなく統計的手法に基づく計量化手法の適用が容易でないこと，等の理由により，対応がむずかしい分野である。

その一方で，過去の大規模損失事象の多くが，内部管理体制の不備や相互牽制のメカニズムの欠如といったオペレーショナルリスク管理上の欠陥から発生したと考えられており，オペレーショナルリスク管理に対する関心は高まっている。また，金融機関における手数料収入の増大やオペレーション部門のアウトソーシングの増加，システム化・グローバル化の進行といった事情も，オペレーショナルリスク管理の重要性の増大につながっている。

実務的には，オペレーショナルリスク管理の大きな方針と手法を定めたうえで，それに基づいて，上記の分類ごとに具体的な管理方法を構築していくことになる。

手法的には，損失データの統計的分析を重視する定量的アプローチと，

損失の発生するプロセスや体制の評価を重視する定性的アプローチおよび両者の組合せがある。

またリスク管理の実効性の観点からは，リスクの計測結果を実際のオペレーショナルリスクの軽減につなげていく仕組みが必要である。

Step 3 銀行の自己資本比率規制として2007年から適用されているバーゼルIIにおいては，オペレーショナルリスクが自己資本規制の対象とされ，オペレーショナルリスク所要自己資本が賦課されている。算出にあたっては，単純な指標（粗利益）に基づき所要自己資本を定める基礎的手法，一定の定性的基準のもとで金融機関内のいくつかのビジネスラインごとの指標（粗利益）に基づいて所要自己資本を決定する粗利益配分手法，という当局が設定する所要資本算出法のほか，一定の定性的基準・定量的基準を満たしていることを条件に，損失分布手法等の銀行が独自に採用する手法により所要自己資本を決定する先進的計測手法のメニュー方式が示されている。各金融機関は，自らのオペレーショナルリスクプロファイルとリスク管理態勢を照らし合わせて算出手法を選択のうえ，所要自己資本を計算することになる。なお自己資本規制上はリーガルリスクを含み，戦略リスク，レピュテーショナルリスクは含まないとされているが，後二者については第二の柱で対応することになる。

関連用語 ⇒「事務リスク」「システムリスク」「レピュテーショナルリスク」「リーガルリスク」「有形資産リスク」「人的リスク」「バーゼルII」「第二の柱」

オペレーショナルリスク （オペレーショナルリスク）シナリオ分析

（オペレーショナルリスク）シナリオ分析　レベル3

潜在的なオペレーショナルリスクを計測するために，リスク事象を想定し，その規模や頻度を推定するもの

Step 1　自社がどれだけのオペレーショナルリスクにさらされているかを評価するためには，過去にどれだけのオペレーショナルリスク損失が発生したかという内部損失データが出発点となる。しかしながら，オペレーショナルリスクの特徴である，低頻度・大規模損失は，自社の過去データには現れないことが多く，そうした潜在的なオペレーショナルリスクを評価するためには，仮想のシナリオを作成して対応することが行われている。シナリオ分析の主な目的は，①潜在的なリスク事象の影響を評価するために，現存するコントロールが機能しない場合の影響を推定する際に，より具体的な記述を行うことにより評価の実効性を高めることと，②内部損失データでカバーできない低頻度・大規模損失事象について，計量化のための基礎入力データを提供し，リスク量の過小評価を避けることである。

Step 2　本来シナリオ分析は不確実な未来に向けて戦略を評価するために複数の異なる条件で分析を行ったものであるが，オペレーショナルリスクでは潜在的なリスク事象を評価し，計量化の対象とするために用いられる。シナリオの作成手順としては，CSA実行時に想定したリスクが顕在化した場合の損失発生状況を具体的に記述することにより金額（損失規模）を推定するとともに，既存のコントロールの実効性の評価から発生可能性（損失頻度）を見積もるものが多い。当初導入時にはある程度の負荷がかかるので，実務上はCSA等によって重要かつ脆弱であると判断された業務・プロセスについて作成する等の優先順位づけが必要となる。また各部門での評価の水準をそろえるためには，リスク管

(オペレーショナルリスク) シナリオ分析

理部門や監査部門を巻き込んだワークショップ形式での運用も有効である。

　シナリオ分析の課題は，①シナリオの客観性：推定した頻度・規模は適正かということと，②シナリオの網羅性：作成したシナリオはリスク事象を網羅しているかという点にあるが，いずれも外部データ／共有データを参照することにより一定の客観性を担保する例が多い。

関連用語 ⇒「コントロールセルフアセスメント」「外部データ／共有データ」「オペレーショナル VaR」

オペレーショナルリスク 外部委託管理

外部委託管理　　　　　　　　レベル2

コストの削減や，業務の効率化・弾力化を目的として，業務の一部を外部の組織に委託するに際し，内部統制の観点から実施すべき管理

Step 1　コストの削減や業務の効率化を目的として，業務の一部を外部の組織に委託する外部委託（アウトソーシング）が増加している。こうした外部委託を行う場合でも，委託元企業の責任が回避されるわけではなく，内部統制の視点から外部委託特有の管理が必要となる。

外部委託管理には以下の管理が含まれる。

① 外部委託先との契約の管理……外部委託の方法や確認項目，手続等を定めた「外部委託規定」を策定し，適切な外部委託先の選定と委託業務の的確な遂行を確保するための措置を講じる必要がある。

② 外部委託先とのサービスレベルの管理……外部委託先によって提供されるサービスが確実に提供されるよう委託先企業の役割と責任を規定し，外部委託先の業務に関する相談・苦情処理態勢を整備し，定期的または必要に応じた随時のモニタリングにより委託契約の的確な遂行を検証する。必要に応じて委託契約の変更または解除等の措置や，他の適切な外部委託先への業務の移管を行う等の措置を講ずる。

③ 外部委託先における顧客情報管理……契約において顧客情報の目的外使用の禁止や守秘義務を課する等の措置を講ずる。

Step 2　外部委託者の管理に際しては上記の業務プロセス設計／改善に関与する「強制レベル」のアプローチと組織・制度に働きかける「促進レベル」のアプローチに加えて，外部委託先の構成員の意識や企業風土の変革を促す「自発レベル」のアプローチが求められる。

外部委託管理

Step 3 外部委託については,自社の管理範囲の拡大ととらえ,外部委託先の業務と自社業務とを一体としてとらえる管理を行うことが求められており,長期的な協力関係のもとで外部委託先と課題を共有し,「自発レベル」「促進レベル」「強制レベル」から適切な対応手段を選択することによって外部委託管理の改善・向上を図る必要がある。

また,外部委託先の緊急事態に備えて業務継続計画のチェックも行い,必要に応じて他の外部委託候補先をバックアップとしてリストアップしておくことも検討するべきである。

関連用語 ⇒「顧客保護等管理」「顧客情報管理」「業務継続計画」

オペレーショナルリスク 外部データ／共有データ

外部データ／共有データ　　　レベル2

オペレーショナルリスクの管理に際して用いられる，金融機関外で発生した損失事象に関するデータ

Step 1　オペレーショナルリスクを特に定量的に測ろうとする際，社内のデータだけでなく，外部のデータを活用することが一般的であり，バーゼルIIにおける先進的計測手法の要件でも，「(内部損失データに) 必要に応じて，銀行の外から入手した損失データ（外部損失データ）で補完すること」があげられている。

① 外部データは新聞・雑誌等の公開情報をもとに個別金融機関において独自に収集・蓄積されるものと，リスクカテゴリーや個別金融機関の情報等分析に有用な属性を付加して情報／ITベンダーから有償で提供されるものがある。ベンダー提供の外部データには主として計量化目的の定量的データベースとリサーチによって情報を付加したケーススタディによって構成される定性的なデータベースがある。

② 共有データは地域や業態等を共有する金融機関が自らの損失データを相互に拠出し匿名ベースで共有する例が多い。

Step 2　外部データは直接リスク計量のインプットデータとして用いられるほか，CSA評価やシナリオ作成の際に参考情報として活用する場合もある。共有データの利用方法も同様であるが，事象の属性情報を参照できる場合にはベンチマーク的な活用も可能であり，単なる計量データのみならずノウハウやモデル，システムの共有に結びつけることも可能である。

Step 3　オペレーショナルリスクの外部データ・共有データについては，システム会社やコンサルティング会社が運営するものや，業界団体が主催するものなど，複数のデータベースが存在する。

外部データ／共有データ

主な例は以下のとおりである。

① 外部データの例……OpData／FIRST（Algorithmics），GlobalData（SAS）
② 共有データの例……ORX（Operational Riskdata eXchange），GOLD（British Bankers' Association）
　（　）内は提供ベンダーまたは共有組織

関連用語 ⇒「オペレーショナルリスク」「コントロールセルフアセスメント」「(オペレーショナルリスク)シナリオ分析」「バーゼルⅡ」「損失分布手法」「先進的計測手法」

オペレーショナルリスク キー・リスク・インディケーター

キー・リスク・インディケーター　レベル2

金融機関のオペレーショナルリスクの状況を反映する指標として，定期的に観察・検証される事象に関するデータを収集・蓄積したもの

Step 1

キー・リスク・インディケーター（Key Risk Indicator, KRI）とは，リスクの状況・状態を示す指標と定義され，定義上はどのリスク要因についても考えられるものであるが，特にオペレーショナルリスクについて使われることの多い概念である。

たとえば，証券決済における入力事務のエラー率が高まったり，システム更新の時期が集中したりした場合，その前後でオペレーショナルリスクによる損失が増加することが予想される。その意味でこれらの事象は，オペレーショナルリスクの損失額，あるいはその潜在的なリスク量と相関している可能性がある。KRI は，このように（実際の損失には反映されていないかもしれないが），オペレーショナルリスクの状況との関連性が強いと考えられる事象に関するデータを集め，これらを定期的に観察・検証することで，オペレーショナルリスクの状況を把握し，リスクの軽減につなげようとするものである。

Step 2

オペレーショナルリスク管理のむずかしい点の一つは，リスクの発生が，通常は高頻度・低損失のものに偏っていながら，時として低頻度ながら重大な損失を被る事象が発生し，それらの発生を事前に予測することがきわめてむずかしい点である。また，そうした事象を未然に防ぐために行う，リスクを軽減するためのさまざまな施策がリスクの分布そのものを変えてしまうために，過去のデータが必ずしも将来を予測する指標にはならないむずかしさもある。KRI はこうした定性的なオペレーショナルリスク軽減策につながる指標として使われるも

のであり，KRIを観察して得られるオペレーショナルリスク状況についての評価から，オペレーショナルリスクが発現する前に，リスク軽減策を実施しようとするものである。

たとえば，市場環境の変化等から特定の事務処理が急増し，KRIとなっている当該業務のエラー率が急増したような場合，仮に実際の損失がまだ発現していなくてもその事務は潜在的にオペレーショナルリスクが高い状態になっていると考えられる。このような場合には，事務手続を効率化したり，要員をシフトする等のリスク軽減策を実施してオペレーショナルリスクの顕在化を未然に防ぐということが望ましい。

KRIの活用を成功させるには，オペレーショナルリスク損失との関連性の高い指標を選ぶことが重要であることはいうまでもない。たとえば，事務ミスの発生率や事務担当者1人当りの事務処理件数，経験年数，システムの更新頻度，過去の保険の請求実績の推移，といった指標が例として考えられる。一方で，業務プロセスの変化に対応してこうしたKRIの有効性についても継続的な検証が必要である。たとえば，労働集約的な作業に依存していたことから事務エラー率や取扱件数をKRIとしていた業務が一斉に機械化されると，これらの指標はおしなべて低下することになり，KRIとしての意味を失うことになる。このようにKRIの運用は，指標の妥当性を検証しながら行う必要がある。

関連用語 ⇒「オペレーショナルリスク」

オペレーショナルリスク　業務継続計画,ビジネス・コンティニュイティ・プラン,コンティンジェンシー

業務継続計画，ビジネス・コンティニュイティ・プラン，コンティンジェンシープラン　レベル3

大規模な災害やシステム障害，テロ行為等によって，通常の業務体制の維持・継続ができなくなった場合に，最低限必要とされる情報システムや業務機能をあらかじめ選定したうえで，中断した業務を速やかに復旧しつつ，業務の継続を確保するように備える有事の際の対応プラン

Step 1　金融機関は資金決済業務等，適時適切な金融仲介機能を果たすことが期待されており，これらは，災害等の事象が発生した場合にも極力維持・継続しなければならない機能である。

業務継続計画（Business Continuity Plan, BCP）は，地震や洪水などの自然災害や，停電，通信網の断絶等の技術的災害，さらにはテロなどの外的災害によって通常の業務が中断を余儀なくされた場合，あるいは中断する危険性が高まった場合に，最低限の業務を継続するために実行に移される行動計画であり，平時に策定し必要に応じて対応訓練等を実施することによって，有事に備えるものである。

金融システムのグローバル化やリアルタイム化，業務の情報処理システムへの依存度の高まり等により，今日の金融機関の業務において，災害等のリスクが顕在化して金融機関としての業務継続が不可能になった場合，その影響が金融システム全体に及ぶ可能性（＝システミックリスク）が高まっている。こうした状況を回避するために，災害被災時などの有事の際にも最低限の業務機能を維持するように努める必要があり，そのための業務継続対応プランである業務継続計画を的確に準備する必要がある。

Step 2　業務継続計画の目的は，有事の際にも最低限必要な業務を継続することを確保することである。

業務継続の脅威となる事象には，上記のようにさまざまな可能性が考え

られるが、業務継続計画はこうした状況のそれぞれに対応するものである必要がある。業務継続計画の策定は、①業務に対する潜在的な脅威の洗い出し、②その事象ごとの影響度の評価と優先的に継続を図るべき業務の特定、③これらに対する具体的な業務継続計画の策定、という手順を経る形で行われる。具体的には以下のとおりである。

① 拠点の被災を例にとれば、自然災害(地震、火災、水害等)、技術的災害(停電、通信途絶)、外的災害(テロ、拠点占拠等)といった要因を洗い出す必要がある。

② ①で洗い出された要因に伴って、どの業務がどういう形で中断し、どのような影響が発生するのかという点について検討を加える。

③ ②の分析に基づいて、事象発生時においても継続すべき業務あるいは早急に復旧すべき業務を特定し、その時点で想定される限られた資源をどのように割り当てて業務の復旧・継続を図るかの計画を策定する。

システムの拠点被災対応については、バックアップのためのハードウェア・ソフトウェアを含めた物理的な体制を、当初の業務拠点を襲う災害の直接的影響を受けない場所にバックアップサイトとして確保することが検討の対象となる。当然にしてこうしたバックアップサイトに対するアクセスについても検討が必要であり、業務継続計画はこれらも含めた内容とする必要がある。

また策定されたプランは内容を金融機関内に徹底する必要があり、プランの訓練の定期的実施といったことも検討する必要がある。

関連用語 ⇒「システミックリスク」「システムリスク」「流動性コンティンジェンシープラン」

苦情処理（顧客サポート等管理） レベル3

顧客や取引先から寄せられた相談，要望，苦情，意見，クレームに対して適時かつ適切な対応をとること

Step 1 　苦情を網羅的に収集し，これを業務の改善や新商品・新サービスの開発等に活用することは金融機関にとって必須の機能である。またレピュテーショナルリスクの発生を防ぐために，必要なエスカレーションのプロセスを具備し，必要な情報がマネジメントに届く仕組みを確保する必要がある。こうしたことから顧客や取引先から寄せられた相談，要望，苦情，意見，クレームに対して適時かつ適切な対応をとることが求められる。

Step 2 　近年の金融機関を中心とする行政処分事例の背景には，すでに存在していた苦情が軽視され，現場レベルでの判断により不適切な処理が行われた結果，監督当局の介入を招くに至った事例が少なくない。

　苦情処理にあたっては，顧客をはじめとする各種の利害関係者の合理的期待水準の変化に留意し，苦情対応が単なる流れ作業的な処理におとしめられることのないように注意を払うべきである。

Step 3 　顧客と日常的に接している現場では，直接苦情を受けた場合でもその場で顧客の納得を得られたような形を装い，苦情・クレームがそもそも存在しなかったものとして処理する動機があることに注意する必要がある。そのため報告態勢を整備し，苦情・クレームとして報告すべき事象の明確化と，緊急性のある案件についての速報体制を確保することが肝要である。

　他方，現場とは別のチャネルとして顧客サポート窓口等を設置し，苦情・クレームを受け付ける態勢を顧客に周知徹底することも有効である。

関連用語 ⇒「レピュテーショナルリスク」「顧客保護等管理」

オペレーショナルリスク 顧客情報管理

顧客情報管理 レベル2

個人情報保護法および銀行法の要請に基づく，金融機関の顧客の情報が漏えい防止の観点から適切に保護されることを確保すること

Step 1 個人情報を含むデータの収集，蓄積，処理を情報システム等を用いて大規模に行うことを可能とする社会の進展に伴い，個人情報の目的外利用や漏えいが社会的関心を集めるようになり，2003年に個人情報保護法が施行された。同法のもとで保護の対象となる情報は，「氏名，生年月日その他の記述により特定の個人を識別できるもの」であり，氏名，生年月日，性別，住所が個人基本4情報と呼ばれる。また同法に規定されているものではないが，機微（センシティブ）情報と呼ばれる「他人や社会に知られたくない」，「知られると不利益や差別を受ける可能性がある」情報がある。具体的には，身体，政治思想・宗教等のデータがこれに該当し，取扱いには特段の注意を必要とする（金融分野における個人情報保護に関するガイドライン参照）。

Step 2 個人情報保護法ガイドラインによれば，以下の管理態勢の整備・運用が義務づけられている。

① 安全管理措置……基本方針・取扱規程・外部委託規程の整備と安全管理に係る実施体制の整備
② 従業者の監督……採用時等におけるデータの第三者提供や目的外使用の禁止の契約締結，役割・責任の明確化および周知徹底や教育・訓練，遵守状況等の確認・点検・監査
③ 委託先の監督……委託先選定基準の策定と基準に従った選定，基準の定期的見直し

なお顧客には個人・法人を含むため，上記の事項を横断的に適用する必

要がある。

Step 3 登録金融機関業務関連では、弊害防止措置の一環として金融仲介業者や委託金融商品取引業者への顧客情報提供等の禁止および非公開情報や非公開融資等情報の授受の禁止が定められている。また保険募集業務関連では、銀行業務等で知りえた顧客の非公開金融情報や非公開保険情報の利用が禁止されている。

なお、いずれも顧客の書面等による事前同意取得があれば除外される。

関連用語 ⇒「顧客保護等管理」

オペレーショナルリスク 顧客保護等管理

顧客保護等管理　　　　　　　　　　　　　　レベル3

金融機関において顧客の利益を保護し，利便性を向上させるために実施すべき管理

Step 1　金融機関においては，その公共性から顧客の利益を保護し，利便性を向上させることが求められる。たとえば，金融検査マニュアルでは，以下の顧客保護等管理に関する項目が整理されている。

① 顧客説明管理……顧客に対する取引または商品の説明および情報提供の適切性および十分性の確保
② 顧客サポート等管理……顧客の相談・苦情等への対処の適切性および十分性の確保
③ 顧客情報管理……顧客の情報の管理の適切性の確保
④ 外部委託管理……外部委託された業務の遂行における顧客情報管理や顧客対応の適切性の確保
⑤ その他……その他取締役会において必要と判断した業務の管理の適切性の確保

顧客保護等管理はリスク管理と法令遵守の境界領域に位置し，危険の極小化のための実定法遵守を超えて，機会獲得のための顧客満足度向上の側面を有していると考えられる。

Step 2　顧客には「金融機関の業務の利用者及び利用者となろうとするものを含む」ため，既存の顧客・取引先だけではなく，潜在的顧客も対象としている。

また顧客保護等管理のPDCAサイクルを実効的に回していくためには，経営陣による内部管理態勢の整備状況の確認や検証が必須のものとなり，ガバナンス態勢そのものが問われる。

顧客保護等管理

Step 3 金融機関は必ずしも顧客保護等管理のための専担部門の設置を必要とはしないが，既存の部室間の連携を密にし，整合的な対応を可能とすることが望ましい。

関連用語 ⇒「苦情処理」「顧客情報管理」「外部委託管理」「金融検査マニュアル」

オペレーショナルリスク コントロールセルフアセスメント

コントロールセルフアセスメント　レベル3

金融機関の部門あるいは業務の単位で，想定されるリスクに対するコントロールの水準について自己評価を行うもの

Step 1　コントロールセルフアセスメント（Control Self Assessment, CSA）とは，業務を行っている部門（または業務を管理している部門）自身がリスクの評価を行うことにより，評価および管理の実効性の向上を図るものである。

コントロールが機能しない場合の固有リスクを評価し，さらにコントロール後の残余リスクと重要性の評価からリスクの優先順位づけを行い，許容可能でないリスクについてアクションプランを策定する。

Step 2　CSA は，内部監査部門の資源配分を効率化するための手段として導入されたが，SOX 法等の各種規制対応のツールとして用いられ，内部統制やリスク管理（オペレーショナルリスク，統合リスク管理）の領域で広く普及している。

不正の発見には必ずしも有効ではないが，不正の機会の特定や不正の動機・正当化の存在可能性を評価することにより，未然防止を図ることは可能である。実施形態としては，アンケート方式，インタビュー方式，ワークショップ形式がある。

Step 3　CSA には以下のような課題がある。

① 低頻度，大規模損失の認識・評価が困難であること……自らの部門で過去に発生したことがないような事象についての客観的，網羅的な認識・評価は困難である。

② セルフアセスメント（自己評価）であること……各業務における担当者の自己評価であり，実際の状況は内部監査・検査で確認する必要がある。

コントロールセルフアセスメント

③ 人的要素をとらえるのが困難であること……部門や業務（プロセス）のハード面でのコントロールの評価であり，業務運営の根底にあるコーポレートカルチャーや構成員のマインドセットの把握は困難である。

関連用語 ⇒「オペレーショナルリスク」「SOX法」「COSO」

オペレーショナルリスク システムリスク

システムリスク　　　　　　　　　　　　　　　レベル1

コンピュータシステムのダウンまたは誤作動等システムの不備に伴い、損失を被るリスク、さらにコンピュータが不正に使用されることにより損失を被るリスク

Step 1　システムリスクは、コンピュータシステムの不具合から損失が生じるリスクと定義されるが、システムのダウンや誤作動などのように不作為的な事象から損失が生じるケースと、内部者による不正使用や外部者のハッキング・アタック等による不正使用・不具合等の、金融機関の内部外部からのシステムの不正使用により損失が生じるケースの双方が含まれる。システムリスクは、オペレーショナルリスクのサブカテゴリーとされる。

金融のグローバル化、金融機関のシステムの高度化・複雑化、といった状況から、システムリスクは従来に増して重要なリスク要因になっている。金融システムがグローバルかつ不可分な形で連携するようになって、ある金融機関におけるシステムの大規模な障害が金融システム全体に波及し、システミックリスクにつながる可能性も否定できなくなっている。

また、同じオペレーショナルリスクのなかの事務リスクを軽減するために事務処理のシステム化を推進するとシステムリスクが増加するといった、トレードオフの関係も存在することから、これらのリスクを総合的にとらえたオペレーショナルリスクとしての整合的な取組みが必要である。

Step 2　オペレーショナルリスクとしてのシステムリスクの管理は、定量的手法と定性的手法のそれぞれまたはその両方を組み合わせることによって行われる。

定性的管理を行うためには、システム導入時の管理、システム運用時の管理、障害発生時の管理、に整理して対応を行う必要がある。

まずシステム導入時においては、開発のプロジェクト管理態勢は必要十分か、導入時の検証態勢に問題はないか、という点についての管理を実施することが必要である。

次に運用時においては、運用管理の状況に加えて、システムのバージョンアップ等が問題を起こしていないかどうか、といった点について管理することになる。

障害発生時については、コンティンジェンシープラン等に基づく業務継続の対処と、障害復旧についての事前準備・事象対応・事後対応につき、検討が加えられることになる。

これらと並行して、システムセキュリティ、情報セキュリティへの対応が必要である。

システムリスクの定量的手法については、システムから生じた過去の内部損失事象と、システムおよびその管理環境の脆弱性の評価に基づきシナリオとして作成した潜在的損失事象から、損失の分布を求めて定量的に分析する手法がある。

システムリスクは、障害が発生した場合に業務に与える影響の大きさに比較して、その結果としての損失金額が特定しにくい、あるいは実損失額としては認識されない例が多い、という特徴があり、計量化手法を採用する場合には損失額の識別や特定についてよく検討する必要がある。

Step 3 銀行の自己資本比率規制として2007年から適用されているバーゼルⅡにおいては、オペレーショナルリスクの要因として、「事業活動の中断およびシステム障害」と「(システムセキュリティにかかる)内部不正行為、外部不正行為」があげられている。これらの例としては、「ハードウェア、ソフトウェア、通信系機器などの停止、故障」「(金銭上の損失を伴う)損害、情報の盗難」があげられており、システムリスクに該当していると考えられる。

また金融検査マニュアルでは、システムリスクにつき、「コンピュータシステムのダウン又は誤作動等、システムの不備等に伴い金融機関が損失

を被るリスク，さらにコンピュータが不正に使用されることにより金融機関が損失を被るリスク」と定義している。

関連用語 ⇒「オペレーショナルリスク」「業務継続計画」「事務リスク」「システミックリスク」「バーゼルⅡ」「金融検査マニュアル」

事務リスク　**オペレーショナルリスク**

事務リスク　　　　　　　　　　　　　　　　　レベル1

金融機関の役職員およびその他の構成員が正確な事務を怠る，あるいは事故，不正等を起こすことにより損失を被るリスク

Step 1　事務リスクは，いわゆる「事務ミス」から損失が生じるケースと，業務上の不正等から損失が生じるリスクに大別され，オペレーショナルリスクのサブカテゴリーとされる。

Step 2　オペレーショナルリスクとしての事務リスクの管理は，定量的手法と定性的手法のそれぞれ，ないし両方を組み合わせることで行われる。まず定性的に事務リスクを軽減するためには，手続，マニュアルの整備や改善，事務指導体制の整備，研修の実施といった態勢面での施策が有効であると考えられる。その際，個々の事務フローを整合性をもった手法で分析することにより，潜在的なリスクと歯止めやチェック等のコントロールのバランスを考慮し，事務プロセス上の脆弱性を認識したうえで改善の優先順位をつけることも重要である。さらにストレート・スルー・プロセシング（STP）等にみられるように，手作業の介在をなくして事務のシステム化を推進することによって事務リスクそのものを軽減する，といった施策も有効である[1]。事務上の不正の防止についても，事務処理プロセス上における有効な相互牽制の確保などの施策が有効である。

一方，定量的な手法は，事務処理上のミスや不正が一定の確率で発生するのは避けられないとの考え方のもと，その期待値である期待損失額および最大損失額（バリュー・アット・リスク，VaR）を顕在化した過去の

1　ただし，事務のシステム化を推進することは，事務リスクを軽減するかわりに，システムリスクを増加させていることには注意が必要である。

事務リスク

内部損失事象や潜在的事象を想定したシナリオ等に基づく損失の分布から求め、事務リスクの量を算定するものである。

ただしこうした事務リスクの計量化は、損失データの収集や分布が一様でないこと[2]、過去の損失データに基づく統計的計測結果が損失発生後に改定された事務フロー等を反映せず、その結果として必ずしもその時点ないし将来の事務リスクの大きさを示していない可能性があり、計量結果と事務リスク管理としての事務リスクの軽減が直結しない側面があること等から適用は容易ではない。そのため、計量化手法を採用する際には、キー・リスク・インディケーター（KRI）のように、事務リスクの増減を示すと考えられる定性的指標を求めて、これらを通じたリスクコントロールを併用することも検討に値すると考えられる。

Step 3 銀行の自己資本比率規制として2007年から適用されているバーゼルIIにおいては、オペレーショナルリスクの要因として、「取引実行、デリバリー、プロセスの管理」と「内部不正行為」があげられている。これらはそれぞれ、「取引相手や、サービス供給先との関係に起因する取引決済・事務処理上、または事務プロセス管理上の瑕疵による損失」「少なくとも1人の内部関係者が関与する詐取、財産の横領、着服または規制、法令、社内規則の回避を目的とした類の行為により発生する損失」と定義されており、事務リスクに該当していると考えられる。

また金融検査マニュアルでは、事務リスクにつき、「役職員が正確な事務を怠る、あるいは事故・不正等を起こすことにより金融機関が損失を被るリスク」と定義している。

---

2 単純な事務ミスのように、一定の確率で発生する、高頻度・小規模の損失と、内部不正のように低頻度・大規模の損失が混在することが、統計的な取扱いを困難にしている。また、これら損失の発生が、各々の金融機関の事務フローの違いや内部管理体制の違いによるところも大きく、組織間の損失事象の比較や、外部事象データの使用がむずかしいことも背景となっている。

事務リスク

関連用語 ⇒「オペレーショナルリスク」「システムリスク」「ストレート・スルー・プロセシング」「キー・リスク・インディケーター」「オペレーショナル VaR」「バーゼルⅡ」「金融検査マニュアル」

オペレーショナルリスク 先進的計測手法（AMA）

先進的計測手法（AMA） レベル2

一定の要件を充足することを前提として使用が認められるバーゼルⅡにおけるオペレーショナルリスクの所要自己資本計算手法

Step 1　バーゼルⅡでは，各金融機関が自身のリスク内容とリスク管理能力に応じて，市場，信用，オペレーショナルのリスクカテゴリーごとに，監督当局の承認を前提として，VaR等の先進的なリスク計測手法をリスク量計算に採用することが認められている。オペレーショナルリスクにおいては，内部モデルを使用するのにふさわしい高度なリスク管理態勢を具備していることを疎明した金融機関に対して「先進的計測手法」（Advanced Measurement Approach, AMA）が認められる。先進的計測手法は，内部計測手法やスコアカード手法，損失分布手法等のオプションが示されていたが，現状損失分布手法が主流となっており，各金融機関において最適と判断されるデータや分布の組合せをもとに計量を行う例が多い。粗利益をベースとしたトップダウン的手法であるTSA，BIAと異なり，リスク感応的なボトムアップ的計量化手法である。

Step 2　先進的計測手法において，金融機関自身の手法の使用が認められるための要件は以下のとおりである。

● サウンド・プラクティスペーパーに示されるリスク管理の諸原則を遵守すること。
● 銀行内部で発生した損失に係るデータ（内部損失データ）を収集し，所要自己資本算出のインプットとして用いること。
● 必要に応じて，銀行の外から入手した損失データ（外部損失データ）で補完すること。
● 所要自己資本の算出に用いるリスク計測手法が，銀行内部におけるリス

先進的計測手法（AMA）

ク管理全体のなかに統合されていること。
- シナリオ分析を実施し、「低頻度・高インパクト」の損失も捕捉すること。

Step 3 　先進的計測手法は、内部損失データとシナリオの役割分担（シナリオをどの程度の規模の損失まで・どれくらいの数を作成するのか）や、規模・頻度の分布の選択および推定方法や分布の畳込み方法の組合せにより、同手法を採用する金融機関の数だけバリエーションが存在する。

関連用語 ⇒「粗利益配分手法（TSA）／基礎的手法（BIA）」「損失分布手法」「バーゼルⅡ」「第一の柱」

粗利益配分手法（TSA）／基礎的手法（BIA）

レベル2

金融機関全体（BIAの場合）またはビジネスラインごと（TSAの場合）に粗利益に対して監督当局が定めた掛目を乗ずることによってバーゼルIIにおけるオペレーショナルリスクの所要自己資本相当額を算出する手法

Step 1　基礎的手法（Basic Indicator Approach, BIA）および粗利益配分手法（The Standardized Approach, TSA）では，金融機関の粗利益を，オペレーショナルリスクのエクスポージャー指標と考え，それぞれ以下の方法により，オペレーショナルリスクのリスク量を算出し，計算結果をオペレーショナルリスクに係る所要自己資本額とする。

① 基礎的手法（BIA）……金融機関全体の粗利益に15%を乗じた値。
② 粗利益配分手法（TSA）……金融機関の業務内容を八つのビジネスラインに分割し，そのビジネスラインごとの粗利益に，3種類の掛目（12%，15%，18%）のいずれかを乗じた値を足し上げた合計額をリスク量とする。

Step 2　バーゼルIIにおける所要自己資本計測手法においては，計算が正しい手法に基づいて行われているかといった定量的基準に加えて，管理態勢が整っているかという定性的基準が求められていることが多い。BIAは，最も基本的な手法として，オペレーショナルリスクに関するサウンド・プラクティスの遵守が強く推奨されているが，特段の定性的基準は存在しない。一方で，TSAではサウンド・プラクティスに示されるリスク管理の諸原則を遵守することが求められ，業務活動を規制上のビジネスラインに割り付けるプロセスの確立や，内部損失データの収集を開始する必要がある。

粗利益配分手法（TSA）／基礎的手法（BIA）

　また粗利益がオペレーショナルリスクのエクスポージャーを表す指標であるという前提に立っているため，オペレーショナルリスクの損失が顕在化して利益が減少すると，結果としてリスク量は減ることになり，必ずしもリスク感応的ではない点が課題である。

Step 3　TSAにおけるビジネスラインごとの掛目は以下のとおり。

　コーポレートファイナンス（18%），トレーディングとセールス（18%），リテールバンキング（12%），コマーシャルバンキング（15%），支払と決済（18%），エージェンシー業務とカストディー（15%），リテール・ブローカレッジ（12%），資産管理（12%）。

|関連用語|⇒「先進的計測手法（AMA）」「バーゼルⅡ」「第一の柱」

オペレーショナルリスク 損失事象

損失事象　　　　　　　　　　　　　　　　レベル2

オペレーショナルリスク損失をもたらす原因となる事象のこと

Step 1　オペレーショナルリスクはその定義からも，各種の内容を含んでおり，その原因となる発生要因も多様である。損失事象とは，こうしたオペレーショナルリスクの発生要因によってどのような損失をもたらす事件や事故が発生したかを指すものである。その意味では，オペレーショナルリスク以外のリスクについても損失事象は存在するが，特にオペレーショナルリスク管理のなかで使われることが多い。

Step 2　リスク管理の基本的なアプローチが，リスクの原因にさかのぼってその要因をコントロールしようとするものであることからすると，オペレーショナルリスクについてもその要因（Cause）を特定することが望ましい。しかしながらオペレーショナルリスクの場合，実際には複数の要因が組み合わさりながら損失につながることも多い。こうした状況に対して，より目にみえるものとして観察しやすい事象（Event）に着目してその発生原因を特定し，その要因のコントロールを図ることが実務としては考えられる。この場合に，損失が発生する事件や事故が損失事象とされることになる。なお，実際の損失（Effect）は，これらの損失事象の結果として生じるものと考えられる。

具体的には，オペレーショナルリスクの要因としては，内部プロセスの要因，人的な要因，システムから生じる要因，さらに外的な要因があげられ，それらを要因とする損失事象には，たとえば，事務プロセス事故，内部不正，システム障害，外部不正，等があげられる。さらにこれらの損失事象の結果である損失には，法的支払責任や資産の逸失，補償債務の発生，といった異なるパターンが存在する。これらを整理することによって，「何が原因で，どのような事象が発生し，どのような損失が発生したか」

を特定することが可能となり、オペレーショナルリスクを有効に管理するうえで、有益な分析の枠組みを提供することになる。

なお損失事象が顕在化したオペレーショナルリスクを表すものであるのに対して、潜在的なオペレーショナルリスクをとらえるためには、シナリオを作成する。

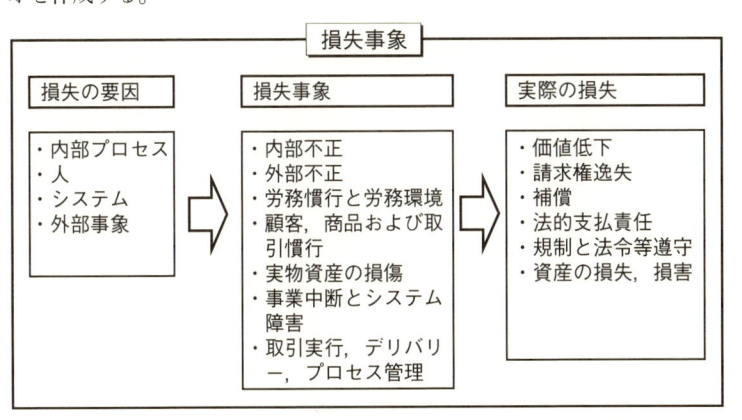

```
┌─────────────────── 損失事象 ───────────────────┐
│                                                  │
│ ┌──────────┐   ┌──────────────┐   ┌──────────┐ │
│ │ 損失の要因 │   │   損失事象    │   │ 実際の損失│ │
│ └──────────┘   └──────────────┘   └──────────┘ │
│ ・内部プロセス   ・内部不正          ・価値低下   │
│ ・人         ⇒ ・外部不正       ⇒  ・請求権逸失 │
│ ・システム       ・労務慣行と労務環境 ・補償     │
│ ・外部事象       ・顧客、商品および取 ・法的支払責任│
│                  引慣行             ・規制と法令等遵守│
│                ・実物資産の損傷      ・資産の損失、損害│
│                ・事業中断とシステム  │
│                  障害               │
│                ・取引実行、デリバリ  │
│                  ー、プロセス管理    │
└──────────────────────────────────────────────────┘
```

Step 3 銀行の自己資本比率規制として2007年から適用されているバーゼルⅡでは、以下の七つの主要な損失事象が提示されている。

① 内部不正

② 外部不正

③ 労務慣行と職場の安全

④ 顧客、商品および取引慣行

⑤ 有形資産の損傷

⑥ 事業活動の中断とシステム障害

⑦ 取引実行、デリバリー、プロセス管理

関連用語 ⇒「オペレーショナルリスク」「(オペレーショナルリスク) シナリオ分析」

オペレーショナルリスク 損失分布手法

損失分布手法　　　　　　　　　　　　　　　　レベル3

内部損失データ（と共有データ）およびシナリオデータをインプットとして，頻度と規模の分布から損失分布を導く，オペレーショナルリスクの代表的な計量化手法

Step 1　オペレーショナルリスク量を定量的に測ろうとする際に，まず損失事象の頻度（一計測期間内の発生件数）分布から想定オペレーショナルリスク損失事象の件数を抽出し，次にこの件数分の損失事象の金額を規模（発生した事象の損失金額）分布から抽出して足し合わせることにより，一計測期間分の損失金額を求める。これを複数回（例：1万回）繰り返すことによりオペレーショナルリスク損失の分布を導く手法が損失分布手法である。

Step 2　損失分布手法では，各種データの組合せ方（共有データを用いるか否か，外部データの使用法：直接の入力データとするかシナリオの参考値か）や，頻度・規模分布の設定およびパラメータ推定方法（特定の分布を前提とするか否か，どの推定方法を使用するか），損失分布の導き方（モンテカルロシミュレーションか解析的手法か）により，多種多様な手法のバリエーションが存在する。

Step 3　規模分布はワイブル分布や負の二項分布，規模分布は対数正規分布や一般化パレート分布ないしその組合せが使用されることが多いが，観測値の集合を経験分布として使用する例もある。また分布の推定方法としては最尤法，モーメント法や最小二乗法が用いられる。

最適な分布やその組合せを統計的検定により一義的に特定するのは困難であるが，一般的にはリスク量の妥当性（リスクを過小評価していないか）や頑健性（前提・仮定の変化に対する耐性）が評価のポイントになる。

関連用語 ⇒「EVT」「オペレーショナル VaR」

オペレーショナルリスク 適合性原則

適合性原則　　　　　　　　　　　　　　　　　　　　　レベル3

顧客の知識，経験，財産の状況，商品購入の目的に照らし，不適切な勧誘を行ってはならないというルール。顧客の状況を総合的に考慮して，それに見合った勧誘をすること

Step 1　金融商品を顧客に販売する場合の購入目的の要件については，従来，証券業協会の自主規制として定められていたが，2007年に施行された金融商品取引法では「契約の締結目的（顧客の購入目的）」が考慮すべき要件として追加された。その結果，知識および資産を十分保有している顧客であっても，目的と合致しない商品の勧誘を行うことはこの原則に反する。

Step 2　適合性原則の適用にあたっては，次の2段階のステップを踏む必要がある。

① 狭義の適合性原則……そもそも顧客の属性によっては勧誘を行ってはならないこと
② 広義の適合性原則……顧客の属性に即した勧誘を行う義務があること

　これを可能とするためにKYC（Know Your Customerの略語）と呼ばれる適合性原則に則った勧誘・販売を行うための前提となる確認が必須となっている。さらに金融商品取引法への効率的対応を目的として顧客の知識，経験，財産の状況，投資目的といった属性情報の一元管理の要請も増大しており，これらの情報に基づいた運用リスクや信用リスクを管理する必要がある。

Step 3　適合性の原則は自己責任の原則と表裏一体の関係にあり，適合性の原則が遵守されていることが前提となって，金融商品購入の責任を顧客の自己責任に帰することが可能となる。

関連用語 →「顧客保護等管理」

オペレーショナルリスク ニアミス

ニアミス レベル2

潜在的には損失を生じうる状況でありながら，実際の損失には至らなかったオペレーショナルリスク事象

Step 1 オペレーショナルリスク管理を行う場合，実際に顕在化・発生した損失と同時に，損失発生には至らなかったが，損失発生と同様のオペレーショナルリスク事象は発生していた，という状況についても，リスク管理上対応を検討する必要があり，そうした状況がニアミスとして定義される。たとえば，事務上のミスから誤送金処理を行った場合で，誤って受け取った相手先から即時に返還が受けられ，本来の受取人への処理が行われたようなケースでは，オペレーショナルリスク損失事象は発生しているが，オペレーショナルリスク損失そのものは発生しなかったことになり，こうした事象はニアミスとして認識される（同じ状況で，誤って受け取った相手先が同日に倒産し，誤送金資金が一般債権として更生債権の対象になった場合や，相手先に連絡がつかず原状復帰に日数を要したことから発生した調達金利を金融機関の側で負担した場合などは，同じ誤送金処理でも実損失が発生することになる）。

Step 2 オペレーショナルリスク管理においてニアミスに着目する必要があるのは，ニアミス事象は，一歩誤ればオペレーショナルリスク損失につながる可能性が高く，潜在的なリスクとしては実際にオペレーショナルリスク損失が発生した事象と同様の意味をもつことによる。ニアミス事象が数多くみられた場合，将来オペレーショナルリスク損失として発現する可能性が高く，リスク管理の観点からはリスク軽減策を講じる必要があると考えられる。ニアミスの把握はKRIと共通する部分も多く，検討に値する。

一般に損失が発生しなかった事象についての報告は，発生した場合に比

ニアミス

べて整備されていないケースが多く、注意や工夫が必要である。また、把握されたニアミス事象について、オペレーショナルリスクの定量的認識に反映させるには、なんらかのシナリオ分析によって、発生していたかもしれなかった損失を考慮することが考えられ、これらを実際の損失データと合計することも考えられる。

Step 3　金融以外の業態でも医療行為の現場や労働災害においては、重大な事故には至らないものの、それに結びつく可能性のあるものを「ヒヤリ・ハット」と呼び、これらの情報を収集・蓄積・共有することにより、重大事故の発生を防止する試みが行われている。

またこれに関連して一つの重大事故の背後には29件の軽微な事故と300件の「ヒヤリ・ハット」が存在するという「ハインリッヒの法則」が知られている。

関連用語 ⇒「オペレーショナルリスク」「キー・リスク・インディケーター」「損失事象」

オペレーショナルリスク 有形資産リスク

有形資産リスク　　　　　　　　　　　レベル2

自然災害等の外生的事象によって，土地・建物，および付随する備品等の有形資産が損傷して損失を被るリスク

Step 1　有形資産リスクは，自然災害やテロ等の外生的事象によって，金融機関が所有ないし賃借する，土地・建物，および付随する備品等が損傷し，それが原因となって損失が生じるリスクとして定義される。

被災による損失という点では，システムリスクと同一要因に起因する部分があるが，有形資産リスクは，物的資産に対する損傷を対象としている。

Step 2　有形資産リスクが顕在化するケースは，自然災害やテロ等の外生的事象によるものであるが，自然災害がある程度事前に想定されるものであるのに対し，テロ等の外部行為にすべて事前に対応することは困難である。そのため，地震のように一定の頻度・影響度で発生が予想される自然災害については，それに応じた備えを事前に行うことが望ましいが，その他の外部要因に対しては，むしろ事象が顕在化した場合の対応体制整備に重きを置く必要がある。たとえば，連絡体制の整備やコンティンジェンシープランの策定，訓練の実施等がこれに当たる。

また，頻度は低いが，影響が大きいと考えられる事象については，保険を活用して有事の損失を最小限にくいとめることも検討されるべきである。その場合，リスク管理の視点からの保険の活用においては，費用として処理されるべき期待損失部分ではなく，資本で填補すべき非期待損失部分について保険で代替することが望ましい。

Step 3　銀行の自己資本比率規制として2007年から適用されている，バーゼルIIにおいては，オペレーショナルリスクの損失事象として「有形資産の毀損・損害」をあげ，「自然災害やテロ等の

事象から生じた,物的資産の損害や損傷」と定義している。

また金融検査マニュアルでは,「有形資産リスクを管理する部門は,当該金融機関が災害その他の事象から生じる有形資産の毀損・損害など有形資産として定義したものについて,当該金融機関が直面するリスクを認識し,適切な管理を行っているか」として,金融機関に有形資産リスクの定義を委ねたうえで,その管理態勢をチェックすることとしている。

関連用語 ⇒「リスク資本」「オペレーショナルリスク」「システムリスク」「業務継続計画」「バーゼルⅡ」「金融検査マニュアル」

オペレーショナルリスク リーガルリスク，法務リスク

リーガルリスク，法務リスク　　レベル2

契約等の締結が未完結，対応の不十分，不適切といった事情から，予定された法律的効果を発揮できず，損失を被るリスク

Step 1　リーガルリスクは，企業活動を行ううえで発生するさまざまな契約行為が，なんらかの理由で法的に完結していなかったり，あるいは適切に検討・作成されていなかったことから，係争などの法的な事象が発生した際に，想定した法的効果を実現することができず，損失を被るリスクと考えることができる。たとえば，複雑な証券化の案件において契約内容に不備があったことから，目論見書で公表した内容どおりの義務を履行することができなくなり，投資家に対して損害賠償を余儀なくされるといったケースや，金融商品販売の際の顧客説明が不十分であったことから，顧客が被った損失に対する賠償を求められるケースなどが考えられる。

Step 2　リーガルリスクは一般にはオペレーショナルリスクの一部とされているが，その定義や分類は必ずしも統一されておらず，そのため管理手法も確立されていないといえる。一般に，リーガルリスクとされる事象には大きく分けて以下のようなケースがあると考えられる。

① 契約が完結していなかったり，ドキュメンテーションに不備のあるケース，あるいは契約当事者の契約能力の確認を怠る，といった瑕疵があるケース……このようなケースのうち，定型化された契約行為における瑕疵は，オペレーショナルリスク上の事務リスクに近いものといえる。たとえば，支払帳票の印鑑が登録されているものと明らかに異なっているのに第三者に対して払出しを行ってしまい，顧客から損害賠償請求を受けたケースを考えると，これはリーガルリスクとして管理するよりも，

事務リスクとして管理することが一般的であると考えられる。一方で，複雑な証券化案件での契約の不備は，弁護士による契約作成などの手続を整備することで軽減を図るべきで，リーガルリスク管理として取り扱うべきであると考えられる。

② 商品説明の不足など，必要とされる法令の遵守に瑕疵のあるケース……たとえば，商品の契約内容自体には問題がないが，販売方法が金融商品販売法に定める顧客説明責任や適合性の原則に反しているとして，無効請求を受けるといったことが考えられるが，このようなケースの多くは，リーガルリスクというよりも法令遵守（「コンプライアンス」）の対象として常日頃からの法令遵守の意識醸成といった形で予防的に対応するとともに，実際に事象が発生した際の対応手続を徹底するといった対応がなされるべきものであり，リスクの原因にさかのぼってそれをコントロールするというリスク管理のアプローチとはやや異なる対応が必要とされる。

③ 契約後に法令や規制が変更する，あるいは新たな解釈が示される等の結果としてすでに締結している契約に影響が生じるケース……たとえば，英国の地方自治体と締結したスワップ取引に対し，後日に地方自治体はスワップのようなオフバランス取引を行うことはできないという裁判所の判断が示されて，締結ずみのスワップ取引自体がさかのぼって無効とされて損失を被るといったケースが過去に実際に発生している。このような法規制やあるいは会計制度の変更のケースは，リーガルリスクの範疇としてとらえられることもあるが，業務執行上の想定外のリスクとしてのビジネスリスクの範疇として，リーガルリスク管理の枠組みからは外すことも考えられる。

以上のようなリーガルリスクをめぐる議論は業界でも必ずしも整理されておらず，特に法令遵守に重点を置いた狭義のコンプライアンスとリーガルリスクとの境界線はあいまいである。リーガルリスクを管理しようとする際にも，管理対象となるリスクの特定と整理を明確に行ったうえで対応

リーガルリスク，法務リスク

を考える必要があろう。

なおリーガルリスクが顕在化し訴訟を提起された事象について，その訴額と勝訴可能性からこのリスクの計量化を試みる例もある。

Step 3 銀行の自己資本比率規制として2007年から適用されているバーゼルⅡでは，オペレーショナルリスクを「内部プロセス・人・システムが不適切であること若しくは機能しないこと，又は外生的事象が生起することから生じる損失に係るリスク」と定義し，リーガルリスクを含む，としている。

また金融検査マニュアルでは，「法務リスクを管理する部門は，顧客に対する過失による義務違反及び不適切なビジネス・マーケット慣行から生じる損失・損害（監督上の措置並びに和解等により生じる罰金，違約金及び損害賠償金等を含む）など当該金融機関が法務リスクとして定義したものについて，当該金融機関が直面するリスクを認識し，適切に管理を行っているか」として，金融機関にリーガルリスクの定義を委ねたうえで，その管理態勢をチェックすることとしている。

関連用語 ⇒「ビジネスリスク」「オペレーショナルリスク」「コンプライアンス」「バーゼルⅡ」「金融検査マニュアル」

リスクマップ　　　　　　　　　　　レベル 3

金融機関における（特にオペレーショナル）リスクの分布状況を示した一覧表

Step 1　リスクマップは，金融機関における各種のリスクの発生可能性や規模の認識を整合的に行うために，業務ごとのリスクに関する評価，および内部管理状況の評価を実施し，それを鳥瞰図的な一覧表として示すものである。定義上さまざまなリスク要因を含んで作成することも可能であるが，特にオペレーショナルリスクにおいては，市場リスク等と違って，リスクが顕在化する可能性のある業務の範囲が広いこと，およびオペレーショナルリスクという定義のなかにさまざまなサブカテゴリーがあることから，他のリスク要因に比べてリスクマップの活用可能性が広いと考えられている。

リスクマップの考え方は，もともとオペレーショナルリスク管理の展開のなかで生まれたものではなく，監査実施の際に，内部統制状況やその脆弱性を評価する手法として展開されてきたものである。

Step 2　オペレーショナルリスクはその定義上，事務やシステムあるいは従業員が存在するすべての部署に存在するリスクであり，発生する業務が限定されている市場リスクや信用リスクと大きく性格が異なっている。その発生のパターンや内容も個々の金融機関によって異なり，これらに網羅的に対応して損失事象の発生を封じ込めることは実務的に不可能であるだけでなく，それを試みることには経済合理性がない。すべてのリスクの可能性に対応できないことから，オペレーショナルリスク管理においては発生する可能性がある部署や環境，発生するかもしれない内容と影響度等について，ある程度事前に評価を行うことの効用が大きく，これを統一的な尺度で行う仕組みがリスクマップである。

リスクマップ

　リスクマップのつくり方についても，一義的に定まったものはないが，金融機関における主要な業務・部署につき，オペレーショナルリスクの状況を統一的な見方のもとで評価し，リスクの大小を評価した一覧表を作成するという考え方を基本とする。その際，リスク管理上の評価に基づいてなんらかのスコアリングを行う例も多い。こうした一覧表によって把握された，オペレーショナルリスク管理上脆弱な分野，注意すべきリスク事象に応じて，リスクに対する対処法を検討，適用していくことが考えられる。

　こうした手法，特にリスクの認識・評価を行うプロセスは，業務のリスクを重視することにより資源の有効活用を図る監査手続においても一般的に行われている手法である。

関連用語 ⇒「オペレーショナルリスク」

レピュテーショナルリスク，風評リスク オペレーショナルリスク

レピュテーショナルリスク，風評リスク　レベル2

対顧客との関係や金融機関が参加する市場等において，風説・風評から，評判が悪化することにより，損失を被るリスク

Step 1　レピュテーショナルリスクは，金融機関におけるさまざまな問題が市場に報道された結果，世のなかにおける風説・風評から評判が悪化し，資金調達の問題や調達コスト増加といった影響を生み出して損失を被るリスクであり，オペレーショナルリスクのサブカテゴリーと考えられる。

Step 2　レピュテーショナルリスク管理を考える際に整理すべきは，「風説・風評」と，その原因となる事実との関係である。リスク管理とは，基本的にはリスクの原因に着目してその原因をコントロールしようとするものであるが，レピュテーショナルリスクの場合には，その原因は他のリスク要因に基づくことが多い。たとえば，ある金融機関においてデリバティブ取引で5億ドルの損失が発生したことが突然明らかになって，株価が下落したとする。この株の下落は，内部管理の不備に起因する市場リスクの顕在化とその情報を受け止めた市場の反応によって発生したものである。その結果として評判が落ち，調達金利の上昇等でレピュテーショナルリスク損失が発生したとしても，これは本来その原因となった内部管理の不備に帰すべき性格のものであり，レピュテーショナルリスクはその結果であったとしても原因ではないと考えられる。一方，損失が発生した事実はないのに，市場で「あそこはデリバティブ取引で大きな損失を隠しているらしい」という風説・風評が立って，それをもとに株価の下落や資金調達の困難が生じて損失が発生したとする。もとになる損失が事実無根だとすると，この場合の風説・風評は他のリスク要因に原因はなく，レピュテーショナルリスクそのものを損失の原因とする損失事

レピュテーショナルリスク，風評リスク

象であるといえる。ただし，このような原因の違いによる区分は白黒がはっきりつけられない場合も多く，レピュテーショナルリスクの管理をむずかしくしている[1]。

レピュテーショナルリスク管理は，市場の風説・風評という，金融機関側ではコントロールしがたい要因に基づくものであることから，事前の定量的な管理手法には不向きであり，風説や風評の原因となる事象が発生した場合の適切な広報活動や迅速な連絡体制の構築と運営等といった定性的な内部管理手法の実践によって，レピュテーショナルリスクが発生した際の影響を緩和するという形での管理にとどまると考えられる。その意味でも，リスクの原因に着目してその原因を直接コントロールしようとする，他のリスク管理とはアプローチが異なる。また，普段からの積極的なディスクロージャーの実践とそれに対する市場の信認も，レピュテーショナルリスクの顕在化を未然に防止する施策の一つとして考えられよう。

Step 3 　銀行の自己資本比率規制として2007年から適用されているバーゼルⅡにおいては，レピュテーショナルリスクをオペレーショナルリスクの一部とする考え方に立ちながら，レピュテーショナルリスクの上記のような性格から，所要自己資本規制計算には含まないこととしている。

また金融検査マニュアルでは，「風評リスクを管理する部門は，当該金融機関が評判の悪化や風説の流布等により，信用が低下することから生じる損失・損害など風評リスクとして定義したものについて，当該金融機関が直面するリスクを認識し，適切な管理を行っているか」として，金融機関にレピュテーショナルリスクの定義を委ねたうえで，その管理態勢をチ

---

1 たとえばデリバティブ取引で１億ドルの損失が発生した，と公表したが，「実はもっと大きな損失を隠しているのではないか」との憶測から10億ドルの損失が発生したように市場の噂が増幅し，資金繰りがむずかしくなる，といったケースでは，損失のきっかけとしての原因は市場リスクにあるがレピュテーショナルリスクも影響している。

ェックすることとしている。

関連用語 ⇒「オペレーショナルリスク」「バーゼルⅡ」「金融検査マニュアル」

参考文献

「総解説　金融リスクマネジメント」，ゴールドマンサックス・ウォーバーグ・ディロン・リード，日本経済新聞社，1999年12月

「金融検査マニュアル（オペレーショナルリスク管理態勢の確認検査用チェックリスト）」，金融庁

「オペレーショナル・リスクのすべて」，三菱信託銀行オペレーショナル・リスク研究会編，2002年3月

「金融と保険の融合」，森本祐司，日本銀行金融研究所，1999年5月

「金融機関の拠点被災を想定した業務継続計画のあり方」，日本銀行，2002年3月

「オペレーショナルリスク」，アーサーアンダーセン編，2001年1月

「オペレーショナル・リスク管理の高度化に関する論点整理と今後の課題」，日本銀行，2002年2月

「オペレーショナルリスク管理入門」，原　誠一，2004年2月

"Basel II: International Convergence of Capital Measurement and Capital Standards: A Revised Framework"，バーゼル銀行監督委員会，2006年6月（随時更新）

"Glossary of Operational Risk Terms", Bundesverband deutscher Banken，2002年5月

"The QIS for Operational Risk: Overview of Individual Loss Data and Lessons Learned", BISバーゼル銀行監督委員会，2002年1月

"Operational Risk Management", BISバーゼル銀行監督委員会，1998年9月

VII 保険リスク

保険リスク　ART

ART
レベル3

文字どおり訳せば「代替的リスク移転」であり，伝統的な保険以外のリスク移転手法一般を指す言葉として使用されるが，明確な定義はない。従来の保険の枠内ではあるが伝統的な保険取引の形態ではない取引を指すという考え方がある一方で，保険以外のリスク移転手法ということでクレジット・デリバティブなど，いわゆる金融分野に属すると考えられる取引も包含した概念ととらえることもある

Step 1　保険とは，リスク集積とリスク分散を用いて，リスクをリスクヘッジャーからリスクテイカーへ移転するものであるが，保険給付（保険金支払）は金銭でなされることが多いため，保険と金融の機能は通じるところがある。典型的なART（Alternative Risk Transfer）は，企業財務の安定化，証券化，デリバティブ等の金融技術を保険リスクの処理に応用したものである。

再保険市場がタイトになった1990年代半ば頃から元受保険会社・再保険会社が証券化など金融技術を使って保険リスクをヘッジし始めた。そして，1999年には事業会社が初めて地震リスクを証券化し話題となった。

ARTの事例としては，具体的にはCAT債券，ファイナイト保険，キャプティブ，リスク・スワップなどが幅広く含まれる。

Step 2　ARTは保険と金融を融合した手法であり，広く用いられつつある証券化では，最終的なリスクの引受けを保険市場に限らず，より引受能力の大きい資本市場に移転することができる。元受保険会社・再保険会社にとっては，伝統的な再保険とともに有効なリスクヘッジ手段となる。再保険よりもリスク移転方法を柔軟に設計できる等，メリットも多いことから，今後も取引拡大が見込まれる。

ART

> **Step 3**

ファイナイト保険は，その契約形態がさまざまである。共通する特徴としては，1事故当りや1年当りの保険金支払限度額が設定される，保険期間中の損害実績により返戻金または追徴保険料が生じる場合がある，などがあげられ，企業と保険会社の間で企業の損益変動リスクを分担する仕組みとなっている。企業にとっては，高額損害発生による財務諸表への影響を，保険料支払という形で長期間にわたり平準化することにより，利益の安定化を図ることができる。

キャプティブとは，企業が保有するリスクの移転手法として，そのリスクをカバーする保険契約を引受対象とする保険子会社を設立する方法である。そのリスクに見合った資金を保険子会社に積み立てることでリスクをカバーするが，その子会社が再保険を購入することもある。伝統的な保険では対応困難なリスクを対象にできること，商品設計の自由度が高いこと，保険会社の人件費・物件費が少なく支払保険料がある程度節減できることなどから，欧米企業では利用が盛んになりつつある。

関連用語 ⇒「再保険」

保険リスク　エンベディッド・バリュー

エンベディッド・バリュー　　レベル2

生命保険会社の企業価値・業績の評価に使われる指標の一つで、評価時点での純資産価値（企業の純資産価値）と保有契約価値（保有契約が将来生み出す利益の現在価値）を合計したもの

Step 1　一般に生命保険契約には、契約を獲得してから会計上の利益が計上されるまでに時間を要するという特性がある。すなわち、通常は契約の初期段階に、販売手数料や診査費用などの費用が集中的にかかる一方で、保険料は毎年少しずつ入ってきて、時間の経過とともに収益が発生して長期間で利益をあげる仕組みとなっている。このため、法定会計だけでは、生命保険会社の当期の業績や企業価値の評価がしづらい側面がある。

そこで、エンベディッド・バリュー（Embedded Value, EV）は保有契約の将来の利益を現在価値として認識して加えることで、生命保険会社の収益性をより合理的に算出しようとするものである。日本でも株式会社生保を中心にEVの開示が始まっているが、特に欧州では損益計算書等の情報を補完するものとして、幅広くEVが使用されている。

Step 2　EVの計算方法には恣意性が入り込む余地が多くあるため、各社のEVを同じ基準で比較することが困難という問題点が指摘されていた。そこで、欧州では2004年に大手保険会社が参加するCFOフォーラムによりEEV（European Embedded Value）原則が作成・公表され、これに基づいて計算・開示されるようになり、徐々に基準の統一が図られつつあったが、さらに2008年にはMCEV（Market Consistent Embedded Value）原則が公表され市場整合性を求める方向性が明確化されたことで経済価値への接近が図られることとなった。

なお、EVでは現在存在する契約のみの評価にとどまり、事業継続によ

エンベディッド・バリュー

る将来の企業活動が評価されないので，これに将来獲得が見込まれる新契約から生み出されるであろう利益の現在価値を加えることで，生命保険会社の企業価値を算出する方法も考案されている。

Step 3　〈伝統的 EV の算出方法の一例〉

① 修正純資産価値

純資産の部の合計－評価差額金＋価格変動準備金＋危険準備金＋一般貸倒引当金＋有価証券含み損益＋土地含み損益－前5項目に係る税効果相当額

② 保有契約価値

保有契約の将来の税引後利益の現在価値－資本コストの現在価値

（資本コストは，前提とするソルベンシー・マージン比率を維持するために必要な資本に係るコスト）

関連用語 ⇒「ソルベンシー・マージン比率」「(保険の) 経済価値」

保険リスク　サープラスマネジメント

サープラスマネジメント　　　レベル2

経済価値評価した資産と負債の差額であるサープラスを新たな資本概念としてとらえ，そのサープラスの変動リスクを適切に管理しつつ，最大化を目指すもの

Step 1　基本的な考え方は，1980年代に米国で生まれた。米国企業年金において年金債務の時価評価が始まり，債務評価の際の割引率となる市場金利の変動によって年金債務や積立不足の金額が大きく変動する可能性が指摘され，それを回避する手法として考案された。

すなわち，年金債務が市場金利の変動によって増減するのであれば，年金資産も市場金利の変動によって年金債務と同じように増減するような資産構成にすれば，時価評価した資産と負債の差額であるサープラスの変動を抑えられ，年金の積立不足を回避できるというのが，基本的な考え方である。

保険においても，国際会計基準における資産・負債の全面時価（公正価値）評価やソルベンシー・マージン比率見直しにおける経済価値ベースでの評価の導入という大きな流れを踏まえて，その考え方が徐々に取り入れられつつある。

Step 2　従来の資産配分の方法（資産のみの最適化）では，資産運用の目的は，資産の絶対額の最大化であり，そのために資産のトータルリターンの最大化が指向されていた。その際に考慮すべきリスクは，資産の収益率の標準偏差であるため，この方法においては標準偏差が最も小さい，短期金融資産が最も安全な資産となる。

一方，サープラスマネジメントによる資産配分の方法では，資産運用の目的は，サープラス（＝資産－負債）の最大化であり，そのためにサープラスリターン（＝資産リターン－負債リターン）の最大化が目指される。

サープラスマネジメント

また、その際に考慮すべきリスクもサープラスの変動であるため、サープラスマネジメントにおいては金利変動リスクをもった負債と相関が高い、負債と同じデュレーションをもつ債券が最も安全な（＝サープラスの変動を少なくする）資産となる。

Step 3 保険会社（特に生命保険会社）におけるサープラスマネジメントには、以下のようないくつかの技術的な問題が存在する。①保険債務の経済価値（特にリスクマージン）をどのように評価するか、②保険負債に見合う超長期のデュレーションをもつ債券が十分に存在しない、③現行の法定会計は保険負債の経済価値評価に対応しておらず、現行会計におけるさまざまな健全性尺度との調和が必要である。

したがって、資産・負債の全面時価会計制度の正式導入までの期間は、保険会社のサープラスマネジメントにおいては、運用資産の価格変動リスク等のコントロールを自己資本政策と連携させていくことが求められる。

関連用語 ⇒「ソルベンシー・マージン比率」「（保険の）経済価値」

保険リスク 再保険

再保険 レベル2

保険会社が，保険引受リスクを移転する目的で，自社の保有する保険責任の一部または全部を他の保険会社に引き受けてもらうために契約する保険のこと。「保険の保険」なので「再保険」という（なお，再保険を出すことを「出再」といい，再保険を受けることを「受再」という）

Step 1 典型的な形態は，巨大災害などによる巨額な保険金支払に備えて，自社の保有する保険責任の一部を他の保険会社に引き受けてもらうものである。保険会社は，企業や個人などから保険の引受けを行うが，たとえば自然災害に関する保険であれば，日本の元受保険会社には必然的に日本の自然災害リスクが集積する可能性が高いことになる。

このように集積した保険引受リスクをそのままにしておくと，たとえば巨大災害などが発生した場合，保険会社の企業体力以上の保険金支払を余儀なくされる事態ともなりかねない。

そこで保険会社は，自社の企業体力などを勘案してどの程度まで保険引受リスクを保有するか判断したうえで，保険引受リスクの一部を再保険という手法を用いて他の保険会社に出再している。

Step 2 保険会社には，一般に知られる元受保険会社のほか，再保険を専門に行う再保険会社があり，通常再保険契約は，元受保険会社と再保険会社との間で締結される。

再保険契約には，単純に元受けした保険の一定割合を出再する契約をはじめとしてさまざまな契約形態がとられ一定割合のリスクが完全に移転していると認められる場合は当該割合の元受保険会社での責任準備金の積立てが免除される。また，たとえば，あらかじめ定めた金額以上の保険金支

再保険

払が発生したときに、その金額以上の保険金支払部分のみをカバーする契約などデリバティブ類似の契約形態もあるが、デリバティブと異なり会計上時価評価の対象とはならない。契約期間は1年が一般的で、保険料の水準は市場動向を反映して変動する。保険事故が発生した際に再保険先から保険金の回収が必要となるため、再保険先を決定する際には、再保険会社の信用力も重要な検討ポイントとなる。

Step 3 代表的な再保険会社には、ミュンヘン再保険(Munich Re)やスイス再保険(Swiss Re)などがある。

関連用語 ⇒「保険引受リスク」「有形資産リスク」

> 保険リスク　資産運用リスク

資産運用リスク　　　　　　　　　　　レベル1

保険会社において，保有する資産（オフバランス資産を含む）の価値が変動したり，負債特性に応じた管理ができずに損失を被るリスク

Step 1　保険会社は，保険料として収受した金銭その他の資産について，有価証券の取得，不動産の取得，金銭の貸付およびその他の方法により資産運用を行っている。資産運用リスクは，一般に，市場関連リスク，信用リスク，不動産投資リスクの三つに分類される。預金等受入金融機関の場合と異なり，不動産投資リスクが大きな位置を占める会社が数多くある点と資産負債の総合的な管理を行うための措置が求められる点に特徴がある。

Step 2　これらのリスクに対して，一般に保険会社は，①ポートフォリオの構築，②組織・情報システムによるリスク管理体制の整備，③リスクヘッジ手段の活用等により，リスク管理を行っている。

リスク管理の組織的対応としては，独立したリスク管理部門の設置，委員会制度の導入等があげられる。各々の運用資産ごとの市場・信用等のリスク管理は，取引実施部門においても日々行われるが，リスクの多様化・複雑化に伴い，リスクの客観的・総合的な把握が必要となっている。そこで，一般に，取引実施部門と分離したリスク管理部門を設置し，保有資産の評価，リスク量の把握，適切なリスク限度の設定により各リスクを管理するのに加え，リスク管理委員会等の諸会議を通じて，運用資産間のリスク管理の整合性をもたせるとともに，リスク管理のいっそうの充実を図っている。

なお，保険会社の資産運用は，保険商品ごとの負債特性を踏まえて行わ

資産運用リスク

れるべきものである。そのため，金融庁の保険会社向けの総合的な監督指針においても，「資産の運用方針および負債の管理方針がリスクの特性やソルベンシーの状況に適合していることを確保するために，資産負債全体の状況を把握し管理するための効果的な態勢を整備し，資産負債全体を適切に管理することが求められる」等の記載がある。

Step 3 　保険監督者国際機構（IAIS）による経済価値ベースのソルベンシー規制導入の動きを受けて，わが国においても経済価値ベースのソルベンシー規制が中期的な方向性との認識が高まっている。金融庁の保険会社向けの総合的な監督指針ではIAISのALM基準に基づく経済価値ベースのALM推進を保険会社に要請，その内容は「資産負債管理およびリスク管理態勢」に具体的な記載がある。

関連用語 ⇒「市場リスク」「信用リスク」「不動産投資リスク」「リスク管理委員会」「監督指針」「保険監督者国際機構（IAIS）」

保険リスク ソルベンシー・マージン比率

ソルベンシー・マージン比率　　レベル1

保険業法で定められた、保険会社の経営の健全性を示す指標の一つで、保険金の支払余力を意味する

Step 1　保険会社は、一定程度の保険金支払の増加や市場金利の低下による収入減など「通常予測できる範囲のリスク」に対しては、保険金を確実に支払うためにそれらのリスクマージンを保険料にあらかじめ見込んで、将来の予想収支の現在価値として責任準備金（保険料積立金）を積み立てている。一方、巨大災害による保険金支払の急激な増加や運用環境の悪化などの「通常の予測を超えるリスク」については、自己資本や各種準備金などで対応する。

ソルベンシー・マージン（SM）比率は、保険会社が「通常の予測を超えるリスク」に対して、どの程度の自己資本や準備金などの支払余力を有するかを示す健全性指標の一つとして、保険業法で定められている。

Step 2　SM比率は、あらかじめ設定した合理的な期間（現行規制では1年間）のなかで、保険会社が事業活動を継続できるかを確認するための指標と位置づけられている。そのため、この数値が200%を下回った場合には、原則として金融庁によりなんらかの監督上の措置（早期是正措置）が発動されることになっている。

行政上の取扱いとして、200%を割れば早期是正措置の対象となるとされているものの、過去にSM比率が200%を超えていた保険会社がいくつか経営破綻したため、200%を少々超えている程度では保険契約者からの信頼が得られないのが実態である。自己資本が多い会社では、SM比率は1000%を超えているところも多い。

なお、SM比率の算出方法については、現在金融庁で見直し作業が行われており、検討チームの報告書（2007年4月）では、短期的な取組みとし

ソルベンシー・マージン比率

てリスク係数の見直しなどが指摘され，また中長期的には経済価値ベースのSM評価を目指すべきと提言されている。

Step 3 ●算出式

$$\text{ソルベンシー・マージン比率 (\%)} = \frac{\text{ソルベンシー・マージン総額}}{\text{リスクの合計額} \times 1/2} \times 100$$

●ソルベンシー・マージン総額

資本の部合計，価格変動準備金，危険準備金，一般貸倒引当金，その他有価証券の評価差額（含み益の場合は，×90％），土地の含み損益（含み益の場合は，×85％），負債性資本調達手段，控除項目，その他を合計して算出する。

●リスクの合計額

通常の予測を超える危険（保険リスクR1，予定利率リスクR2，資産運用リスクR3，経営管理リスクR4，一般保険リスクR5，巨大災害リスクR6，最低保証リスクR7，第三分野の保険リスクR8）を以下のように合計して算出する。

生命保険：$\{(R1+R8)^2+(R2+R3+R7)^2\}^{1/2}+R4$
損害保険：$\{(R5+R8)^2+(R2+R3)^2\}^{1/2}+R4+R6$

関連用語 ⇒「早期是正措置」「保険引受リスク」「資産運用リスク」

保険リスク　不動産投資リスク

不動産投資リスク　　　　　　　　レベル2

保険会社において，賃貸料等の変動等を要因として投資した不動産に係る収益が減少する，または市況の変化等を要因として不動産価格自体が減少し，損失を被るリスク

Step 1　不動産は有価証券，貸付金等と比較すると，投資金額が巨額でかつ流動性が低く，収益が不確実で代替がきかないという特性があるため，リスク管理態勢として，審査管理部門が投資案件の審査，モニタリング，分析等の管理を行うことで相互牽制態勢を確保することが必要である。

不動産投資にあたって，採算性と適格性を勘案し，保険商品の予定利率等を勘案した最低投資利回りを設定すること，不動産の含み損については，自己資本・収益力・保険金の支払能力等の経営体力を踏まえて，アラーム・ポイントをリスク管理上の警戒域として設定することが求められている。

Step 2　投資部門では，普段から賃貸市場，地価の動向，規制・税制の変更や対象先の立地条件，環境等のデータについて情報収集，分析，検討を行うことが求められる。また，証券化商品等の仕組みを利用する場合には，そのリスクについても分析・評価することが重要となる。

投資実行後は，投資部門は，テナント募集，空室率，業務委託先，メンテナンス，進行中のプロジェクト，海外不動産の為替リスク等を適切に管理し，合理的な方法により不動産の評価を行い，継続的に投資利回りおよび含み損益の変化をモニタリングする。投資実行後に最低投資利回りを下回った，またはアラーム・ポイントを超過した不動産については，要管理不動産として，収益を確保する方策を検討する等の厳重な管理を行う。さ

不動産投資リスク

らに，一定期間にわたり利用実態がなく利用計画もないものについては，遊休不動産として，売却・処分の可能性を検討することなどが求められる。

要管理不動産の管理，見直しについては，審査管理部門の審査および資産運用リスク管理部門のチェックを受けることが必要である。

Step 3　不動産投資リスクの計量化については，従来はマーケットデータが少ないこと，不動産価格の変動は単純なランダムウォークでは記述できないことなどを理由に，有価証券や貸付金と比べると浸透が遅れていたが，不動産投資信託（リート，REIT）の取引活発化により，他の金融商品同様に流動性の向上や価格データの蓄積が進展している。今後，不動産投資と不動産以外の投資案件について，リスク対比リターンという形で収益性の比較を行うことで適正な資産配分ができるようになることが期待されている。

関連用語 ⇒「職責分離」「証券化商品」「為替リスク」

保険リスク 保険計理人

保険計理人　　　　　　　　　　　　　　　　　　レベル2

保険業法で定められた保険数理事項に関与する専門家のこと

Step 1　保険数理は，保険会社の経営上，非常に重要な事項であるため，保険業法によって，「保険会社は保険計理人を選任し，保険料の算出方法や責任準備金の算出方法などの保険数理に関することに関与させる」ことが義務づけられている。

責任準備金，支払備金および配当準備金（以下「責任準備金等」）は，保険会社が保険契約者等へ支払う保険金等の原資となるものであり，保険会社が保険契約上の責務を確実に履行するためには適切な積立てが重要である。また，責任準備金等の積立てが適切に行われることは，正確な財務諸表を作成する前提となる。

保険会社においては，責任準備金等の積立額の適切性については，会計監査人および保険計理人が各々の立場で検証することとされている。このことは，保険計理人が保険会社のリスク管理において重要な役割を果たす機能を担っていることを意味しており，他の業態ではみられない大きな特徴である。なお，保険計理人は取締役会によって選任され，社団法人日本アクチュアリー会正会員であることが資格要件の一つとされている。

Step 2　法令に定められている保険計理人の職務には，「次の①から③についての確認を行い，その結果を記載した意見書を取締役会に提出すること」が含まれる。

① 保険会社の健全性の観点から将来の保険金支払のために十分な責任準備金が積み立てられていること
② 契約者配当や剰余金の分配が公正かつ衡平に行われていること
③ 保険会社の業務継続可能性

社団法人日本アクチュアリー会が，上記の標準的な基準として「生命保

保険計理人

険会社の保険計理人の実務基準」を定めている。

Step 3 金融庁の保険会社向けの総合的な監督指針においても,「保険計理人は,職務遂行上必要な権限を取締役会から付与されているか。また,制度の趣旨に鑑み,保険計理人が収益部門,収益管理部門及び商品開発部門から独立していることなどにより相互牽制態勢が確保されているか」等の記載がある。

関連用語 ⇒「監督指針」「職責分離」

保険リスク （保険の）経済価値

（保険の）経済価値　　　　　　　　レベル2

入手可能な現在の市場価格と整合的なように，あるいは市場に整合的な原則や手法・パラメータを用いて導かれる，資産または負債のキャッシュフローの価値のこと

Step 1　経済価値は市場整合的な「将来キャッシュフロー（CFt）の現在価値」：$\Sigma CFt \cdot DFt$ という直接法で評価される（DFtはディスカウントファクター）。

直接法は市場整合的だが，会計損益を扱えないため，税額や配当の現実的評価が困難という特徴がある。

Step 2　経済価値では，将来キャッシュフローをリスクフリーレートで割り引くが，株主の視点に立つ国際会計基準委員会が進める保険負債の時価会計の考え方では，キャッシュフローの現在価値を用いるものの，自社の信用リスクを加味した割引とする方向で議論されている（この場合，実際，格下げで安くなった自社の既発行社債を市場から買入消却すれば，現行会計上も利益が出ることを一般化した考え方）。

しかし，規制で使われる経済価値は，保険債務の第三者移転価格を想定するため，自社の信用リスクを考慮しないことになる。

Step 3　経済価値ベースの負債評価では，①リスクをヘッジ可能なリスクとヘッジ不可能なリスクに分離し，②ヘッジ可能なリスクはできるだけ市場の情報を取り入れる（市場価格アプローチ Mark-to-market 手法），③ヘッジ不可能なリスクについては第三者移転価格を想定したなんらかのモデルを策定して計量化を行う（モデルアプローチ Mark-to-model 手法），としてキャッシュフローの特性により手法を使い分けている。

ヘッジ不可能な場合はモデルアプローチを採用するが，将来の不確実性

(保険の) 経済価値

のある事象を取り扱うために，将来キャッシュフローの現在価値の「最良推定 (BE: Best Estimate)」と「リスクマージン (RM: Risk Margin)」の合計として求める考え方が一般的である。

リスクマージン算出には，資本コスト法とクオンタイル（分位点）法があり，欧州（ソルベンシーⅡ，スイス・ソルベンシー・テスト）では資本コスト法（リスクマージン＝資本コスト・Σ（必要資本 t・DFt））を採用し，北米（変額年金規制等）ではクオンタイル（分位点）法（現在価値の確率分布の分位点から算出）を指向している。

| 関連用語 | ⇒「保険負債の時価会計」

保険リスク 保険引受リスク

保険引受リスク　　　　　　　　　　　　　　レベル1

経済情勢や保険事故の発生率等が保険料設定時の予測に反して変動することにより，保険会社が損失を被るリスク

Step 1　保険会社は引き受ける保険リスクの対価となる保険料を，想定される保険契約群団の量と質の前提のもとで，経済情勢および保険事故の発生率・損失額等の予測をもとに算出しているが，こうした予測を超える事態が生じることにより損失を被るリスクが保険引受リスクである。

したがって，保険引受リスクは，保険料算出時の予測と実際の乖離に応じてさまざまな形で具体化する可能性があるが，たとえば，設定した保険料が適切でなかったことにより長期的にみて保険会社が損失を被るというケースや，大規模地震等の非常に発生確率は低いが規模の大きい保険事故が顕在化してしまうことにより保険会社が支払能力を超える多額の保険金支払を余儀なくされるケースなどが考えられる。

Step 2　保険引受リスクの管理は次のプロセスに従って実施される。まず保険商品の設計・開発の段階で，引き受けるリスクの内容を特定し，意図しないリスクを引き受けることのないようにするとともに，そのリスクに見合った保険料を設定する。次に，個別のリスクを引き受ける際には，リスク内容を厳密に査定し，適切な保険料率を適用する。

その後，経済情勢や保険事故の発生率等が保険商品設計時に評価した内容と相違してしまった場合には，商品・保険料の見直しを実施する。ただし，既契約の保障内容の途中見直しは困難であるため，見直し余地を確保するには更新型の商品設計を行う必要がある。

また保険会社の支払能力対比で過大なリスクを引き受けている場合には，

再保険・ART等の手段によりリスク移転を図ることで対応がなされることになる。

なお，リスク管理においては，会社が定めた戦略目標，リスク管理方針に沿った適切な運営を行うため，保険引受リスク管理部門を定め，権限を明確化して，収益部門や商品開発部門から独立させるなどの相互牽制体制を確保することが求められている。

関連用語 ⇒「再保険」「ART」

> 保険リスク　保険負債の時価会計

保険負債の時価会計　　　　レベル3

国際会計基準委員会（International Accounting Standards Board, 以下「IASB」）が進める保険負債の時価評価導入のこと。ただし、保険負債には取引価格が存在しないため時価評価は俗称であり、公正価値（Fair Value）評価あるいは現在出口価値（Current Exit Value）評価と呼称され検討が進められている

Step 1　保険の会計基準は、国際間で統一されていないうえ、市場性のある資産を時価評価する一方で、保険負債については契約した時点の評価基礎率（予定死亡率、予定利率）を使って評価し、直近の評価基礎率とは乖離していることが一般的である。

たとえば、世界的な金利低下により、保険負債に対応して積み立てた国債などの資産は、発生した含み益を時価評価により貸借対照表価額として表示する一方で、かつて高い予定利率で契約した保険契約について、低金利下で現実にはその予定利率で確実に運用することが困難であるにもかかわらず、契約時の評価利率のまま保険負債を評価している。そのため、保険負債に対応する資産が予定利率どおりに運用できない状況を会計に反映できていないという批判がある。これを改めるため、現在 IASB で国際的な統一基準の議論が進められている。

Step 2　現時点でのわが国における保険負債の評価は、以下の考え方に基づいている。①契約した時点の評価基礎率を継続的に用いる。②損失を早期認識する目的で、将来収支予測が義務づけられている。将来の損失が認められる場合には、追加責任準備金の積増を行う。③経費は将来の収支がバランスしていると考え、経費部分を除いた純保険料だけを対象として責任準備金を算出する「平準純保険料式」を基本

保険負債の時価会計

とする。

それに対し，IASBにおける統一基準の議論では，金融商品の時価評価を進めるなか，保険負債についても評価時点での基礎率（金利や死亡率など）の実勢を織り込んで，そのつど測定する方式が適当とされている。

Step 3 IASBが2007年5月に公表したディスカッションペーパーでは，保険者は次の三つのビルディング・ブロック（基礎的要素）を使用して，保険負債を測定すべきであると提案されている。

① 将来キャッシュフローの見積額（保険料収入，保険金支払，事業費支出）
② 割引率（予定利率）
③ マージン（市場参加者がリスク負担に対して要求するリスクマージンとその他のサービスに対して要求するサービス・マージンから構成）

ただし，主要論点として，①有配当保険における将来配当の扱い，②保険会社自身の信用特性の反映，③保険契約を保障部分と貯蓄部分に分けるかどうか，などが残されており，今後も曲折が予想される。

関連用語 ⇒「時価会計」「金利リスク」

保険リスク 保険募集管理

保険募集管理　　　　　　　　　　　　　　　　レベル1

保険契約の募集，締結の際に必要な顧客保護に向けた内部管理態勢および法令等遵守態勢の構築および確保に向けた取組みのこと

Step 1　保険契約の募集，締結にあたっては，顧客保護を図るために，保険業法等の関係法令や監督指針等を踏まえた，内部管理態勢と法令等遵守態勢の構築・確保が必要となる。

実務的には，保険会社に係る検査マニュアルにある「保険募集管理態勢および保険募集業務の適正性」についての項目を踏まえた態勢整備が求められており，たとえば，リスク管理態勢として，会社が定めた保険募集管理に係る基本方針に沿った適切な運営を行うため，募集コンプライアンス担当部門を定め，営業推進部門から独立した立場で適切な役割を担わせるなどの相互牽制態勢を確保することなどが求められている。

Step 2　銀行窓口における保険商品の販売開始に伴い，保険会社が銀行等に対して保険募集の委託を行うにあたっては，その業務の健全かつ適切な運営および保険募集の公正を確保する観点から適切な方針を定め，同方針を踏まえた委託の内容を定めること。また，銀行等の保険募集業務の特性を踏まえ，適切に銀行等の監督，業務監査，研修，モニタリングを実施するための態勢を整備することが必要とされる。

Step 3　保険会社に係る検査マニュアルを踏まえると，保険募集管理以外の次の業務にも顧客保護等管理態勢を整備することが重要である。

① 保険契約管理態勢……保険契約に関する解約・失効その他の契約の管理態勢

② 保険金等支払管理態勢……保険金，給付金および返戻金等の支払のた

めの適切な判断および迅速な事務処理を行う態勢
③ 苦情処理態勢……可能な限り顧客の理解と納得を得て解決することができる態勢
④ 顧客情報管理態勢……保険契約の基礎をなす顧客に関する情報についての適切な管理態勢

関連用語 ⇒「監督指針」「職責分離」「顧客保護等管理」「苦情処理」「顧客情報管理」

保険リスク モノライン保険会社

モノライン保険会社　　　　　　　　レベル2

モノライン保険会社とは、金融保証保険のみを専門的に扱う保険会社のこと（生命保険、自動車保険等の複数の保険業務を扱う保険会社はマルチライン保険会社と呼ぶ）

Step 1　金融保証保険とは、債券発行体に債務不履行が発生した場合に、保険会社が保証対象債券の元利金払いを当初約定どおりに行うことを投資家に対して保証する保険契約のことである。モノライン保険会社は、これを専門的に取り扱い、金融保証の対価として、債券発行体から保証料を受け取る。

例として、年2回利払いのある、10年後に満期をもつ債券が5年目に債務不履行を起こしたとする。この場合、金融保証会社は支払不履行のあった5年目から10年目までの5年分の6カ月ごとの利払いと10年目の元本をその支払期日が来たときに支払う。

Step 2　モノライン保険会社は1970年代初めに米国で誕生し、米国の州政府などの発行する地方債の金融保証業務からスタートした。

金融保証保険は、格付が低い債券発行者にとっては、高格付の保険会社の保証が付されることにより、比較的容易に資金調達ができるというメリットがある。また、投資家にとっても、投資の安全性を確保し、審査コストを軽減（保険会社の審査で代替）できるメリットがある。その意味でモノライン保険会社は、厳格な保証引受基準とリスク管理により、高格付を維持することが業務上の生命線となっている。

Step 3　近時、モノライン保険会社は、地方債の保証引受競争の激化から収益源の多様化のため、金融保証の対象に証券化商品を加えて業容を拡大してきた。

モノライン保険会社

　しかし，米国サブプライム問題により保証を引き受けた証券化商品の格下げが相次ぎ，モノライン保険会社に評価損が発生。これに伴い，モノライン保険会社の自己資本不足が表面化，格付会社がモノライン保険会社の格付を引き下げた。これを契機に，モノライン保険会社が保証している他の債券の格下げに波及し，債券投資家に損失が発生する事態になった。

　高格付のモノライン保険会社が保証をつけることで信用を補完していた債券発行体は，モノライン保険会社の格下げに伴い，他の信用補完手段を利用せざるをえず，調達コストが上昇するか，まったく資金を調達できない事態となった。サブプライム問題が招いた負の連鎖の一つである。

関連用語 ⇒「証券化商品」「クレジット・デリバティブ」「ISDA マスター契約」「クレジット・イベント」「証券化」

参考文献

「保険会社向けの総合的な監督指針」,金融庁
「保険検査マニュアル(保険会社に係る検査マニュアル)」,金融庁
「ソルベンシー・マージン比率の算出基準について」,金融庁,2008年
「欧州の先進的な保険リスク管理システムに関する研究会報告書」,金融庁金融研究研修センター,2008年9月
「European Embedded Value Principles」,CFO Forum,2004年
「Market Consistent Embedded Value Principles」,CFO Forum,2008年
「生命保険会社の保険計理人の実務基準」,社団法人日本アクチュアリー会
「Preliminary Views on Insurance Contracts」,IASB,2007年5月
「保険の国際会計基準-現況と課題」,重原正明,生命保険経営第75巻第6号,2007年11月
「国際保険監督規制の最近の動向」,来住慎一,生命保険経営第76巻第4号,2008年7月
「保険契約に係る国際財務報告基準の動向」,三輪登信,あずさ監査法人,2007年12月
「現下の保険計理上の諸課題について―保険負債の時価評価問題について―」,猪ノ口勝徳,ニッセイ基礎研 所報 Vol. 47,2007年
「金融保証(モノライン)保険業界の概要」,尾崎充孝,日本政策投資銀行,2004年10月
「保険の経済価値評価とリスク管理」,松山直樹,2008年10月

VIII 内部統制・監査

> 内部統制・監査　Code of Conduct，行動規範，行動指針，倫理綱領

Code of Conduct，行動規範，行動指針，倫理綱領

レベル2

組織の構成員が遵守すべき行動基準を示した文書

Step 1　Code of Conduct は，法令上の要件のみならず，倫理や慣習といった社会的な要請を含み，組織における倫理的価値観を共有するための基礎となる。

従来のコンプライアンス管理における，法令・規程・規則の周知徹底や集合研修の実施という知識重視のハード面での施策の限界を補うための，個人の認識・判断・行動に影響を与える意識レベルへの働きかけというソフト面での施策として効果がある。

Step 2　作成にあたっては，組織の利害関係者（顧客・取引先・従業員・地域社会等）を列挙し，それぞれに対しての組織のあるべき姿を具体的に描いていくことが多い。

携帯可能なサイズのコンパクトな文書として作成されることが多いので，コンプライアンスマニュアルやコンプライアンスハンドブックと併用する必要がある。

Step 3　過去のコンプライアンス上の課題を事例として，Code of Conduct を参照しながらワークショップ形式で議論することにより定着を促進することも有効である。

なお実効性を担保するために，常時携帯を義務づけたり，行動規範の受領時に誓約書等に署名を求める場合もある。

関連用語 ⇒「内部統制」「内部統制システム構築義務」

COSO レベル2

米国トレッドウェイ委員会の略称，および同委員会が発表した内部統制に関する原則で，組織における内部統制の方向性を規定したもの

Step 1　1980年代の米国における金融機関および預金保険機構の破綻等に対応して，組織における内部統制のあるべき姿を定めたもので，米国トレッドウェイ委員会の委託により Coopers & Lybrand（現 PricewaterhouseCoopers）が起草し，1992年に公表された。財務情報の信頼性といった従来の会計的な側面のみならず，関連法規の遵守（コンプライアンス）および業務の有効性・効率性について合理的な保証を提供することを内部統制の目的として明示的に規定している。

COSO とは Committee of Sponsoring Organization of the Treadway Commission（トレッドウェイ委員会組織委員会）の略称である。

Step 2　COSO における内部統制の枠組みは以下の五つの構成要素からなる。

① 統制環境……組織の基調を定めるもので，他の構成要素の基礎となり，規律・構造を提供する。
② リスク評価……統制活動選択の前提条件として，組織目的達成の阻害要因となるリスクを認識，評価する。
③ 統制活動……経営者の指示を徹底するための方針・手続書の整備。統制活動には，承認，権限付与，検証，照合などが含まれる。
④ 情報と伝達……経営者が責任を果たすために適切な情報を特定，収集，提供すること。情報は内生的のみならず外生的なものを含み，役職員，外部関係者とのコミュニケーションを確立する。
⑤ モニタリング……継続的な活動と独立した評価の組合せにより，内部

COSO

統制システムの機能の質を継続的に評価するプロセス。

COSO に示されている内部統制の概念は消極的な防止策というよりは，むしろ積極的なプロセスとして内部統制を改善するという革新的な手法を示している。COSO によって確立された内部統制の概念は世界各国の金融監督当局・企業・会計専門家によって広く認められ，バーゼル銀行監督委員会のフレームワークを経て本邦の金融検査マニュアルにも反映されている。

Step 3 2004年9月に公表された COSO/ERM（全社的リスク管理）において，枠組みの拡張が行われ，内部統制の目的として「戦略」（組織の使命に関連づけられた，より高次の目的）を追加するとともに，従来の「財務情報の信頼性」を「情報の信頼性」（組織が外部に発信する情報すべての正確性）へと拡大した。また内部統制の構成要素として，戦略と連動して「目的の設定」を追加し，さらに従来の「リスク評価」を「事象の認識」「リスク評価」「リスク対応」へと細分化することによってリスク管理を前面に出した内部統制の枠組みが示された。これらの追加・変更によって従来の財務報告中心の内部統制から，不確実性のコントロールのみならず事業機会の獲得をも視野に入れ，経営や戦略の視点から組織のリスク選好とリスク許容度を考慮した経営管理を行うための基準を示した。

関連用語 ⇒「内部統制」「コンプライアンス」「内部監査」「金融検査マニュアル」

SOX法（米国企業改革法）　レベル2

企業会計や財務報告の透明性・正確性を高めることを目的に，2002年7月に施行されたコーポレートガバナンス（企業統治）のあり方・監査制度と投資家に対する企業経営者の責任と義務・罰則を定めた米国連邦法を指す

Step 1　米証券取引委員会（SEC）に登録されているすべての企業が同法の適用対象となる。監査の独立性強化，コーポレートガバナンスの改革，情報開示の強化，説明責任等で構成されており，特に，経営者に対する年次報告書の開示が適正である旨の宣誓書提出の義務づけ（302条），財務報告に係る内部統制の有効性を評価した内部統制報告書の作成の義務づけおよび公認会計士による内部統制監査の義務づけ（404条）が特に重要な条文である。

第1条	見出し
第2条	定義
第3条	証券取引委員会の規則および施行
第101～109条	第1章：公開会社会計監視委員会
第201～209条	第2章：監査人の独立
第301～308条	第3章：会社の責任
第401～409条	第4章：財務情報開示の強化
第501条	第5章：証券アナリストの利益相反
第601～604条	第6章：証券取引委員会の財源と権限
第701～705条	第7章：調査および報告
第801～807条	第8章：企業不正および刑事的不正行為説明責任
第901～906条	第9章：ホワイトカラー犯罪に対する罰則強化
第1001条	第10章：法人税申告書
第1101～1107条	第11章：企業不正および説明責任

SOX法（米国企業改革法）

Step 2 同法が適用される企業においては、内部統制の特定・文書化・評価・改善に、かなりの労力と費用が必要となり、同法適用企業の負担が懸念された。これに対し、米国公開企業会計監視委員会（PCAOB）は、不必要な監査手続の排除と会社の状況に応じた監査実施に重点を置いた新しい内部統制監査の基準「財務諸表監査と統合された財務報告に係る内部統制の監査」（Auditing Standard No. 5、通常AS 5と呼称される）を2007年5月に公表、SOX法の負担軽減につながることが企図されている。

AS 5の目的は以下の四つとなる。

① 最重要事項に係る内部統制に焦点を当てた監査による高リスク領域（財務諸表作成プロセスや不正に対応する統制等）の重視とリスクに応じた監査手続の設計等の考慮
② 意図した効果を達成するのに不必要な監査手続の排除（経営者の評価を監査対象から除外）
③ 会社の規模や複雑さに対応した監査
④ 基準の文言の簡素化

Step 3 米国と同様、日本版SOXが2008年（平成20年）4月から始まる会計年度から本邦株式公開企業に適用された。ちなみに、日本版SOXとは米国SOX法にならった俗称であり、根拠法は2007年に施行された金融商品取引法の24条の4の4ならびに同法193条の企業の内部統制について規定された部分となる。

米国SOX法と日本版SOXとの相違点のうち、代表的なものは、監査手法の違いと内部統制の基本要素に「ITへの対応」が含まれる点である。

米国SOX法で採用されている監査手法は、経営者の評価を監査対象から外し、監査人自らが内部統制の有効性を評価するダイレクト・レポーティングであるのに対し、日本版SOXで採用されている監査手法は、経営者が有効性評価を行い、これに基づく内部統制報告書を監査するインダイレクト・レポーティング方式である。

また，内部統制の国際標準といわれる COSO フレームワークでは，内部統制を構成する基本要素を「統制環境」「リスク評価」「統制活動」「情報と伝達」「モニタリング」の5種としているが，日本版 SOX における内部統制は，これら5種に「IT（情報技術）への対応」を加えた6種の基本要素から構成されるとしている。

関連用語 ⇒「金融商品取引法」「COSO」「不正調査」「内部通報制度」

内部統制・監査　外部監査

外部監査　　レベル1

株主，投資家，監督当局等，社外の利害関係者のために実施する監査（⇔内部監査）

Step 1　狭義では公認会計士や監査法人が行う財務諸表の正確性を担保するための監査。会計士監査は強制監査であり，金融商品取引法，商法特例法・監査特例，監査基準・企業会計原則等に準拠し，実施される。広義ではシステム監査人，コンサルティング会社，法律事務所等外部の専門家による各種の業務・プロセスの妥当性を評価する手続を指す。

Step 2　内部統制の目的が拡大するのに伴い，外部監査の範囲も拡大している。また，内部監査の体制が人員・専門能力等にかんがみ，必ずしも十分ではないため補完的に外部の資源を用いる例もある。金融検査マニュアルにおいては，内部管理態勢（リスク管理態勢を含む）に関する定期的な外部監査が望ましいとされており，金融機関においても，全般的な態勢面から個別のリスク管理システムに至るまで広範な対象に外部監査を導入している。

関連用語　⇒「内部監査」「システム監査」「金融検査マニュアル」

コンプライアンス　内部統制・監査

コンプライアンス　　　　　　レベル１

規範・基準を遵守すること。COSO によって導入された内部統制の目的の一つ

Step 1　狭義のコンプライアンスは「法令遵守」と呼ばれ，遵守すべき規範の範囲は業法から政令，省令，さらには業界団体の自主ルールや社内規定，また顧客との契約に明記されたガイドライン等も含まれる。これに対して広義のコンプライアンスにおいては，顧客，取引先，従業員，監督当局，地域社会などの組織を取り巻く広範な利害関係者の合理的な期待に応えることを指す。

Step 2　コーポレートガバナンスの前提条件としてコンプライアンス機能の拡充が求められており，金融検査マニュアルにおいても法令等遵守（コンプライアンス）とリスク管理が二つの柱となっている。

コンプライアンスに関するレピュテーショナルリスクやオペレーショナルリスクとの関連から，コンプライアンスに関する管理を統合的リスク管理の枠組みに組み込む動きもみられる。また従来のフロント部門を中心とした個別取引単位でのコンプライアンスから，外部の利害関係者との関係を保護すべき対象ととらえた組織のレピュテーション管理の視点も重要である。

Step 3　狭義のコンプライアンスについては規範，基準を形式的に遵守すれば良いという表面的な対応を生じやすいという批判がある一方，広義のコンプライアンスについては利害関係者の特定およびその合理的期待水準の変化を迅速に把握する必要性という課題がある。また組織の内部と外部のルールに齟齬が生じた場合，内部で解決できなかった問題について内部告発という形で顕在化する事例も増加している。

コンプライアンス

関連用語 ⇒「COSO」「内部統制」

時価会計　内部統制・監査

時価会計　　　　　　　　　　　　　　　　レベル2

財務諸表における各項目を作成時点での時価（公正価値）によって評価する手法および時価を中心とした会計方針（⇔取得原価主義会計）

Step 1　日本の会計制度においては取得原価主義が一般的な会計処理方針であったが，現在の価値を適正に評価していないことと，含み損益が反映されず利益操作が可能であるなどの問題点が指摘されていた。時価評価の対象は金融商品のみならず，資産・負債の広範な科目に及んでいる。

Step 2　財務損益と管理損益を一致させることにより，リスク管理上効率的なヘッジ取引等の活用をもたらす。また時価評価とその結果としての未実現損益の認識はリスク管理の基本である。一方で金融商品のみを時価評価の対象とし，非金融商品の評価に取得原価主義を混在した場合には評価の整合性において課題が残る。

また時価とは本来利害の対立する多数の者による自由な価格交渉の過程を経て到達する価格であるが，流動性のある透明な市場において適正な時価が常に入手可能とは限らず，なんらかの仮定・前提を置いたモデルによって公正価値を算出せざるをえない場合もあり，注意が必要となる。

Step 3　米国会計基準では金融商品の時価評価には3段階のレベルがあり，レベル1は上場株式・債券など流動性が高く公表価格で評価するもの，レベル2は関連する市場データを入手して算出するもの，レベル3は証券化商品など時価が把握しにくい商品について内部データを用いてモデルにより期待回収額を算出するものに分かれる。

関連用語 ⇒「公正価値」「モデルリスク」

内部統制・監査 システム監査

システム監査　　　　　　　　　　　レベル3

企画・開発・運用・保守といった情報システム業務から独立しかつ専門的な知識を有するシステム監査人が，情報システムに係る内部統制の有効性を評価すること

Step 1　システム監査の対象となる情報システムの内部統制は，全社レベル統制，全般統制および業務処理統制の3種に大別できる。全社レベル統制とは，経営者の意向とリスク認識および必要な内部統制の導入との整合性を確保させる仕組み，またそのような内部統制を維持・運営していくための組織上の統治システム，すなわちITガバナンスを十分に機能させるための仕組みである。全般統制とは，情報システム業務の維持・運営を堅確に執り行うための個々の仕組みである。業務処理統制は，情報システム上に実装される個々の内部統制であり，入力統制／処理統制／出力統制に大別できる。

監査の実施形態としては，内部監査人が行う場合と，監査法人等外部監査人が行う場合の2種に大別できるが，情報システム業務と監査業務の両方に通暁している内部監査人は少なく，外部監査人とのコソーシングやアウトソーシング形態が一般的になりつつある。

Step 2　システム監査対象に係るリスクやあるべき内部統制は，会計監査や業務監査に比し，比較的標準化されている。システム監査やあるべき内部統制のデファクト・スタンダードとして，米国ではISACA (Information Systems Audit & Control Association)からCOBIT (Control Objectives for Information and related Technology)が，Information Shield社からISPME (Information Security Policies Made Easy)が，日本では金融情報システムセンター(FISC)から『金融機関等のシステム監査指針（第3版）』や『金融機関

等コンピュータシステムの安全対策基準・解説書（第7版）』が，また経済産業省から『システム監査基準』『システム管理基準』『情報セキュリティ監査基準』『情報セキュリティ管理基準』等が公表されている。

関連用語 ⇒「内部監査」「外部監査」「システムリスク」

内部統制・監査　内部監査

内部監査　　　　　　　　　　　　　　　　レベル1

組織の業務を改善し付加価値を与えるように設計された，独立した立場で行う客観的な検証およびコンサルティング活動で，経営者・取締役会等組織内部のために実施する監査

Step 1　内部監査は，組織内部の経営のために行われる監査活動をいい（⇔外部監査），組織全体の付加価値向上に資することが求められる。組織目的達成の観点から，監査対象が一定の基準を充足していることの検証と，さらなる改善のためのコンサルティング機能と位置づけられる。内部統制状態の評価に加えて，リスク運営状況とガバナンスプロセスも検証の対象となる。

Step 2　内部監査では，監査を実施する主体が監査対象と同じ組織に属することが多いため，独立性の観点から，組織上独立した地位を確立する必要があるとともに，監査の実施にあたっては客観性が求められる。

　金融検査マニュアルでは，リスクの種類・程度・管理状況に応じて，効率的・実効的に監査を行うリスクベースアプローチによる監査が求められている。具体的には，「被監査部門等におけるリスクの管理状況を把握した上，リスクの種類・程度に応じて，頻度及び深度等に配慮した効率的かつ実効性ある内部監査計画を立案しているか」また，「取締役会は，被監査部門等におけるリスクの管理状況及びリスクの種類・程度を理解した上，監査方針，重点項目等の内部監査計画の基本事項を承認しているか」と記されている。

Step 3　内部監査は，特に海外においては専門的職種として認知されており，定性面をもカバーする全社的リスク管理の担い手として自らの存在意義を規定している。

本邦においても専門能力を有する人材の育成および組織内部におけるキャリアパスのよりいっそうの確立が求められる。

関連用語 ⇒「内部統制」「外部監査」「システム監査」「金融検査マニュアル」

内部統制・監査　内部通報制度

内部通報制度　　　　　　　　　　　　レベル3

内部通報制度とは，企業内において法令違反や不正行為の行われていること，ないし生起するおそれのある状況を知った当該企業の社員等が，企業内の正規の報告経路とは別に当該企業へ通報する際に利用する仕組みを指す

Step 1　1990年代，米国においては企業不祥事が相次ぎ，企業活動に関連した不正行為に対する法令の整備等が進展した。これを機に，コンプライアンス経営が重視され，内部通報制度を導入する企業が急増した。日本においても1990年代後半から企業不祥事が相次ぎ，その発見手段として注目されたのが内部通報制度であるが，密告に対するネガティブなイメージもあり，普及には多少時間を要した。しかし，2006年4月には「公益通報者保護法」が施行されたこともあり，日本でも急速に内部通報制度を導入する企業が増加している[1]。

Step 2　米国不正検査士協会の調査結果によると，企業内不正行為の発覚は内部通報によることが最も多い（2008 Report to the Nation on occupational fraud and abuse より）。

一方，内閣府は『公益通報者保護制度ウェブサイト[2]』を常設し，次ページの表の項目から構成される『公益通報者保護法に関する民間事業者向けガイドライン[3]』を公表している。

---

1 内閣府国民生活局が2007年2月に行ったアンケートによると，回答した民間企業3,141社のうち，41.7%が導入ずみ，20.2%が導入を検討中としている（詳細は『民間事業者における通報処理制度の実態調査報告書』http://www5.cao.go.jp/seikatsu/koueki/information/files/19minkanchosa.pdf を参照）。
2 http://www5.cao.go.jp/seikatsu/koueki/index.html
3 内閣府国民生活局 http://www5.cao.go.jp/seikatsu/koueki/minkan/files/minkan.pdf

「公益通報者保護法に関する民間事業者向けガイドライン」骨子

1.	本ガイドラインの目的と性格
2.	事業者内での通報処理の仕組みの整備
	仕組みの整備
	通報窓口の整備
	相談窓口の設置
	内部規程の整備
	秘密保持の徹底
	利益相反関係の排除
3.	通報の受付
	通報受領の通知
	通報内容の検討
	個人情報の保護
4.	調査の実施
	調査と個人情報の保護
	通知
5.	是正措置の実施
	是正措置と報告
	通知
6.	解雇・不利益取扱いの禁止
	解雇・不利益取扱いの禁止
7.	フォローアップ
	フォローアップ
8.	その他
	仕組みの周知等

内部通報制度

関連用語 ⇒「不正調査」

内部統制　　　　　　　　　　　　　　　レベル1

組織の経営目的が達成されることについて，合理的な保証の提供を目的として設計された，経営・管理手続

Step 1　企業組織における内部統制の枠組みを示したCOSOによると，内部統制の目的は以下の三つに集約される。

① 業務の有効性・効率性……業績や収益目標といった組織の基本的な経営目的および経営資源の保護に関するもの。
② 財務情報の信頼性……信頼しうる財務諸表およびそこから派生する公開された財務情報の作成に関するもの。
③ 関連法規の遵守……組織が従属する法律・規則の遵守に関するもの。

2007年に施行された金融商品取引法に基づく内部統制の枠組みにおいては第四の目的として「資産の保全（資産の取得，使用，処分が適切に行われるよう資産を保全すること）」が加えられている。

Step 2　良好な内部統制を構築することは，株主に対する経営者の責任であり，良好な内部統制を構築することで，経営者のアカウンタビリティーが果たされるのみならず，内部監査・外部監査の試査範囲が縮小され，効率的な監査を実施することができることになる。また，監督当局の求める内部管理体制をも充足することになる。内部統制とは手続そのものを指すが，その有効性は特定の一時点ないし複数の時点における状態・状況をもって評価される。内部統制が有効であると判断されるのは取締役会および経営者が以下の点について合理的な保証を得ている場合であると考えられる。あくまで合理的な注意と能力をもって行うものであり，絶対に誤りがないことの保証ではない。

① 組織の経営目的が達成されている範囲を理解していること。
② 公表財務諸表が信頼できるものであること。

内部統制

③ 組織に適用される法律・規則に従っていること。

Step 3 　金融商品取引法においては内部統制の構成要素としてCOSOの五つの構成要素に加えて「ITの利用」（業務の実施において，組織内外のITに対し適切に対応を行うこと）を追加している。これはCOSOが制定された1992年と比較して今日の組織における業務の大半がなんらかの形でITに依存していることを反映したものである。

関連用語 ⇒「COSO」「コンプライアンス」「内部監査」「外部監査」「内部統制システム構築義務」「金融検査マニュアル」

内部統制システム構築義務　　　レベル3

取締役が，取締役会の構成員として，あるいは，代表取締役または業務担当取締役として負う，内部統制体制を構築すべき会社法上の義務

Step 1　健全な会社経営のためには，事業の種類，性質等に応じて生じる各種のリスク（信用リスク，市場リスク，流動性リスク，事務リスク，システムリスク等）の状況を把握し，適切に管理することが必要である。

取締役会は，会社法上，重要な業務執行について決定することが求められているため，会社経営の根幹にかかわる内部統制システムの大綱については，取締役会で決定することが必要とされる。また，業務執行を担当する代表取締役および業務担当取締役は，大綱を踏まえ，担当する部門における内部統制システムを具体的に決定すべき職責を負っている。このように取締役が負う内部統制システム構築義務は，取締役としての善管注意義務および忠実義務の一部を構成しており，内部統制システム構築義務を怠った取締役は，会社に対する任務懈怠責任を問われる可能性もある。

Step 2　金融機関の経営においても，取締役会によるリスク管理体制（内部統制システム）の構築は，経営管理（コーポレートガバナンス）の基本項目として重要視されている。すなわち，主要行等向け監督指針では，「法令等遵守態勢，リスク管理態勢及び財務報告態勢等の内部管理態勢（いわゆる内部統制システム）を構築することは，取締役の善管注意義務及び忠実義務の内容を構成することを理解し，その義務を適切に果たそうとしているか」としているほか，金融検査マニュアルでは，「取締役会は，経営方針に則り，代表取締役等に委任することなく，当該金融機関の業務の健全性・適切性を確保するための態勢の整備に

内部統制システム構築義務

係る基本方針を定め、組織全体に周知させているか。内部管理基本方針は、当該金融機関の営む業務の規模・特性に応じ、適切な内容となっているか」とされており、リスク管理体制を構築できているかどうかが金融機関のガバナンス評価の基本項目に位置づけられている。

Step 3 1995年に発覚した旧大和銀行ニューヨーク支店巨額損失事件[1]では、「整備すべきリスク管理体制の内容は、リスクが現実化して惹起する様々な事件事故の経験の蓄積とリスク管理に関する研究の進展により、充実していくものである。したがって、…現時点で求められているリスク管理体制の水準をもって、本件の判断基準とすることは相当でない…。また、どのような内容のリスク管理体制を整備すべきかは経営判断の問題であり、会社経営の専門家である取締役に、広い裁量が与えられていることには留意しなければならない」(大阪地裁平成12年9月20日判決)と示されているように、構築するリスク管理体制の内容は、金融機関の規模、業務の内容などに応じ、取締役に裁量が認められている。

関連用語 ⇒「内部統制」「金融検査マニュアル」「監督指針」

---

1 大和銀行ニューヨーク支店行員で米国国債トレーダーの長期間にわたる不正取引により、約1,100億円の損失が発生した事件。事件発覚後の損失隠蔽・監督当局への報告義務違反から大和銀行は米国国内業務からの撤退を余儀なくされた。

不正調査　内部統制・監査

不正調査　　　　　　　　　　　　　　　　　　　　レベル3

不正調査とは，不正が発生した際，事実調査や原因究明から再発防止策の提言・施行に至る，一連の行為を指す

Step 1　われわれが日常的に見聞する不正行為の種類は多岐にわたるが，そのうち『職業上の不正』とは，従業員が自らの便益のために，その職業上の立場を利用して，当該従業員の所属する企業の経営資源や資産を故意に悪用したり乱用したりする行為を指す。

米国のドナルド・クレッシー教授は資金の横領により投獄された犯罪者に聞取調査を行い，以下のような仮説を立てた。

「他人に打ち明けられない金銭的な問題を抱えた人間が，自分の信頼されている立場を利用すれば秘密裏に問題を解決できると認識し，それを自らの行動に適用できる場合に，誘惑に負けて信頼を裏切る」

この仮説を一般化したものが「不正のトライアングル」であり，三角形の頂点は以下のようになる。

① 不正行為の「(社会的) 動機・プレッシャー」
② 不正行為を可能にする「機会 (の認識)」
③ 不正行為の「正当化」を行う能力

この三つが同時に存在した場合に『職業上の不正』が発生することになるが，この分析は，自制心が欠落した人間による刹那的・衝動的な犯罪には必ずしも有効ではない。

Step 2　不正調査とは，不正が発生した場合，あるいは不正が想起される場合において，上記「不正のトライアングル」の3要素をつぶさに調査し，事実を確認，あるいは推認したうえで，再発防止策を提言する一連の行為を指す。広義には，不正を行った者に対する処罰や訴追を含める場合もあるが，民事・刑事の法的解釈や捜査技法等特

不正調査

殊な技能や特権が必要となる場合もあり，狭義では，あくまでも客観的な調査行為にとどめ，不正を行った者に対する処罰や訴追を含めない。また調査に携わる者は，不正にかかわる証拠隠滅や被疑者に対する偏見が生じないよう，不正調査過程における秘匿性確保に十分配慮するとともに，調査技法の習得と実践に努め，独立不羈，公平無私の精神で臨まなければならない。

なお，公認不正検査士（Certified Fraud Examiner, CFE）という不正調査の専門家として認証される資格がある。

Step 3　ITシステムがわれわれの日常生活に多用される現在，ITシステム上に不正に係る証跡等が残されていることが多く，ITシステム上に存在するさまざまな情報を分析し，その不正行為を証明する必要性が漸増しつつある。削除されたデータを復元したり，大量のデータから不正に関連するデータのみ抽出したり，不正に関連したITデータを調査・分析することをコンピュータ・フォレンジックと呼ぶ。

関連用語 ⇒「内部通報制度」

リスクアプローチ監査　　　　　　　　　　　　　　レベル3

監査において，組織の目的達成を阻害する要因であるリスクの識別とそれに対するコントロールの状況把握に基づいて監査対象の優先順位づけを行うための手法

Step 1　リスクアプローチ監査とは，上記の手法に基づいて監査対象部署や部署内の監査対象範囲，項目を選定することにより効率的な監査を実現する手法である。

リスクアプローチ監査の流れは以下のとおり。①リスクの認識と評価（固有リスクの評価），②リスクに対するコントロールの特定，③コントロールの設計と運用の評価（統制リスクの評価），④残存リスクの報告（監査リスクの考慮）。

Step 2　リスクの識別にあたっては，リスクの重要度を，顕在化した際の影響度とその発生可能性の二次元で評価を行い，取組みの優先順位をつける例が多い。

またコントロールの有効性については，あるべき設計としての有効性の評価と実際の運用状況の評価を実施する必要がある。

リスクアプローチによらない監査手法では，既存のコントロール手続の実施状況の監査が中心であり，その有効性については必ずしも評価されていないことと，組織の目的からみたリスクの優先順位と必ずしも整合的でないことから，経営者の意思決定に関して有効な情報を提供できていない可能性がある。

関連用語 ⇒「内部監査」「外部監査」

内部統制・監査 リスク・コンバージェンス

リスク・コンバージェンス　　　レベル3

リスク管理部門や内部監査部門，コンプライアンス部門等管理部門の認識するリスクとそのコントロールの状況を管理部門間で共有化・統合化し，業務執行部門における内部統制自己評価作業（CSA）やSOX法に係る文書化作業等の重複を避けることで，①業務執行部門，管理部門双方の負担と管理コストを低減させ，②経営に対しリスクをより包括的に知らしめるアプローチ（手段）を指す

Step 1　リスク管理部門や内部監査部門，コンプライアンス部門等の広い意味での管理部門が認識し，その管理対象となるリスクが同じであっても，それぞれの部門が対象とするハザード（そのリスク事象を発現させる発生原因）やペリル（リスクが発生したときの事象），コントロール（リスク発現を低減させる各種統制）は必ずしも同じになるとは限らない。実際，リスク管理部門の行うCSAや内部監査部門の行う内部監査，コンプライアンス部門の行うリーガル・チェックや不正調査等，同じリスクに対するリスク管理手法はそれぞれ異なる。

一方，ステークホルダーに対するさまざまなディスクロージャー，説明責任の要求レベルが高まるにつれて，フロント部門，ミドル部門，バック部門等業務執行部門を対象とした管理レベルも高まり，業務執行部門，管理部門の双方の負担が漸増している。

こうしたことから，管理部門間でリスクとそのコントロールの状況を共有・統合することで，業務執行部門，管理部門双方の作業負荷の軽減およびコスト削減，リスク管理の高度化を目指す機運が高まりつつあり，そうしたアプローチを導入する企業が増えつつある。

リスク・コンバージェンス

関連用語 ⇒「内部監査」「コンプライアンス」「内部統制」「SOX法」

参考文献

「IIA プロフェッショナルプラクティスガイド」, Institute of Internal Auditors
「銀行組織の内部監査, および監督当局と内部・外部監査人の関係」, バーゼル銀行監督委員会, 2001年8月
「金融検査マニュアル」, 金融庁
「内部統制の統合的枠組み・理論篇」, トレッドウェイ委員会組織委員会, 白桃書房, 1996年
「内部統制の統合的枠組み・ツール篇」, トレッドウェイ委員会組織委員会, 白桃書房, 1996年
「ビジネスリスクマネジメント」, 国際会計士連盟研究報告, 東洋経済新報社, 2000年
「銀行組織における内部管理体制のフレームワーク」, バーゼル銀行監督委員会, 1998年9月
「全社的リスクマネジメント・フレームワーク篇」, 中央青山監査法人, 東洋経済新報社, 2006年
「全社的リスクマネジメント・適用技法篇」, みすず監査法人, 東洋経済新報社, 2006年
「不正検査士マニュアル」, 公認不正検査士協会日本事務局, 2005年

IX 金融機関監督・規制

金融機関監督・規制　G30レポート

G30レポート　レベル3

民間の主要金融機関で構成されるGroup of Thirty（G30）が1993年7月に公表した店頭デリバティブのリスク管理に関する包括的な実務指針

Step 1　Group of Thirty（G30）は民間の主要金融機関から構成される団体で、米国のワシントンに本拠を置いている。このG30が、JPモルガン（当時）の会長であった故デニス・ウェザーストーン氏のもとで、当時急拡大していた店頭デリバティブのリスク管理実務のベストプラクティスについて取りまとめて1993年7月に公表したものが、いわゆるG30レポート[1]である。G30レポートは、店頭デリバティブにおける信用リスク管理やVaRに基づくリスク管理を重視する方向性、民間と当局との対話に基づく規制方法の決定の手法など、その後のリスク管理や監督規制の手法に大きな影響をもたらした。

Step 2　G30レポートでの提言は、デリバティブ業者およびエンドユーザー向けの20の提言と、監督当局および規制当局向けの四つの提言からなり、主に以下のとおりとなっている。

[デリバティブ業者およびエンドユーザー向けの提言]

- デリバティブ管理のポリシーは取締役会によって明確に規定されなければならない。また、デリバティブ取引を執行する権限をもった人間を明確に指定すべきである（提言①⑱）。
- デリバティブ業者は、リスク管理上の目的からデリバティブポジションを少なくとも1日1回値洗いしなければならない。値洗いは、仲値から

---

[1] 正式名は「Derivatives: Practices and Principles（デリバティブ：実務と原則）」。

特定の調整を行うか,適切なビッド価格またはオファー価格で行うべきである(提言②③)。
- デリバティブ業者は,収入の内容を精査し,そのリスク内容を把握しなければならない。また,ポートフォリオのストレステストを定期的に実施すべきであり,デリバティブのポートフォリオから発生する資金調達の必要性についても定期的に予測すべきである(提言④⑥⑦)。
- 一貫性のある市場リスク評価方法によってポジションの市場リスクを評価し,限度枠と比較すべきである。その際,バリュー・アット・リスク(VaR)にみられるような統計的な手法を採用することが適当である(提言⑤)。
- デリバティブ業者は独立した市場リスク管理部門を設立し,リスク管理ポリシー,ストレステスト,リスクの評価にあたらせなければならない(提言⑧)。
- デリバティブの利用者は,値洗いや限度枠の設定など,その活動の性質や規模,複雑さに見合ったリスク管理方法を採用すべきである(提言⑨)。
- デリバティブの信用リスクエクスポージャーは,独立した管理部門をあて,カレント・エクスポージャー(再構築コスト)とポテンシャル・エクスポージャー(将来の潜在的エクスポージャー)の双方からなる信用リスクを金融機関全体について合算で管理しなければならない(提言⑩⑪⑫)。その際,マスター契約の利用が望ましいほか,信用補完手法の採用も検討されなければならない。また締結された契約は法的に有効でなければならない(提言⑬⑭⑮)。
- デリバティブ業務は,経験ある十分な数のプロフェッショナルによって行われるべきであり,取引データ取得,処理,決済のためのシステム,さらには経営情報システムを備えなければならない(提言⑯⑰)。
- デリバティブ評価や時価評価,ネッティングのための国際的会計基準の協調が望ましい。また,デリバティブ取引の目的や取引の範囲,時価評

価方法やリスクにつき，十分かつ適切な開示を行わなければならない（提言⑲⑳）。

[監督当局および規制当局向けの提言]

- 規制当局はネッティング契約の有効性を認め，業界による利用を促進すべきである（提言㉑）。
- 規制当局および監督当局は，業界と協働して，デリバティブの法的，あるいは規制上の不透明性をなくすべきである（提言㉒）。
- リスク管理ポリシーを遂行するためにデリバティブを使用するための障害となる税法や規制は見直すべきである（提言㉓）。
- 会計基準制定団体は，デリバティブを含む金融商品会計の世界的な協調に向けた実務指針を制定すべきである（提言㉔）。

Step 3　G30レポートは，VaRに基づくリスク管理を重視する方向性を打ち出し，民間と当局との対話に基づく規制決定プロセスを方向づけた点で，その後の金融機関リスク管理や監督規制の手法を考えるにあたってきわめて重要なステップを形づくった。

1990年代前半におけるVaRは，JPモルガン（当時）を中心とする一部の金融機関の実務手法として知られつつあったが，業界標準と呼ぶにはまだ程遠いものであった。G30レポートではこのVaR，あるいはVaRにみられる統計的な手法に基づくリスク管理手法を業界標準として提言し，その後のVaRの浸透，さらには信用リスクやオペレーショナルリスク等，市場リスクを超えたVaR手法の適用に大きな道を開いたといえる。

また，金融業の複雑化・グローバル化が進行し，規制当局が設定する画一的な規制で金融機関業務を有効に管理することがむずかしくなった時代に，当局規制内容に民間金融機関の側が提言を行うという形で，民間と当局との対話に基づく規制決定プロセスを方向づけた点もきわめて重要である。G30レポートが示した，民間側の業界標準としての最新リスク管理手法を採用することによる，よりリスクに根ざした（risk sensitive）リスク管理手法の採用，という提言を受ける形で，BISのバーゼル銀行監督

委員会は，市場リスクを自己資本規制の対象とする第一次BIS規制の改正において，VaR手法による内部モデル手法を織り込んだ「メニュー方式」を採用したのである。内部モデル手法で示された，民間金融機関の行うリスク管理実務を行政上の規制決定に活用するという考え方は画期的なものであったと考えられる。

リスク管理実務についての民間金融機関からの提言は，G30レポート以後も継続して行われており，その例としては以下のものがある。

公表時期	提言名	公表団体名
1993/7	Derivatives: Practices and Principles	Group of 30
1995/3	Framework for Voluntary Oversight	Derivatives Policy Group
1999/6	Improving Counterparty Risk Management Practices	Counterparty Risk Management Policy Group
2008/8	Containing Systemic Risk: The Road to Reform	Counterparty Risk Management Policy Group III

関連用語 ⇒「バーゼルⅡ」「バリュー・アット・リスク」「バーゼル銀行監督委員会」

金融機関監督・規制　監督指針

監督指針　　　　　　　　　　　　　　　レベル2

金融庁が金融機関を監督する際の考え方，監督上の評価項目，事務処理上の留意点について記載した文書

Step 1　金融庁では，透明かつ公正な金融行政を指向し，監督事務の基本的考え方，監督上の評価項目，事務処理上の留意点について体系的に整理した監督指針を策定して公表している。平成16年に「中小・地域金融機関向けの総合的な監督指針」，平成17年には，「主要行等向けの総合的な監督指針」をそれぞれ公表し，リスク管理や経営管理等についての監督上の着眼点を示している。

監督指針はその時々におけるリスク管理や経営管理上課題として認識される着眼点をタイムリーに含めるために随時修正のうえ，公表されている。

Step 2　監督指針は銀行以外に対しても，「保険会社向けの総合的な監督指針」（当初平成17年制定），「金融商品取引業者等向けの総合的な監督指針（旧「証券会社向けの総合的な監督指針」および「金融先物取引業者向けの総合的な監督指針」）（当初平成17年制定）等個別業態ごとに策定されている。

なお，監督指針の制定により，それ以前の監督事務の詳細を示した「事務ガイドライン」は廃止された。

関連用語 ⇒「第二の柱」

金融検査評定制度　金融機関監督・規制

金融検査評定制度　　　　　　　　　　レベル2

金融検査にあたり，金融検査マニュアルの大項目のそれぞれの検査結果に応じて4段階の評価を付すことで，金融機関自身の経営改善に向けた動機づけを行う制度

Step 1　金融検査評定制度は，金融検査の結果について指摘事項の記載・伝達に加えて段階評価を示すことで，金融機関自身の経営管理態勢・内部管理態勢の改善に向けての動機づけとすることを目的として，平成20年1月から施行された。評定を行う項目は金融検査マニュアルのチェックリストと平仄を合わせた10項目（①経営管理（ガバナンス）態勢，②法令等遵守態勢，③顧客保護等管理態勢，④統合的リスク管理態勢，⑤自己資本管理態勢，⑥信用リスク管理態勢，⑦資産査定管理態勢，⑧市場リスク管理態勢，⑨流動性リスク管理態勢，⑩オペレーショナルリスク管理態勢）となっている。評定はAからDまでの4段階での評価であり，金融機関の規模や特性に応じたリスクのあり方を評価し，機械的・画一的な評価とはしない方針とされている。

Step 2　金融検査評定制度の4段階評価は以下のように分類される。

評定	評価内容
A	強固な管理態勢が経営陣により構築されている状態
B	十分な管理態勢が経営陣により構築されている状態
C	経営陣による管理態勢の構築が不十分で，改善の必要が認められる状態
D	管理態勢に欠陥または重大な欠陥が認められる状態

これらの最終的な評定結果は，検査結果通知の一部として金融機関に通

金融検査評定制度

知されるが,対外的には公表されないものとしている。

金融検査評定制度の評定結果は,評定以外の検査結果と合わせて,検査頻度・検査範囲,検査深度等,その後の検査の濃淡に反映される。たとえば,低評価項目がない場合は,平均より長い検査周期を適用するとか,前回評定における高低を,次回の検査範囲や自己査定の検証における抽出率等の検査深度に反映させる等である。

Step 3 金融評定制度の英語での略称は「FIRST (Financial Inspection Rating SysTem)」となっている。

銀行検査における評定制度は他国にも広くみられ,米国におけるCAMELSレーティング(自己資本の充実度(Capital Adequacy),資産内容(Asset quality),経営管理(Management),収益力(Earnings),流動性(Liquidity),市場リスク感応度(Sensitivity to market risk),につきそれぞれ5段階評価を施す)が特に有名である。

関連用語 ⇒「金融検査マニュアル」

金融検査マニュアル　　　　　　　　　　レベル2

金融監督当局による，金融機関に対する金融検査に際しての着眼点等を記載したマニュアル

Step 1　金融検査マニュアルは，金融検査の際に検査官が用いる金融検査の基本的考え方と具体的着眼点を記載した文書として金融庁が制定，公表したものである。平成10年に金融監督庁（当時）が「新しい金融検査に関する基本事項について」で打ち出した，金融機関の自己責任原則と市場規律の重視の方針に基づいて制定され，平成11年度の事務検査年度から適用されている。なお平成19年に全面改正が行われている。

金融検査マニュアルは，金融検査の基本的考え方を示した「はじめに」に加えて，以下のリスク管理態勢に係る確認検査用チェックリストから構成されている。

① 経営管理（ガバナンス）態勢
② 法令等遵守態勢
③ 顧客保護等管理態勢
④ 統合的リスク管理態勢
⑤ 自己資本管理態勢
⑥ 信用リスク管理態勢
⑦ 資産査定管理態勢
⑧ 市場リスク管理態勢
⑨ 流動性リスク管理態勢
⑩ オペレーショナルリスク管理態勢

Step 2　金融検査マニュアル自体は，金融検査にあたる検査官のためのマニュアルとして公表されたものであるが，金融

検査における着眼点が示されている点で，金融検査を受検する側としての金融機関のリスク管理態勢整備に与えた影響は大きいといえる。特に，リスク管理態勢整備は本来金融機関の自己責任に委ねられるものではあるが，金融検査マニュアルの内容がある程度金融機関の健全な実務を念頭に置いた記載となっていることは，金融検査時におけるリスク管理態勢整備についての議論の整理に貢献したと考えられる。

Step 3 金融検査マニュアルは，業態別に「預金等受入金融機関に係る検査マニュアル」（いわゆる「金融検査マニュアル」）「保険会社に係る検査マニュアル」「金融商品取引業者等検査マニュアル」「金融持株会社に係る検査マニュアル」が制定されている。

関連用語 ⇒「金融検査評定制度」「内部統制」「COSO」「内部監査」

金融商品取引法　金融機関監督・規制

金融商品取引法　　　　　　　　　　レベル3

さまざまな金融商品に対して包括的・横断的に，開示制度，取扱業者，罰則等についての規制を定める法律。平成19年9月に施行された

Step 1

金融商品取引法は，従来の証券取引法が「有価証券」について画一的に適用され，また取扱業者については個別・縦割りの規制が敷かれていたことに伴う弊害を取り除き，幅広い金融商品に対して横断的な規制を敷くことで投資家保護を図るとともに，規制の柔軟化により金融革新を促進する趣旨から制定された。これにより従来の証券取引法（有価証券），金融先物取引法（金融先物・外国為替証拠金取引），抵当証券法（抵当証券），商品ファンド法（商品ファンド）等，広く金融商品についての取扱いや開示についての規制が一元的に再編された。また，ファンド等の集団投資スキームや，金融商品・金融指標に基づくデリバティブ取引についても金融商品として，同法の対象とすることが明確にされた。

金融商品取引法の目的としては，「企業内容等の開示の制度を整備するとともに，金融商品取引業を行うものに関し必要な事項を定め，金融商品取引所の適切な運営を確保すること等により，有価証券の発行および金融商品の取引等を公正にし，有価証券の流通を円滑にするほか，資本市場の機能の十全な発揮による金融商品等の公正な価格形成等を図り，もっと国民経済の健全な発展および投資者の保護に資することを目的とする」（同法1条）とされている。

Step 2

金融商品取引法の規定は多岐にわたっているが，大きく以下の構成となっている。

第1章	総則
第2章	企業内容等の開示
第2章の2	公開買付に関する開示
第2章の3	株券等の公開買付に関する開示
第2章の4	開示用電子情報処理組織による手続の特例等
第3章	金融商品取引業者等
第3章の2	金融商品仲介業者
第4章	金融商品取引業協会
第4章の2	投資者保護基金
第5章	金融商品取引所
第5章の2	外国金融商品取引所
第5章の3	金融商品取引清算機関等
第5章の4	証券金融会社
第6章	有価証券の取引等に関する規制
第6章の2	課徴金
第7章	雑則
第8章	罰則
第9章	犯則事件の調査等

　金融商品取引法の成立に伴い，従来商品ごとに制定されていた，「金融先物取引法」「有価証券に係る投資顧問業の規制等に関する法律」「抵当証券業の規制等に関する法律」「外国証券業者に関する法律」が廃止された。

証券監督者国際機構（IOSCO） レベル3

世界の証券監督当局者や証券取引所等から構成される国際機関

Step 1　証券監督者国際機構（IOSCO）は，世界の証券監督当局者や証券取引所等から構成され，1986年に発足した。IOSCOは，①公正・効率的・健全な市場を維持するため，高い水準の規制の促進を目的として協力すること，②国内市場発展促進のために，各々の経験について情報交換すること，③国際的な証券取引についての基準および効果的な監視を確立するため，努力を結集すること，④基準の厳格な適用と違反に対する効果的な法執行によって市場の健全性を促進すること，の四つを目的として，証券監督に関する原則・指針等の国際的なルールの策定等の活動を行っている。

Step 2　IOSCOは主に，IOSCO全体の意思決定を行う代表委員会，理事会，および国際的な証券分野についての規制上の課題について検討・調整を行う専門委員会からなる。

IOSCOが定めるさまざまな原則や実務上の指針は，メンバーを法的に拘束するものではないが，メンバーはこれらを尊重して自ら行動し，原則の遵守や指針の促進等に取り組むことが促されている。

関連用語 ⇒「バーゼル銀行監督委員会」「バーゼルⅡ」「保険監督者国際機構（IAIS）」

早期是正措置 レベル2

金融機関の経営の健全性を確保するため、自己資本比率が一定の水準を下回った場合、あらかじめ定めた銀行監督上の是正措置命令を発動する行政上の手段

Step 1 早期是正措置は、銀行の健全性を判断する「物差し」として自己資本比率規制を用い、その水準が一定のレベルを下回った場合に、水準に応じた具体的な銀行監督上の是正措置を発動する行政上の仕組みであり、1998年に導入された。自己資本比率の水準と監督当局による行政措置の発動とが直接結びつけられ、かつそれが事前に公表されていることで、行政措置の予見可能性をもたらすとともに、自己資本比率の向上と適切な水準の維持に対するインセンティブを付与し、自己資本比率規制の実効性も高めることとなった。自己資本比率の水準に応じて早期に是正措置を発動することから、金融機関経営の健全性確保にも貢献し、結果として金融機関が破綻した場合の破綻処理コストの抑制につながることも期待されている。

Step 2 早期是正措置の発動は、いわゆる業務改善命令、業務停止命令の一形態として規定されており、次ページの表のように分類される。

早期是正措置に係る命令を受けた金融機関は、原則1年以内に自己資本比率を改善することが求められる。また、次ページの表に示したもの以外の場合であっても、流動性不足等を原因とする業務停止命令を発動することがありうるとされている。

Step 3 なお、平成14年12月には、自己資本比率が最低所要水準を上回り、早期是正措置の対象とはならない段階における金融機関に対して、行政上の予防的な措置により金融機関の早期の経営

区分	自己資本比率		措置の内容
	国際基準行	国内基準行	
第一区分	8％未満4％以上	4％未満2％以上	原則として資本増強に係る措置を含む経営改善計画の提出およびその実行
第二区分	4％未満2％以上	2％未満1％以上	資本増強計画の提出・実行, 配当・役員賞与の禁止またはその額の抑制, 総資産の圧縮または抑制, 高金利預金の受入れ禁止, 営業所における業務の縮小・廃止等
第二区分の2	2％未満0％以上	1％未満0％以上	自己資本の充実, 大幅な業務の縮小, 合併または銀行業の廃止等の措置のいずれかを選択したうえ当該選択に係る措置を実施
第三区分	0％未満	0％未満	業務の全部または一部の停止

改善を促す仕組みとして「早期警戒制度」が導入された。早期警戒制度は, 金融機関の健全性の維持および向上を図る趣旨から, 問題の原因および改善策につきヒアリングを行い, 必要に応じて銀行法上（銀行法24条等）の報告を求めて必要な経営改善を促すものであり, 金融機関の早め早めの経営改善を促す仕組みである。その結果として業務の改善を確実に実行させる必要があると認められる場合には, さらに銀行法26条等に基づき業務改善命令を発動することとされている。

早期警戒制度は保険会社については平成15年8月, 証券会社（金融商品取引業者）については平成20年4月に導入されている。

関連用語 ⇒「バーゼルⅡ」「第二の柱」「監督指針」

金融機関監督・規制　第一の柱

第一の柱　　　　　　　　　　　　　　　　　　　レベル2

国際的な活動を行う銀行を対象とした自己資本規制であるバーゼルIIにおいて、銀行全体のリスクプロファイルに見合った最低所要自己資本を規定する部分。監督上の検証のプロセス（「第二の柱」）、市場規律（「第三の柱」）と合わせて、バーゼルIIにおける「三つの柱」とされる。

Step 1　国際的な活動を行う銀行を対象とした自己資本規制であるバーゼル規制、通称BIS規制は、1988年の第一次規制より、銀行の保有するリスクアセットに対して8％相当の自己資本を「最低所要自己資本」として保有することを、規制の中心として構成してきた。本邦では2007年3月から施行されたバーゼルIIにおいても、最低所要自己資本の考え方は規制の根幹を形成しており、新たな算出方法に基づいて計算されるリスクアセットに対して、最低8％の自己資本を維持することが求められる。

この、バーゼルII上のリスクアセットの算出と、最低所要自己資本としての8％の維持がバーゼルIIにおける「第一の柱」とされる。

Step 2　バーゼルIIでは、銀行全体のリスクプロファイルに見合った自己資本水準を保持するという考え方から、信用リスク、市場リスク、オペレーショナルリスクを最低所要自己資本の対象として、それぞれに係るリスク量（リスクアセットと呼ばれる）の8％を最低所要自己資本として維持することを求めているほか、特に信用リスクでは、リテール向け与信や証券化商品、ファンド等、資産の性格に応じたリスクアセットの計算方法をきめ細かく規定している。

バーゼルII規制では銀行のリスクプロファイルやリスク管理能力に合った最低所要自己資本計算を行うことを可能としており、銀行が自らの所要

第一の柱

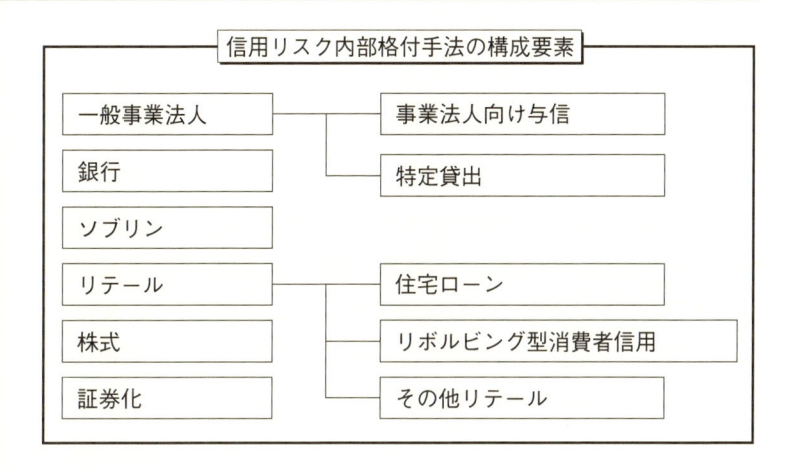

```
┌─────────信用リスク内部格付手法の構成要素─────────┐
│                                                      │
│   ┌──────────────┐      ┌──────────────┐          │
│   │ 一般事業法人 │──┬──│ 事業法人向け与信 │          │
│   └──────────────┘  │   └──────────────┘          │
│   ┌──────────────┐  │   ┌──────────────┐          │
│   │   銀行       │  └──│   特定貸出     │          │
│   └──────────────┘      └──────────────┘          │
│   ┌──────────────┐                                  │
│   │  ソブリン    │                                  │
│   └──────────────┘                                  │
│   ┌──────────────┐      ┌──────────────┐          │
│   │  リテール    │──┬──│   住宅ローン   │          │
│   └──────────────┘  │   └──────────────┘          │
│   ┌──────────────┐  │   ┌──────────────────────┐  │
│   │   株式       │  ├──│ リボルビング型消費者信用 │  │
│   └──────────────┘  │   └──────────────────────┘  │
│   ┌──────────────┐  │   ┌──────────────┐          │
│   │  証券化      │  └──│ その他リテール │          │
│   └──────────────┘      └──────────────┘          │
└──────────────────────────────────────────────────────┘
```

自己資本計算手法を選択できる,いわゆる「メニュー方式」を採用している。

具体的には,信用リスクにおいては,標準的手法・基礎的内部格付手法・先進的内部格付手法の三つのメニューが提示されているほか,市場リスクでは標準的手法と内部モデル法,オペレーショナルリスクにおいても,基礎的手法・粗利益配分手法・先進的計測手法の三つのメニューが提示されている。

Step 3 本邦における第一の柱は,銀行法施行規則等を根拠法令として,第一の柱に関する金融庁告示でその内容を定めている。

関連用語 ⇒「バーゼルⅡ」「第二の柱」「第三の柱」「バーゼル銀行監督委員会」

第二の柱　　　　　　　　　　　　　　　　　　レベル2

バーゼルIIに基づいて銀行全体のリスクプロファイルに見合った自己資本水準を達成するにあたって，最低所要自己資本を補完するものとして位置づけられる，銀行による自己資本充実度の評価プロセスと自己資本水準維持のための戦略に係る，監督上の検証プロセス。最低所要自己資本（「第一の柱」），市場規律（「第三の柱」）と合わせて，「三つの柱」とされる

Step 1　　第二の柱では，銀行自身が自らの経営の健全性を維持する過程で，自己管理型のリスク管理と自己資本管理を行うことが期待されている。その中心となるのは，自行に特有なリスクプロファイルと内部管理態勢に見合った自己資本の充実度を内部的に評価するプロセスと，自己資本水準維持のための戦略の策定である。

監督当局はこうした金融機関の自己資本管理プロセスと自己資本戦略を検証し，その結果，銀行による自己資本管理状況に問題があると認めた場合には，当該銀行に対するモニタリングの強化や，内部管理プロセス・自己資本水準の改善の要求，といった監督上の手段を実施する。こうしたプロセスを通じて，銀行のリスクプロファイルに見合った自己資本水準の達成に貢献するものである。

その際に監督当局は，銀行が，①第一の柱で考慮されるものの，第一の柱では十分にとらえられないリスク（たとえば信用集中リスク），②第一の柱では考慮されないリスク（たとえば銀行勘定の金利リスク），③銀行にとっての外的な要因（たとえば景気循環の影響），なども含めて，リスクの総体を適切に把握・管理しているかどうかを検証することとなる。

Step 2　　監督上の検証プロセスは，以下の四つの原則に基づくことが示されている。

原則1：銀行は，自行のリスクプロファイルに照らした全体的な自己資本充実度を評価するプロセスと，自己資本水準の維持のための戦略を有するべきである。

原則2：監督当局は，銀行が規制上の自己資本比率を満たしているかどうかを自らモニター・検証する能力があるかどうかを検証し評価することに加え，銀行の自己資本充実度についての内部的な評価や戦略を検証し評価すべきである。監督当局はこのプロセスの結果に満足できない場合，適切な監督上の措置を講ずるべきである。

原則3：監督当局は，銀行が最低自己資本比率以上の水準で活動することを期待すべきであり，最低水準を超える自己資本を保有することを要求する能力を有しているべきである。

原則4：監督当局は，銀行の自己資本がそのリスクプロファイルに見合って必要とされる最低水準以下に低下することを防止するために早期に介入することを目指すべきであり，自己資本が維持されない，あるいは回復されない場合には早急な改善措置を求めるべきである。

また，監督上の検証で扱われる銀行勘定における金利リスクは，標準化された金利ショックに伴って，総資本（Tier 1 と Tier 2 の合計）の20%を超える経済価値の低下が起こる場合を，アウトライヤー銀行（極端なリスクをもつ銀行）と定義し，こうした銀行の自己資本の適正度については，特に注意を払うとしている。

Step 3 本邦における第二の柱は，金融機関に対する監督指針で示される統合的リスク管理態勢の評価を通じて行われ，必要に応じて早期警戒制度等の監督上の手段を使って対応することとなる。

また，幅広く多国展開を行う国際的な銀行に対して第二の柱を適用するケースでは，関係する国の監督当局がスーパーバイザリー・カレッジ（Supervisory College）と呼ばれる，いわばチームを組んだ形で監督上の検証にあたるのが一般的となりつつある。

第二の柱

関連用語 ⇒「バーゼルⅡ」「第一の柱」「第三の柱」「金利リスク」「リスク資本」「ALM」「バーゼル銀行監督委員会」「早期是正措置」「監督指針」「資本充実度検証」「顧客行動リスク」「集中リスク」「アウトライヤー基準」

第三の柱　金融機関監督・規制

第三の柱　　　　　　　　　　　　　　　　　　　　レベル2

バーゼルⅡにおいて，最低所要自己資本を補完するものとして位置づけられる，情報開示を通じた，市場からの外部評価の規律づけのメカニズムのこと。最低所要自己資本（「第一の柱」）および，監督上の検証のプロセス（「第二の柱」）と合わせて，「三つの柱」とされる

Step 1　第三の柱は，市場規律，すなわち株式アナリストや格付機関などの市場参加者による監視機能を銀行の経営の健全性を維持する規律づけの「てこ」としようとするもので，金融機関のリスク内容についてのディスクロージャーに対して規制上の最低要件を規定したものである。

主要な開示項目としては，自己資本の構成，自己資本の充実度，さらに個別のリスクカテゴリーごとのリスクエクスポージャーの内容や所要自己資本計算における採用手法の解説，といった項目が含まれ，これらについて四半期ベースないし半期ベースでの開示が求められる。特にバーゼルⅡでは，銀行が内部管理上で採用するモデルやデータを規制上のリスクアセット計算に直接使用する等，所要自己資本の計算におけるリスク感応度が高くなっていることから，第一の柱の所要自己資本計算の前提となるデータを幅広く開示することが求められている。

Step 2　銀行側が開示項目や内容を決定するにあたっては，自ら開示方針を定め，それに基づいた開示を行わなければならない。また銀行は，その開示状況を自己評価するプロセスを確立することが求められる。

銀行側からすると，こうした開示を積極的に行うことで，自行の健全かつ効率的な業務運営について市場から評価される機会を得られることにな

り，インセンティブが与えられることになる。

Step 3 本邦における第三の柱は，銀行法施行規則等を根拠法令として，第三の柱に関する金融庁告示で開示の内容を定めている。

関連用語 ⇒「バーゼルⅡ」「第一の柱」「第二の柱」「バーゼル銀行監督委員会」

バーゼルⅡ　　　　　　　　　　　　　　　　　　レベル1

国際決済銀行（BIS, Bank for International Settlements）のバーゼル銀行監督委員会が定める，国際的な活動を行う銀行が達成することを求められる自己資本の水準についての規制

Step 1　国際的な銀行の監督当局で構成される国際決済銀行（BIS）のバーゼル銀行監督委員会では，金融のグローバル化と競争の激化に伴い，金融システムの安定のため，および国際競争上の公平性の維持のため，国際的に活動する銀行は共通の規制標準のもとで運営される必要がある，という考えを打ち出し，その結果として1988年に「自己資本の測定と基準に関する国際的統一化」，いわゆる第一次 BIS 規制を示した。この BIS 規制を全面的に改正し，2007年より順次各国で導入されたのがバーゼルⅡである[1]。バーゼルⅡは本邦では2007年3月末から適用されている。

Step 2　バーゼルⅡでは，銀行の保有するリスクアセットに対して8％の最低所要自己資本を求めるという旧 BIS 規制の枠組みは堅持しながら，これを「第一の柱」とし，それに，銀行が行う自己資本充実度の管理運営状況を監督当局が検証する「第二の柱」，ディスクロージャーを通じて市場による自己規律作用を求める「第三の柱」を新たに加えた，三つの柱によって，金融システムの安定性を高めるという考え方に立っている。

また，自らの業務内容やリスクの状況に見合った自己資本水準を求める，という考え方から，規制の中核部分を形成する「第一の柱」の最低所要自

---

[1] 旧来の（第一次）BIS 規制に対して「新 BIS 規制」と呼ばれることもある。

己資本算出においては、信用リスク、市場リスク、オペレーショナルリスクについてのリスクアセットの8％に当たる最低所要自己資本を求めるとしたうえで、それぞれのリスクアセット計算にあたっては、各々の金融機関が自らのリスクプロファイルとリスク管理態勢に応じて、単純な手法から、よりリスク感応度の高い複雑な手法までの複数の手法から、自らが適用する手法を選択できるという「メニュー方式」を採用している。

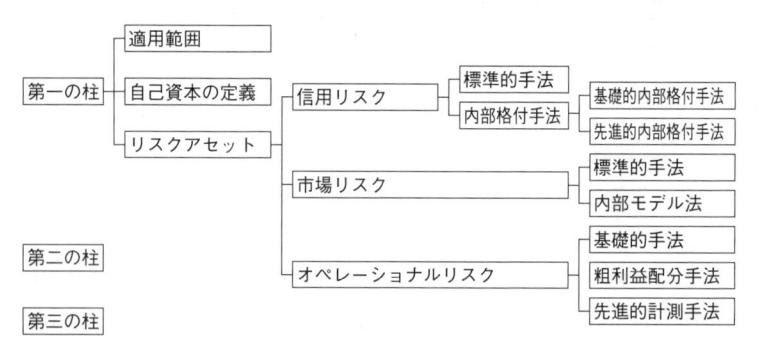

```
第一の柱 ─┬─ 適用範囲
         ├─ 自己資本の定義 ─┬─ 信用リスク ─┬─ 標準的手法
         └─ リスクアセット                 └─ 内部格付手法 ─┬─ 基礎的内部格付手法
                                                              └─ 先進的内部格付手法
                            ├─ 市場リスク ─┬─ 標準的手法
                            │              └─ 内部モデル法
                            └─ オペレーショナルリスク ─┬─ 基礎的手法
                                                        ├─ 粗利益配分手法
                                                        └─ 先進的計測手法
第二の柱

第三の柱
```

Step 3 BIS規制は、1988年の第一次規制以後、貸出債権におけるリスクウェイトの重視や、オフバランスシート取引の拡大、バリュー・アット・リスク手法の浸透等、さまざまな形で金融機関行動に影響を与えてきた。バーゼルIIにおいても、リスクに応じた自己資本の要請をうたっている点とも相まって、金融機関経営に影響を与えることとなる。

関連用語 ⇒「バーゼル銀行監督委員会」「第一の柱」「第二の柱」「第三の柱」「内部モデル」

バーゼル銀行監督委員会　金融機関監督・規制

バーゼル銀行監督委員会　　レベル3

国際決済銀行（BIS, Bank for International Settlements）のなかに置かれた，銀行監督に関する国際的な協力のための協議機関。G10諸国の監督当局により構成される

Step 1　バーゼル銀行監督委員会は，1974年の独ヘルシュタット銀行の破綻に伴う国際金融市場の混乱を受けて，1975年にG10諸国の中央銀行総裁会議により設立した。G10諸国の銀行監督に関する国際的な協力のための協議の場であり，銀行監督および金融機関におけるリスク管理に関する実務の促進・強化を趣旨として，以下の3点を主要な活動目的としている。

① 銀行監督をめぐる諸問題に関する協議の場の提供
② 国際的に活動する銀行の海外拠点に関する各国当局間の監督責任の分担の調整
③ 国際的に活動する銀行の自己資本比率規制等，共通の監督基準の設定

バーゼル銀行監督委員会は，現在，日本，ベルギー，カナダ，フランス，ドイツ，イタリア，ルクセンブルク，オランダ，スペイン，スウェーデン，スイス，英国および米国の銀行監督当局および中央銀行から構成されている。

Step 2　バーゼル銀行監督委員会では，上記の活動目的に基づいて，①銀行の自己資本の適切性に関する基準（自己資本比率規制等），②銀行の海外拠点監督上の原則，③実効的な銀行監督のために中核となる諸原則，④銀行のリスク管理に関する各種指針，等を検討し，メンバー間での合意形成や，実務指針についての論文の公表，実態調査の実施等を行っている。

バーゼル銀行監督委員会自体は、金融機関に対する監督権限をもっておらず、その合意文書等も法的な拘束力をもつものではない、いわば紳士協定ともいうべきものである。しかしながらバーゼル銀行監督委員会での合意内容は、メンバーとなっている監督当局が持ち帰って自国の金融監督規制のなかにその内容を取り入れることで、各国の国内ルールとして実現することとしている。

そうしたなかで最も重要な基準が2007年より各国で順次適用が開始されている自己資本比率規制、バーゼルⅡであるということができる。その意味でバーゼルⅡにおける合意内容は、バーゼル銀行監督委員会メンバー諸国以外の国にとってはなんらの拘束力ももたないことになるが、その内容の妥当性はメンバー諸国を超えた賛同を得ており、世界各国においてバーゼルⅡの導入が進んでいる。

Step 3 これに対して1999年のG7中央銀行総裁会議において、金融市場の監督・監視に関する情報交換や国際協力の強化を通じた国際金融システムの安定化を図る目的で金融安定化フォーラム (Financial Stability Forum) が設置された。金融安定化フォーラムのメンバーは、各国監督当局・中央銀行のほか、バーゼル銀行監督委員会、証券監督者国際機構（IOSCO）、国際通貨基金（IMF）、海外経済協力基金（OECD）、欧州中央銀行（ECB）、国際決済銀行（BIS）等であり、事務局はスイスの国際決済銀行に置かれている。

金融安定化フォーラムはその設立趣旨から、国際金融システムの安定化のための調査や提言を行っており、たとえば2007年の米国サブプライム問題に端を発した金融危機に関して2008年に「市場と制度の強靱性に関する報告書」を公表している。

関連用語 ⇒「バーゼルⅡ」「証券監督者国際機構（IOSCO）」「保険監督者国際機構（IAIS）」

保険監督者国際機構 (IAIS) レベル3

世界の保険監督当局者から構成される国際機関

Step 1 保険監督者国際機構 (IAIS) は，世界の保険監督当局者から構成され，1994年に発足した。IAIS は，①保険監督者間の協調の促進，②国際保険監督基準の策定，③加盟国（特に新興市場国）における監督基準に則った保険制度確立の支援，④他の金融分野の監督機関との連携，を目的としており，2008年現在，各国・地域の保険監督当局など144のメンバーと，民間保険会社，業界団体等139のオブザーバーが参加している。

IAIS は，スイスのバーゼルにある国際決済銀行 (BIS) に事務局が置かれている。

Step 2 IAIS は，IAIS 全体の意思決定を行う執行委員会，執行委員会のもとで監督基準の策定等を所管する専門委員会，および専門委員会のもとで監督原則，基準，指針の策定・実施を行う小委員会等から構成されている。

関連用語 ⇒「バーゼル銀行監督委員会」「バーゼルⅡ」「証券監督者国際機構 (IOSCO)」

参考文献

「自己資本の測定と基準に関する国際的統一化」,BIS バーゼル銀行監督委員会,1988年7月

「マーケット・リスクを自己資本合意の対象に含めるための改訂」,BIS バーゼル銀行監督委員会,1996年1月

「金利リスクの管理のための諸原則」,BIS バーゼル銀行監督委員会,1997年1月

「銀行組織における内部管理体制のフレームワーク」,バーゼル銀行監督委員会,1998年9月

「銀行の透明性の向上について」,BIS バーゼル銀行監督委員会,1998年9月

「金融検査マニュアル(預金等受入金融機関に係る検査マニュアル)」,金融庁

「保険会社に係る検査マニュアル」,金融庁

「金融商品取引業者に係る検査マニュアル」,金融庁

「【検証】BIS 規制と日本 第2版」,氷見野良三,金融財政事情研究会,2005年8月

「バーゼルIIと銀行監督」,佐藤隆文編著,東洋経済新報社,2007年4月

「金融機関の統合的リスク・自己資本管理態勢」,藤井健司,金融財政事情研究会,2008年3月

"Basel II: International Convergence of Capital Measurement and Capital Standards: A Revised Framework",バーゼル銀行監督委員会,2006年6月(随時更新)

"Derivatives: Practices and Principles", Group of Thirty,1993年7月

"Framework for Voluntary Oversight", Derivatives Policy Group,1995年3月

"Improving Counterparty Risk Management Practices", Counterparty Risk Management Policy Group,1999年6月

"Containing Systemic Risk: The Road to Reform", Counterparty Risk Management Policy Group III,2008年8月

リスクマネジメントキーワード170

平成21年4月24日　第1刷発行

編　者　東京リスクマネジャー懇談会
発行者　倉　田　　　勲
印刷所　株式会社太平印刷社

〒160-8520　東京都新宿区南元町19
発 行 所　**社団法人 金融財政事情研究会**
　　　　編集部　TEL 03(3355)2251　FAX 03(3357)7416
販　　売　**株式会社 き ん ざ い**
　　　　販売受付　TEL 03(3358)2891　FAX 03(3358)0037
　　　　　　URL http://www.kinzai.jp/

・本書の内容の一部あるいは全部を無断で、複写・複製・転訳載および磁気または光記録媒体，コンピュータネットワーク上等へ入力することは，法律で認められた場合を除き，著作者および出版社の権利の侵害となります。
・落丁・乱丁はおとりかえします。定価はカバーに表示してあります。

ISBN978—4—322—11399—0

好評図書

ハイブリッド証券入門
―デットとエクイティとのクロスオーバー

後藤文人・大槻奈那 [著]

A5判・184頁・定価2,100円（税込⑤）

EXCELで学ぶファイナンス⑤
ポートフォリオ理論の実践
―5銘柄のポートフォリオをつくろう

CD-ROM付

村中健一郎 [著]

A5判・136頁・価格1,890円（税込⑤）

EXCELで学ぶ
バーゼルⅡと信用リスク評価手法

青沼君明・市川伸子 [著] CD-ROM付

A5判・172頁・価格2,520円（税込⑤）

Q&A 新貸金業法の解説〈改訂版〉

大森泰人・遠藤俊英 [編]

A5判・472頁・定価3,675円（税込⑤）

EXITファイナンスの実務
―地域密着型事業再生における金融・法務・会計・税務のすべて

小國義之・北島亜紀・大村圭一・松木 大・粟澤方智 [著]

A5判・284頁・定価2,940円（税込⑤）